舍斯托夫文集 第 12 卷

张冰 主编

Лев Шестов

SOLA FIDE —— ТОЛЬКО ВЕРОЮ

唯凭信仰
——古希腊及中世纪哲学·路德与教会

张冰 译

商务印书馆
The Commercial Press

Лев Шестов

SOLA FIDE — ТОЛЬКО ВЕРОЮ

Греческая и Средневековая Философия

Лютер и Церковь

Copyright © YMCA-Press, 1966

本书根据法国巴黎青年基督教会出版社 1966 年版译出

《舍斯托夫文集》总序

列夫·舍斯托夫(Лев Исаакович Шестов, 1866—1938),原名耶古达·莱布·施瓦尔茨曼(Иегуда Лейб Шварцман),是伟大的俄国哲学家,存在主义主要代表人物和奠基者,白银时代俄国文化杰出代表之一。

20世纪俄国哲学被誉为给世界思想界的"一件礼物",而列夫·舍斯托夫是20世纪俄国哲学的"头把交椅"或"第一小提琴手"。在追溯俄国白银时代宗教哲学思想经由欧洲各国首都等侨居地城市向欧洲思想界渗透、逐渐被吸纳并与之产生深刻共鸣的全过程时,如果缺少了对于列夫·舍斯托夫思想的研究,那将是残缺不全的。列夫·舍斯托夫被称为20世纪"最伟大的俄国哲学家",对于世界哲学文学界产生了持续而又深远的影响。在欧洲,他是名副其实的"存在主义之父",同时早在生前就被公认为俄国文坛从象征主义问世以来所有俄国现代派的"祖师爷"和"思想前驱"。

1866年1月31日(俄历2月12日),舍斯托夫出生于基辅一个商人家庭,父亲伊萨克·莫伊谢耶维奇·施瓦尔茨曼(1832—1914)系大工厂主兼一级商人,母亲安娜·格里戈利耶夫娜(娘家姓什列伊别尔,1845—1934)系其父第二个妻子。其父所经营的

"伊萨克·施瓦尔茨曼布料公司"坐落于波多尔，以经营高质量的英国布料著称。该公司由施瓦尔茨曼夫妇创立于1865年。从1884年起，公司拥有该城最大的商店，从1892年起，公司在克列缅丘格（乌克兰城市）拥有分公司。

舍斯托夫的父亲系古犹太语文献专家、自由思想者，观点进步，视野开阔，思维开放。他想让孩子继承自己的家业，但在这个问题上也并不强求。列夫有两个弟弟、四个妹妹。列夫就学于基辅第三古典中学，但很快就被迫转学莫斯科，在莫斯科大学数学系学习，后转入基辅大学法律系。1889年以副博士学位从该校毕业。学位论文《论俄国工人阶级的状况》被严禁发表，并被莫斯科审查委员会销毁。为此而未能获得博士学位。

毕业后列夫在其父在基辅的公司里工作了几年，同时高强度地研究文学与哲学。但把商业和哲学结合起来并非易事。1895年他患了严重的神经紊乱症，翌年出国治病。此后其父的家族企业对这位思想家成了一种家族的诅咒：此后他还将不止一次中断心爱的工作，抛开家庭和孩子，回到基辅整顿被其父放任自流，又因两个弟弟缺乏规矩而变得松松垮垮的公司的秩序。

1896年列夫在罗马娶了正在该地学习医学的安娜·叶丽阿扎洛芙娜·别列佐夫斯卡娅为妻。两年后二人移居波恩。1898年回到俄国。

1898年舍斯托夫的处女作《莎士比亚及其批评者勃兰兑斯》出版。该书所勾勒出的问题后来成为贯穿这位哲学家全部创作的主题：对于人在世上的"定向"而言，科学认识具有一定的局限性和不足；一般理念、体系和世界观也会遮蔽我们直观美丽而又多样、丰富而又真实的现实生活的眼睛;把具体感性的人类生活及其悲剧性放在前景中加以考察;不接受"规范标准"的、徒具形式的、强制执行的道德和普遍"永恒"的道德律令。

此书问世后,舍斯托夫紧接着发表了一系列著作和文章,分析俄罗斯作家——费·米·陀思妥耶夫斯基、列·尼·托尔斯泰、安·帕·契诃夫、德·谢·梅列日科夫斯基、费·索洛古勃——创作中的哲学内蕴。舍斯托夫在这些著作中进一步发展和深化了他在其处女作中提出的问题。在此期间,舍斯托夫结识了俄国著名的文化赞助人佳吉列夫,后者是他在《艺术世界》杂志的同仁。

1905年舍斯托夫出版《无根据颂——非教条主义思维的一次尝试》,在莫斯科和彼得堡知识界引起异常尖锐激烈的争论,争论中出现的观点针锋相对,从欢呼雀跃到坚决否定,不一而足。这本书实际上是舍斯托夫的哲学宣言。按照舍斯托夫自己的说法,"……我的全部任务恰好在于要一劳永逸地摆脱任何种类的、被形形色色的、伟大和并不伟大的哲学体系的奠基人以如此莫名其妙的顽强精神所强加在我们头上的开端与终结"。

1915年舍斯托夫婚前所生儿子谢尔盖·利斯托帕多夫战死。1917年二月革命,舍斯托夫并不感到喜悦,尽管他永远都是专制政权的敌人。1920年舍斯托夫携家离开苏维埃俄国,在瑞士逗留了不长时间后,于1921年定居法国直到逝世。

此时他在哲学上关心的课题是巴门尼德和普罗提诺、马丁·路德、中世纪德国神秘主义者、布莱兹·帕斯卡尔和巴鲁赫·斯宾诺莎、索伦·克尔凯郭尔,以及同时代哲学家埃德蒙·胡塞尔。舍斯托夫由此进入那个时代西方哲学界的核心精英圈,而和埃德蒙·胡塞尔、克劳德·列维-斯特劳斯、马克斯·舍勒、马丁·海德格尔、乔治·巴塔耶等有密切交往。他还在索邦大学举办讲座和开设课程，内容涉及陀思妥耶夫斯基、托尔斯泰以及整个俄罗斯哲学思想。舍斯托夫还对《路标》杂志（巴黎，1926—1928）的编辑出版提供了帮助，1925年该刊第1期刊载了他的哲学论文《发狂的演说——关于普罗提诺的神魂颠倒》。

1938年11月19日，舍斯托夫于巴黎的布瓦洛诊所溘然长逝。

舍斯托夫通常被人称为"反哲学家"：其主要追求是挣脱意识的束缚，因为意识——由公式和模式等理性抽象物构成的意识——既构成了世界的基础，也遮蔽了真正的现实。自明性即死亡和痛苦的自明性，是世界强加在人身上的。对人而言，这种自明性是在理性主义和人文道德中得以体现的。舍斯托夫没有沿着主流经典哲学家开辟的思辨大道前行，而是剑走偏锋，走了一条"灵魂中的漫游"式的哲学之路，为此他选择格言警句体和评论注释体进行写作。对于舍斯托夫来说，最重要的任务是从普遍必然判断这种幻觉的俘虏下挣脱出来，走向上帝。因此他为自己的哲学研究选择的对象是面对上帝的人——陀思妥耶夫斯基、帕斯卡尔、尼采、克尔凯郭尔——的经验（体验）。舍斯托夫完全被圣经的魅力所吸引，尤其是圣经中那些先知们以及使徒保罗。正是圣经以其向世界发出的挑战，以及上帝对这种挑战的回答证明，自明性是一种可怕的幻觉和骗局。"理性导向必然性，信仰导向自由"——这句话完全适合舍斯托夫自己的命题。

迄今为止，舍斯托夫的著作在俄罗斯国内外以各种欧洲语言出版了有数十种之多。其中，俄罗斯出版的文集从上个世纪初至今，便有所选篇目多寡不等的数十种文集（多数为两卷本）。国际上出现最早的是法文版文集、德文版文集等。

在我国新时期以来的外国文学界哲学界，自从列夫·舍斯托夫的《在约伯的天平上》（我校董友先生译）、《开端与终结》、《旷野呼告》（方珊译）问世以来，在读书界产生了持续、持久、恒常的影响，包括上述译著在内的舍斯托夫的著作，在数十年间，持续不断地由多家出版社再版，成为读书界"学术类书籍的常销书"，也成为学术低迷、拜金至上时代的一个"思想的奇迹"。有鉴于此，对于舍斯托夫思想在20世纪俄罗斯和世界思想史中的意义与地位进行系统梳理和总结，编纂一部信实可靠的列夫·舍斯托夫文集，就成为当今学人对于我国外国文学和外国哲学研究界应该承担的一种责任和义务。

舍斯托夫著作在我国的翻译介绍，可以从以下简表中见一端倪。《在约伯的天平上——灵魂中漫游》（董友等译，生活·读书·新知三联书店，1989年第1版）；《旷野呼告》（方珊、李勤译，华夏出版社，1991年第1版；天津人民出版社，2009年版）；《开端与终结》（方珊译，云南人民出版社，1998年版）；《舍斯托夫集》（方珊编选，上海远东出版社，1998年初版；2004年第2版）；《以头撞墙》（陕西师范大学出版社，2003年版；天津人民出版社，2007年7月版）；《双头鹰文库》（方珊、张冰主编，共6本，华夏出版社，2001年版）；《舍斯托夫文集5卷本》（方珊主编，世纪出版集团上海人民出版社，2004年版，第1卷《钥匙的统治》，第2卷《在约伯的天平上》，第3卷《雅典与耶路撒冷》，第4卷《旷野呼告·无根据颂》，第

5卷《思辨与启示》);《雅典与耶路撒冷》(张冰译,云南人民出版社,1999年版;世纪出版集团上海人民出版社,2004年版);《钥匙的统治》(张冰译,世纪出版集团上海人民出版社,2004年版);《旷野呼告·无根据颂》(方珊、张冰等译,世纪出版集团上海人民出版社,2004年版)。

我们这个即将在商务印书馆出版的《舍斯托夫文集》,除以上已经翻译过的著作外,增补了最新发现的舍斯托夫著作4部:《莎士比亚及其批评者勃兰兑斯》《希腊哲学史讲演录》《伟大的前夜》和《唯凭信仰》。这几本书本人在2015年在莫斯科大学访学时全部购齐。目前,拟议中的《舍斯托夫文集》分为13卷。第1卷:《莎士比亚及其批评者勃兰兑斯》;第2卷:《托尔斯泰与尼采学说中的善》;第3卷:《陀思妥耶夫斯基与尼采》;第4卷:《无根据颂》;第5卷:《开端与终结》(文集);第6卷:《伟大的前夜》;第7卷:《钥匙的统治》;第8卷:《在约伯的天平上》;第9卷:《旷野呼告》;第10卷:《雅典与耶路撒冷》;第11卷:《思辨与启示》(文集);第12卷:《唯凭信仰》;第13卷:《希腊哲学史讲演录》。

舍斯托夫的著作在读书界享有广泛而又良好的声誉,这次中文版《舍斯托夫文集》的问世,必将引起广大读者的热情关注,欢迎广大读者对本文集的编纂和翻译提出宝贵意见以便今后修订。相信经由我们的努力,一定能使舍斯托夫和中国读者之间的"心桥"更加畅通无阻。

谨以此为序。

张冰

2018年6月

本卷说明

在列夫·舍斯托夫去世后留下的文件中，有一部未完成手稿。手稿标题是《唯凭信仰》(*Sola Fide*)，写作于1911—1914年间，当时未能出版。

舍斯托夫于1914年回国时，曾将这部手稿委托给自己的内弟格·列·洛夫茨基保管，后者整个战争期间都住在日内瓦。1920年，舍斯托夫在离开俄国时，找到了这部手稿，并在1920年将其部分章节以略加补充的形式发表于巴黎出版的《当代纪事》第1期，标题为《最后的审判——论托尔斯泰的晚期著作》，随后被收录在《在约伯的天平上》(巴黎，1928)。这部手稿由两部分组成，都没有标题。而我们给这两部分起名为"古希腊及中世纪哲学"和"路德与教会"。1920年舍斯托夫并未发表手稿全文，这或许是因为手稿中所表述的思想，有一部分已经写进了《钥匙的统治》的缘故。此书写于1914—1918年间的俄国，并于1923年在柏林以俄文出版。

书名《唯凭信仰》语出路德所译《使徒保罗致罗马人书》(第3章第28节)。使徒保罗的话用俄文说是："человек оправдывается верою"("人称义是因着信"[罗马书3:28])。路德译为"人唯有凭借信仰自立"。这种对于《圣经》原文的独特篡改在神学界曾经引起过诸多争议。

舍斯托夫之所以选择"唯凭信仰"这样一个惯用语,或许是因为这种说法鲜明地凸显了青年路德为信仰而斗争的形象(参见本书下卷第Ⅱ章)。在舍斯托夫"灵魂中的探险"过程中曾涉及的那些名人中,很少有像青年时代的路德那样与其心心相印的,而路德为信仰而从事的那场斗争,也与舍斯托夫自己的斗争十分相像。

目　　录

上卷　古希腊及中世纪哲学…………………………………… 1

下卷　路德与教会……………………………………………… 137

参考文献………………………………………………………… 355

上卷　古希腊及中世纪哲学

I

天呐,不是痛苦就是死亡(Pati, domine, aut mori)——生活在 16 世纪下半叶的圣特雷莎如此祈祷道。

早于她两千多年,苏格拉底的弟子、犬儒学派的创始人、著名的犬儒派学者安提西尼[①]感慨道:与其享乐,不如发疯($\mu\alpha\omega\epsilon\iota\eta\nu$ $\mu\alpha\lambda\lambda o\nu$ η $\eta\sigma\theta\epsilon\iota\eta\nu$)。[②] 而根据传说,柏拉图也说过,说安提西尼的学生第欧根尼[③]就是一个发了疯的苏格拉底。而柏拉图并未说错。毫无疑问,第欧根尼,而且不光是第欧根尼,甚至就连他的导师以及他最亲近的学生们,也都是些疯子,而且不光是疯子,而且还是患有苏格拉底式疯病的疯子,也就是说,都是一些因智慧而发疯的疯子。在那个时代里,以及在全人类的整个存在过程中,都把生活的舒适度当作生活的意义和本质,而他们居然害怕舒适,这难道不是一眼就可以看得出来的疯狂吗,而且,这还是一种"系统"的疯狂,是一种和苏格拉底的智慧一样系统的疯狂。

---

① 安提西尼(约公元前 445—约前 365),雅典人,古希腊哲学家,犬儒学派创始人,高尔吉亚和苏格拉底的学生,过禁欲生活,提倡放弃一切欲求,自给自足。——译者注

② Zeller, 2-1, 260.

③ 第欧根尼(约公元前 400—约前 325),古希腊犬儒哲学家,安提西尼的门徒。奉行极端的禁欲主义。故作癫狂至于怪癖,是许多笑话的主人公,自称是世界公民。传说他住在一个大木桶里。——译者注

犬儒哲学家们当年是如何生活的,每个人或多或少都知道一点,对此我们未必有必要予以扩散,更何况对生活的恐慌,生活的艰难和污浊,也很少能对现代人形成吸引力——"自然主义"时期早已成了过往云烟。我们甚至会匆匆忙忙略过先知以西结①讲述他如何准备预言,讲述他如何按照上帝的吩咐吃饼的故事。只有一点我们不应忘记,即犬儒派都认为自己身上有上帝的指印,是上帝做过记号的。他们说:好人都酷似神祇(τονς σγσθνς σνρσεθεων εικονσε εινσι)。②和苏格拉底一样,他们服从于一种神秘而又不可理喻的暗示,而把自己投身于存在的丑陋和恐惧,而非存在的美和欢乐。他们说美和欢乐是不需要的,他们会妨碍人走近上帝,它们所能提供的是欣悦,而欣悦比疯癫更糟糕,他们教导人们说,人们应该远离欣悦,犹如远离瘟疫一样。众所周知,现代人仇恨甚至鄙视犬儒学派,称他们是狗,而只有少数比较敏感的人,像柏拉图那样的,以及如果我们相信传说的话,则还有亚里士多德的那些学生,曾经对犬儒学派的生活方式感到惊奇,或者至少曾经对这些疯疯癫癫的智者、这些受人鄙弃的人奇特的生活方式做过一番思考。在此我不想一一罗列犬儒学派用以论证其世界观,或更确切地说,论证其生活方式的论据了。除此之外,他们的那些学说,亦即他们为了证明自己正确而提出的那些见解和观点,都已湮没在世纪的尘埃里了,和那些终究不能为人所用的一切东西一样,沉没于忘川了。我并不认为他们的这些论据会引发我们多大的兴

---

① 以西结,公元前7世纪的古犹太先知,旧约《以西结书》的作者。他在说教中号召严格遵守犹太教的约定。该书中很明显有经后人多次加工的痕迹。——译者注
② Zeller, 2-1, 267.

趣,即使这些论据非常精致,非常俏皮,非常令人信服。我们这里非常俏皮同时也非常令人信服的论据是如此之多——以致的的确确,与其掌握新的论据,反倒远不如把我们已经掌握的论据中的一部分彻底忘掉,对我们更好。不但如此,还有一点也是毫无疑问的,那就是犬儒学派的生活方式,并非一丝不差地与其观点相符合。说一个人怀里揣着理性的论据却走向疯癫,世上还从未有过这样的事情。假使理性能够以其证明引导到疯癫的话,假使这样的悖论竟然也可以发生的话,那么……要知道如果这样的话,理性便会以同样的方式一劳永逸地把自己给一笔勾销了。然而,我要重申一句,理性对于犬儒学派的疯癫呓语和疯疯癫癫的生活方式,毫无任何责任,正如它对于以西结的疯癫也不担负任何责任一样。疯癫有其独特的独立自在的来源,有自己的勇气和力量,而且还有自己的——谁知道呢——正义性?苏格拉底的学生柏拉图说过,做一个仇恨理性者是天大的不幸。同样也是苏格拉底的学生的犬儒学派,却压根不把这当作不幸,相反,他们认为柏拉图心目中的所谓理性,是一切不幸的来源。柏拉图达到了完结性、阐释性、满意和满足的境界。犬儒学派会说,所有此类的精神境界,如果我们对中世纪术语学有所了解的话,则全都来自于魔鬼。为什么他们会这样认为或更确切地说是感觉呢——这个问题未必有人能够回答得上来。

在犬儒学派灵魂的深处,想必有一种东西,使他们成为了仇恨世上任何规规矩矩、完完整整的东西的人。柏拉图说得对:在苏格拉底身上有两个天才。一个天才通过柏拉图尤其是亚里士多德的哲学得到了表现,此即理性的天才。而另一个天才则试图在犬儒学派的哲学中获得表现。柏拉图和亚里士多德征服了整个世界。如今这位伟大导师的两个伟大的学生统治人类大脑已经长达2500年之久了。

谁想让自己的话能够被人聆听，谁想在历史上留下显著的痕迹，谁就应当补上古希腊人这一课。如我们下文将要看到的那样，甚至就连中世纪，甚至就连天主教，在这个问题上也难以避免普遍的命运。尽管有过这样一种见解，说哲学在中世纪时不过是神学的仆人，但这种说法充其量不过是一种约定的谎言（fable convenue）罢了。神学手中握有火刑的大权，因此给人的印象似乎是一切都唯它命是听，而且，令人感觉到它似乎就是一个拥有无限权力的君主。而实际上，哲学与神学的关系，无论是在基督教刚刚产生的最初时代还是一直到我们生活的这个时代，始终都和罗马人与占领了罗马领土的野蛮人之间的关系并无二致：被征服者向征服者们口授了法则。从形式上看，政权当然属于天主教神学界。而实际上神学界如果不事先征询处于上流社会的古希腊导师的意见的话，就连一步也不敢往外迈。无怪乎托马斯·阿奎那竟然会把亚里士多德简单地称为一个哲人（philosophus），亦即永恒的、万世不变的、不可逾越的思维的立法者。而托马斯·阿奎那说的这套话，实际上早在他之前，那些天主教的思想家就已经在这样想了。而如果他们称亚里士多德为基督在自然中的先驱（praecursor christi in naturalibus），也仅仅是因为，拥有火刑的神学提出了这样的要求罢了，正如一切占领者会把所有外在主权统统揽入囊中一样。可实际上，对于天主教而言，亚里士多德曾经是并且始终都是自然中也是超自然的基督的先驱。天主教如果没有亚里士多德哲学，犹如其没有罗马人的武器一样，同样都是不可思议的。为了战胜那些不肯驯服的各个民族并迫使他们对其俯首称臣，天主教就必须拥有亚里士多德的理性和罗马军团。只有通过这些符号(his signis)，并且也只有这些符号，天主教才得以巩固自己的地位，而那些历史学家，迄今为止，仍然在为其所拥有的这一地位而惊奇不已。

而假如天主教为自己选择的领袖不是理智的苏格拉底的后人亚里士多德，而是疯癫的亚里士多德的后人第欧根尼，那么，整个天主教仅仅会在历史中占据毫不起眼的几页罢了，大致和如今讲述犬儒学派、斯多葛派和中世纪的异端邪说派——即那些失败了的背运者——生活方式和学说的篇幅差不多。牢固的胜利只会给予善于创造伟大的哲学体系和善于通过久经战阵的军队组建广大国家的理性。统治世界的不是疯子，而是英明睿智的苏格拉底。不但如此，无论这看起来多么奇特，在距第欧根尼2000年之后，被伟大的天主教会封圣和尊认的圣特雷莎，竟然也会重复古代犬儒学派的话，说：如果她命中注定不会受苦，她宁愿不活，而是死去。

II

安提西尼和圣特雷莎的话，被当作数不胜数的悖论里面最可疑的悖论，被当作百无一用、分文不值的谬论，湮没于世纪的尘埃里了，但对于引导读者关注我想要其予以关注的那一领域来说，却是再恰当不过的了。苏格拉底是如何的理性，这一点大家都知道，或者说大家都以为自己知道。我们已经习惯于以理性的苏格拉底为标准,来衡量所有生活现象的价值。要知道当柏拉图称第欧根尼为疯狂的苏格拉底时,丝毫也不曾想到,自己竟然一劳永逸地以此判决永远剥夺了第欧根尼在决定人类命运的雅典最高权力机构里的地位。我甚至敢于说柏拉图不仅想要剥夺第欧根尼充当决定和审判人类命运之法官的权利,他甚至以此判决剥夺了第欧根尼的那样一种希望,使其即使不敢想望法律导师或法官的角色而只想当一个普通的见证人,都绝无可能。第欧根尼是不可能充当见证人的,因为发了疯的苏格拉底,已经再也不是那个苏格拉底了,甚至都再也不是人了。出于道德的动机人们甚至不必剥夺其生命,而可以完全对他不屑一顾,不当人看。古希腊人其实就是这样说的也是这样想的,虽然古代曾经有一个根深蒂固的思想,即疯癫有其神性的起源。① 而当代思想界却早已吸取了柏拉图的信念,并将其当作自明真理,它无须予以证明,甚至无须予以讨论。人们之所以不把自明真理挂在嘴上,也仅仅是由于它的自明性实在是太强了的缘故。可是,没有自明真理我们的思维便会停滞不前,这一点大家都知道而且永远也忘不了。为了不致到更远的地方去举例,我姑且仅以两位历史学家为例吧,他们就是哈纳克和勒南②。他们两个都说:"鄙视健全的理性是不可能

---

① Μανς:灵感。策勒尔注2:"古希腊人一般把宗教和艺术灵感称为疯癫。"(Zeller,2-1,511)

② 勒南(1823—1892),法国作家,彼得堡科学院国外院士(1869)。其《基督教起源》一书试图阐述圣经传说,排除一切神秘色彩,另外还有东方学著作和哲理剧。——译者注

不受惩罚的。"①他们并未在任何地方刻意强调这一点,甚至也不认为有必要特意提出这样一个论点,将其作为自己思维的"前提"。可是,你若试着去掉上述两位作家的前提,则其全部宏伟壮观的历史-哲学巨著便会立马失去赖以立足的基点。经验当然在他们一边,对于健全理性的鄙薄态度无论对谁而言当然都是不会不受任何惩罚的。可是,无论如何也必须规避惩罚,难道真的是必须如此吗?万一安提西尼和圣特雷莎说得对呢?如果可以而且有必要鄙视健全的理性,并自觉地承受惩罚呢?要知道人无论怎么挣扎,终究是难以逃脱惩罚的!人单单只是为了他的出生在这个世上,就不得不付出一笔沉重的代价:以对必然的死亡的恐惧为代价,来赎买生命。这一点可以忘却,却不能不懂得也不能不了解。阿纳克西曼德很早以前就认为任何个体的生存都是非法的,所有生物都理应以其死亡来赎买这一非法性,然而,新的生物却大胆地接受了这种非法性,并且承担起了为自己出生于世上的非法性而必须承担的责任。鉴于行将降临的惩罚,鉴于死亡的必不可免,所有生物都遵循哈纳克和勒南的教导或是遵循健全理性的指示,全都拒绝存在的疯狂,这样是不是好一点呢?这的确是个很大的问题。

不妨让我们在此顺便提醒一句,即按照柏拉图的学说,②对于人来说,从对感性世界的观察过度到对于真实存在的理解这个过程,同样也是十分痛苦的。就好比一双眼睛,刚刚习惯了黑

---

① 任何人都不会不受惩罚地鄙视理性和科学的(Harnack,3,869)。
② Zeller,2,533.

暗，乍然面对光明一样。而在此处直接面对新生活的，是惩罚的威胁和危险。一旦新生活来到——而新生活是否会来到呢？——，惩罚的威胁也就具体入微地、伸手可触地摆在我们面前。柏拉图在谴责了第欧根尼以后，毕竟还是走向了痛苦和恐惧。不是痛苦就是死亡——如果人类的"理想"即寓于此的话，那么，须知走向这一理想的最可靠的道路，恰好在于要鄙视健全的理性，鄙视任何意义。发疯的苏格拉底——亦即第欧根尼和安提西尼，要比理性的苏格拉底，亦即柏拉图或是亚里士多德，都更加是可靠的领袖。

继而还有：健全理性当下就为历史学家和哲学家指出了道路（要知道每位历史学家也都是哲学家，因为历史学家是不可以描写的，他必须学会思考，必须学会绞尽脑汁的思考，——这一点现如今看来已然不是什么秘密了。在谈论生活时，每个人都必须学会思考，必须从自己所能见到的东西中进行筛选，必须进行解释，进行评价——而这，要知道，也就是在进行哲学思考）。既然承受惩罚的危险被公认为一个如此重要的动机，由此可见，我们应当回避危险，而另外一点也因此变得更加明显，那就是我们绝不能到有危险在等待我们的地方。与圣特雷莎所说的相反，人得以自免于死亡和痛苦，而与安提西尼相反，世上没有什么比疯狂更加糟糕的了，而最好的就是自满自足。而且，既然生活的主要任务即在于此，那么，由此可见，竭力想要给人以智慧的哲学，就只应当开掘那样一些真理，这些真理能够帮助人摆脱疯狂和痛苦，而且还可以把死神到来的期限尽可能推迟。哲学就是这么做的——她不承认有什么危险的真理。而且，为了能够更加准确地达到自己的目标，哲学根本就不把有危险的真理称为真理，而是称之为迷误。还是那位清教徒历史学家哈纳克说过，受真理伤害的可能性不能成为反驳真理的理由和根据。而且，不光具有自由思维的哈纳克，甚至就连正统派天主教徒的扎恩，也肯定这一点：而且既以自己的名义，也以他在著作中所代表的天主教教会的名义肯定这一点，他声称无论如何也要取得真理，而且情愿接受一切真理，不管真理有害还是有益，也不管它要求牺牲还是要求予以奖赏。我当然知道得很清楚，即扎恩和哈纳克是不可同日而语的。哈纳克是一位出色的历史学家，可以说他名震寰宇，扎恩则是一名恭敬谦和的教授，只在天主教学术圈小有名气罢了。其次，哈纳克不受任何外部约束，扎恩却时时处处要受到神学长官的审查监督。尽管如此，在这一具体场合下，两人却完完全全地走到了一起。无论前者还是后者对于有害真理都完全不是无动于衷的。不但如此，此二人都在极大程度上关心利益和益处，而非真理。说到扎恩，我想任何人也不会和我有所争执的。对于一位虔诚的天主教徒来说不是有益性本身重要，而是——对于天主教会来说，真理的有益性过去和现在都是最高标准。但对于这一点，一个虔诚的天主教徒却从来不会说出口。相反，他会激情洋溢地宣扬，对他来说，真理重于世上的一切。而你们是知道的，我绝不会怀疑扎恩是在有意识地撒谎。更有可能的是，他是完全真诚的，而且，他实际上也真的以为自己是在为天主教会服务，而这和为真理服务是一样的。假如他告诉你们，土耳其人之所以能得到康士坦丁堡，是因为古希腊分裂教徒拒绝与佛罗伦萨教会合并，如果他告诉你们，在那个时刻，即当在梵蒂冈教会的教皇被宣称为"亘古不变"的教条时,上帝曾经让雷鸣电闪,正如他在西奈山上宣告其戒条时那样,而他(即扎恩)却真的以为他所传达的,只能是真理,而且除了真理以外,其他任何东西他都不需要。他以一种很高的、特殊的——至少是在他看来——标准来检验自己的判断。而哈纳克当然会耻笑这位喜欢轻信他人的天主教徒。他相信同样的事情绝对不会发生在自己身上——要知道他是一个经验丰富、品位高雅的历史学家,他懂得人们是多么易于堕入偏见和迷信呵,而他却善于自我保护。需要的仅仅只是不要鄙视健全理性——真理就会站在你这边。可不妨让我们假设他的这个前提是错误的,假设健全理性只会妨碍人们获得真理,而且,与这种观点相反的是,对于健全理性而言,真理的统治也就等于健全理性的死亡,也就是说,真理对于健全理性是十分危险的,正如它对天主教是危险的一样。那么哈纳克即使这样也会接受真理吗?他是否会选择如此危险的真理,抑或宁愿要健全的理性呢?我以为在这个问题上绝不会有两种答案。由此可见,哈纳克的观点,即他说对真理的评价不取决于其是有益还是有害的说法,是不符合实际的。这种说法是诚实的谎言(pia fraus),是正派的学者以及神学家都同样必须具备的。对于哈纳克来说,真理在很早以前,在远不如我们探讨的场合那么严肃的场合下,就已成为不可接受的了。真理不但在其觊觎所谓的健全理性之权利的时候,而且,甚至当其不得不诋毁某种别的人们业已习惯而又必须具有的信念时,就已经遭到了否决。如果真理要求人们承认,路德根本就不是一个如此这般理想的、被清教徒刻意描述的德国人,如果真理还要求我们赞同下列观点,即宗教改革并非一个伟大先知的事业,而是——可以说是——一个叛教者的事业的话,那么,哈纳克还会有足够的勇气揭露其同一信仰者高尚的骗局吗?不但如此:尽管对于清教和社会道德有如此多的危险,从而有把路德从圣坛上拉下来的危险,但哈纳克仍然可以以其非凡的、至诚的虔诚之心,看清真实的路德吧?而要想看清楚这里究竟有什么,仅有真诚的愿望是不够的,甚至仅有勇气也是不够的,有的时候还需要敢于刺刀见红,敢于刀扎肉体的英勇精神。可是,人们对于这一点似乎不大可能这样做,甚至或许从来就不敢于这么做。他们目有所见却不是因为他们有此愿望,而是因为想不看见也不可能。而且,只要他们的时候没到来,他们就永远都止于是天主教徒,是自由派清教徒,或只不过是一些实证主义学者,是些唯物主义者或唯心主义者而已。

III

我在这里点了三位当代作家的名字:哈纳克、勒南和扎恩,而这绝不是偶然的。我还想点那样一些当代作家的名字,他们工作的宗旨比其他人更接近于宗教创作,或至少更加接近于犹太-基督教的宗教创作。按照统治我们这个时代的一般观念,宗教创作就其实质而言有别于并且也应该有别于任何其他类型的创作。这一点无论是将其自己的一生都献给了教会历史和教会文献研究的人,还是那些除了从流行教科书里汲取到的最低必要量知识以外,对于宗教可谓一无所知的人,都会如此这般地告诉你。可是,当您涉及这样一个问题,即宗教认识的来源究竟是什么,宗教究竟是不是一种认识,宗教认识真理性的标准是什么的问题时,您却很难很快就取得一致意见。有人会大谈启示,另一个人会大谈内心体验,第三个人则会以斯宾诺莎的方式,大谈其万物有灵论,等等。而且,您越是深入探索下去,就会越来越清晰地了解一件事,即每个人无论其对于宗教活动的研究多与少,实际上都有其自己的信念,不知其所自何来,而且也绝对未曾受到过任何影响。显然,我们在此所遇见的,大概就是某种命定论,即命运:一个人早在其诞生之前,命运书上就已经写定,他会是一个天主教徒,或是一个自由派清教徒,抑或是一个自由思想者。无论是哈纳克还是勒南抑或是扎恩,他们面前都摆着灿若群星的精神界充满灵感的巨人们的数不胜数的著作,可他们到底还是从巨著旁边走过,那样子就好像所有这些用火焰一般的文字撰写的著作,压根就不曾存在一样。他们只知道他们知道的东西——而向曾经活过的人们学习,却极不情愿。要知道勒南读过以塞亚、杰里迈亚,知道使徒保罗,也读过教会神父们的著作——他读过的书还少吗,而且,他爱他读过的书,对它们有很高评价,那样子就好像他们都是他最亲近最密切的亲友一般,可是,要让他燃起和他们一样的烈火,他却绝对不干。圣徒都是伟大的疯子,而伟大的疯狂却是神圣的——喏,这就是他的判决。然而,疯狂和发疯这样的形容语,无论将其附加于怎样神圣的名字上,都会毁掉一切。而对于勒南来说,先知和使徒都曾经是并且一直是美丽的疯子,但其疯狂却注定他们只能在一种玄奥的领域里永远地迷失。而哈纳克也会这样对你们说。和勒南一样,他更感兴趣的是以往探索的历史。这倒不是因为他没有宗教信念,我们可以把他的小册子《基督教的本质》(*Wesen Des Christentums*)与巨著《教义史》(*Dogmengeschichte*)或与随便他的哪本历史著作（永远都是多卷本的）做一个比较，我们就会看见，实在说，关于自己的信仰，关于自己的基督教，他几乎无话可说。甚至就连《基督教的本质》的绝大部分，也同样是在论述基督教史，而且还是与其对手的争论。假如我们和哈纳克讲好条件，要他写书谈谈其基督教信仰，书中不得出现任何有关历史和有关以前观点的批评，那么，我不知道，或许他会平平淡淡写的连两三页都不到。我们不妨仔细读一读他的《基督教的本质》，您兴许就会感到惊奇，几乎每次当他挥洒其历史插笔时，就会不再谈及历史，而是去阐述自己的思想，同时又不得不就此打住——而且，煞像是要吸一口气一般，他感慨道："先生们"(meine herren)，使徒或是先知的激情并非哈纳克所擅长的。因为激情的特点就在于鄙视健全理性而承受相应的惩罚，可我们看到，和勒南一样，哈纳克如我们所见，还和天主教经院哲学家一起，都认为与健全理性决裂是决不可以允许的。因此他开始采用如今颇受人喜爱的历史-科学方法。哈纳克无疑是我们这个时代最杰出的历史学家之一，对此没什么好说的。他的《教义史》和策勒尔的《古希腊哲学史》(*Geschichte der griechischen Philosophie*)都是特殊的具有奠基意义的杰作。他极其善于讲述有关伟大的阿法纳西、圣奥古斯丁和路德的故事。而且，他以一种往往招致许多人羡慕和嫉妒的信服力表明，基督教史的全部意义都可以归结为如今通常被人称为自由-清教学说的东西。黑格尔满可以兴高采烈了：因为这意味着再一次证明，在长达两千多年的历史发展过程中,精神是如何认识自身的。所有德尔图良①们、阿姆夫罗西②们、伊利涅伊、奥古斯丁、佩拉吉、中世纪神秘论者、经院哲学家,甚至就连路德本人,都存在过,痛苦过,也探索过,为的仅仅只是让当代自由清教徒的真理能够在今天大获全胜,对此,他们曾以简洁的语言做了如下描述:"我们信仰上帝——一切活着的人的父亲,他通过耶稣向我们传达了赎罪的消息。"而这又关耶稣什么事呢,按照哈纳克的学说,耶稣绝对不可能被当作上帝的化身。早在施莱尔马赫③尤其是 A.李特什利时代,耶稣就被人们当作一个究其实质与其余人一般无二的普通人。福音书里的所有奇迹,旧约故事、先知和预言中的所有事件都受到了理性的审判,可是由于缺乏坚实的证据,都被视为奇思异想——即便不是病态也是没有文化的——的产儿而被否决了。的确,哈纳克效法前人,从未刻意强调其与教会的过去的决裂,他也避免卷入与当时占据统治地位的正统清教观点的公开争论。清教神学的传统便系如此:清教徒永远避免激烈的言辞,他们宁愿为了避免诱惑,而在旧瓶里装入新酒,亦即给旧的习惯性话语里注入崭新的内容。例如,哈纳克从来都不会直截了当地提出这样一个问题:耶稣究竟是人还是上帝?——他问道:耶稣究竟是不是一个福音派基督徒(gehört Jesus ins Evangelium)?反倒是他的那些个对手,在与其争论时,

---

① 德尔图良(150—230),基督教神学家、作家。——译者注
② 阿姆夫罗西(约1430—约1494),俄国雕刻家和首饰艺人。他的作品(多折圣像雕刻)受鲁布廖夫影响。——译者注
③ 施莱尔马赫(1768—1834),德国基督教神学家、哲学家。接近耶拿浪漫派,按照他们的思想把宗教解释为内心体验、对无限的"依附"感。曾翻译过柏拉图的著作。——译者注

为了揭露他，选择了比较尖锐激烈的、带有挑战意味的措辞。哈纳克的任务首先在于梳理天主教经院哲学的历史和发展过程，以此表明，历史必然导向几乎所有经院哲学的倒塌和垮台，而宗教改革就是对"几乎"所有教条所实施的决定性的最后一击。如今的时代人们正力求完成路德开创的事业。哈纳克认为他对基督教的理解和宣扬就是对耶稣学说的最真实的了解。在宗教领域里，精神早已成熟到了最后阶段，而到了这个阶段精神就不得不停下脚步来等一等，以便在人类创造的其他领域里，精神也能达到相应的高度，而到那时，人类就可以认为自己的历史已然完结，即使没有黑格尔也可以过得去了。没什么说的，我这是在"用自己的话"阐述哈纳克的思想。哈纳克太聪明了，太有教养了，也太有才华了，因而他才不会如此坦率真诚到足以暴露自己的地步。他知道无论什么样的"真理"，都不可以让其全身裸体地呈现在哪怕是其创造者的面前。哈纳克在任何地方都不曾说过"几乎"所有的教条都死掉了——这个"几乎"是我自己给加上去的。哈纳克在任何地方都没有说过精神在他即哈纳克的理解中，已经成熟到最高境界了。他的做法和他以前的所有人都一样——他只不过是把他对基督教的理解称为真正的基督教罢了。但他的论断和我的话语实质上并无二致。即便二者之间有区别，区别也是非实质性的，可在权威法官眼里，区别却又不算小，这我懂，因此我承认，如果说这次问题涉及了哈纳克，那么我就不得不采用另外一种方式来讲述了。可是，无论哈纳克本人有多么重要多么有趣，这次我还是无法给予其个性以应有的关注。在宗教活动史上，哈纳克和哲学史上的策勒尔一样，都做出过一个高度意义上的富于争议的假设。他跟在黑格尔身后亦步亦趋，认为精神是在时间中发展的，因此，每个相继而来的时代与此前时代相比，都距发展的终极目标更近。而且——这一点他也是在效法黑格尔——他还认为我们这个时代已经成为发展之终结的标志。我说过这种观点尚有争议，而在这里，我有必要也可以把话说得更加强烈一点：这毫无疑问是一个虚假论点。人类精神压根就不是在时间中发展起来的。或许还有更好的说法：人类精神有时发展，有时却又陷于停滞状态。如果我们把基督诞生后的19世纪和基督诞生前的8世纪做一个比较，我们就会说，在宗教方面，人们其实是在后退。我们有过一些像大卫王一样的唱赞美诗者，我们也有像所罗门王一样睿智的智者，我们也有像以赛亚式的先知吗？哪怕你叫来几百个黑格尔——对这种情况他们也无可奈何。然而，将近三千多年就这样过去了。如果说精神毕竟还是像黑格尔想望的那样成长起来了的话，那我们的大卫和以赛亚又该当如何呢！由此可见，在这里无条件地采用黑格尔的普遍公式是行不通的。精神是个活物，他想去哪儿就去哪儿，并不受制于时间的约束。哈纳克所提供的对于真正宗教的观点，如果和大卫王的观点做一个比较，则不仅不可能被认为是发展的至高点，而且毫无疑问清清楚楚明明白白的是后退的一大步。

IV

让我们继续跟着哈纳克往下走。对我们来说他之所以特别有趣，是因为毫不夸张地说，他可以被我们称为现代"正常"的历史学家，犹如天主教徒称托马斯·阿奎那为正常的神学家一样。哈纳克是一个清教徒和路德的崇拜者——因而，也是天主教不共戴天的敌人。他甚至对路德身上的天主教遗迹也抓住不放。对于天主教和他自己自身的、完全摆脱了任何历史遗迹的宗教之间的区别，他是这样来加以表述的。天主教在寻找带有麻醉剂的兴奋药，以便把人类精神从日常生活的约束中解脱出来，而自由的清教则提供了富含养分的、扎实的和健康的精神食物。对于哈纳克来说，有一点很清楚，面对这样的两难选择，人是不可能长久地犹豫下去的。必须抛弃麻醉剂，必须仅只食用健康的饮食。的确，健全理性也知道得很清楚，使用麻醉剂是不可能不受到惩罚的——因此，天主教应当予以否定，而让位给清教，取代中世纪宗教迷狂时代疯狂的酒神节，近代应当采取清醒的宗教实证主义和宗教启示的终极话语。的确，哈纳克也懂得，甚至就连他那应用于我们这个时代精神的十分谦和的宗教观，也不可能在科学上获得证明。无论他如何心甘情愿地在清教从天主教那里继承来的教条问题上一个接一个地让步，但如果他还想使自己酷似一位具有宗教信仰的人，他就仍然不得不继续保留若干种从人们的观点看未免显得有几分悖论性的、带有清醒的科学立场的观点①。他否认教会教条的不可颠覆性，否认基督的神性，否认神秘论，等等。但他承认圣经是唯一的大书。他承认基督是唯一的大写的人，堪与之相比的人，世上过去不曾有过，将来也不会有，因为无论是苏格拉底还是穆罕默德，

---

① 不光宗教，一切由感性经验和精密知识度量过的宗教信仰，都是悖论(Harnack, 44)。

无论是佛陀还是圣经中那些先知——以赛亚或是耶列米亚——都无法与基督相比。他承认如果不带任何偏见地阅读或是在天主教牧师的指导下阅读圣经,圣经应该可以对所有人产生无与伦比的影响,从而必然会导致信仰,导致那样一种对于上帝的理解,而这也就是哈纳克所认为的唯一真实的和唯一基督教的理解。还有什么好说的呢——与天主教的观点相比,哈纳克的论点还不能说是过分悖谬的——虽然他本人正如我已然提到的那样,信徒的任何一种观点,都不可能不是悖谬的,他对此也并未否认。然而,哈纳克显然指望尽管有如许多的悖谬之处,虽然与他自己此前所引用的观点相反,但这些悖谬仍然不会在健全理性中引起愤怒,从而招致必然的惩罚。不但如此,和所有辩护者一样,哈纳克倾向于认为他的悖论会受到来自健全理性方面的善意对待,他们不但不会惩罚,反而会给他以崇高的奖赏。他的巨著《教义史》和《基督教的本质》的意义即在于此。我还需要连忙补充一句,就是我并未穷尽当代自由派神学家的所有"悖论"。还有一个人对于我们而言尤其有趣,因为他就其性格而言,与他所憎恨的天主教极为相近。哈纳克甚至放任自己把路德圣典化了。在援引了这位宗教改革家的一封最大胆无畏的信件以后,哈纳克说道:天主教徒是对的,如果他们从路德的这些话里,听出了夸大狂和疯狂的特征的话。果不其然,一个敢于如此说话的人,诚然是个先知抑或是个疯子。[1] 至于说路德不是个疯子,按照哈纳克的观点,这当然是不言而喻的。由此

---

[1] 当那些天主教批评家从这些书信中看出"疯狂的夸大狂"时,我觉得我可以完完整整地理解他们了。的确,剩下的只有一种选择:或是谴责路德,或是必须承认此人在基督教历史中代表着一种十分特殊的现象(Harnack,3,813)。

可见,路德是个先知,他果真从上帝那里获得了启示。

我似乎觉得自己已经彻底挖掘出了哈纳克的悖论。一个问题也就自然而然地产生了:既然有些悖论尽管并不大但却是可以允许的,那么,究竟应该怎么来区分可允许的悖论和不可允许的悖论呢?既然允许人们认为路德是先知或几乎是先知,那么为什么就不能认为托马斯·阿奎那博士或斯维登堡①是先知或几乎是先知呢?抑或为什么我们就不能允许,比方说,这样一个悖论,即说麻醉剂是人类所需要的,甚至比普通和健康的食物都有益和必要?原则上我们似乎不能够援引健全的理性,既然大家公认,在宗教领域里,健全理性已然不可能作为最高法官出现了。喏,为了能走出困境,哈纳克提出了历史审判的办法。单单历史就可以决断,哪些悖论是可以允许的,而哪些不适于指导人类的生活。按照哈纳克的意见,一切不具有未来的、一切注定要灭亡的,和别的所有那些历史学家一样,仅以其无力保持自身这一点而言,就已证实了自身内在的不适宜性,在这个问题上,我们的基督教历史学家与其他历史学家相比无任何差别。这一观点也同样适合于黑格尔学说,适合于非科学而是日常生活经验的判断,这种判断尽管对于精神的发展一无所知,总是自然而然天真质朴,甚至几乎是本能的,却始终在追求成功。问题仅仅在于——对于我们来说这个问题具有非同一般的重要意义——在特定场合下,健全理性究竟是否会向日常生活经验灌输法则,抑或相反,健全理性本身在这一次却是从经

---

① 斯维登堡(1688—1772),瑞典哲学家、神秘主义神智学家、彼得堡科学院名誉院士(1734)。——译者注

验那里得到指令的呢。根据我得以拜读的哈纳克的所有著作,我无法判断他对这个问题究竟会怎样回答。因此我只能猜测一番,猜测他其实并未给自己提出过这个问题。我似乎觉得如果你向他直截了当地问一下,他也许会回答说,为这样的难题绞尽脑汁煞费苦心不是他该管的事。因为这已经涉及哲学家的领域了,而他却仅仅只是个历史学家和神学家。的确,古代神学家其实并不拒绝哲学问题:奥利金[①]、圣奥古斯丁、托马斯·阿奎那、邓斯·司各特、奥卡姆,甚至路德都非常喜欢尝试运用他们神学家的能力,来试图解答此类问题。当然,如果哈纳克根本就不愿意提出这样的问题,而且他也无力解答这个问题,那就另当别论了,而且,如果不是明确的,那就是隐含的,您可以在其著作中找到你所需要的答案。

让我从《教义史》中援引一大段引文:世上还从未有过这样一种在其基本点上,在其关键部分不以外部权威为依据的强大的宗教信仰。只有在宗教哲学家或是清教神学家苍白的论述或论战的理由中,才能建立起一种专门以自身的内心体验汲取定力的宗教……耶稣基督曾以旧约的权威为依据,早期基督徒则以预言为依据,而奥古斯丁则以教会为依据,甚至就连路德也以上帝书写的文字为依据。[②]

---

① 奥利金(约185—约253),基督教神学家、哲学家、语文学家。早期教父的代表,对基督教教义和神秘主义思想的形成有很大影响。——译者注

② Harnack,3,81.

从中你们可以看出，无论这有多么困难，哈纳克仍然还是要在已经有的悖论丛里，添加上一种新的神秘的悖论，而它们则成为了宗教存在的条件本身。历史学家断言，没有一个终生研究基督教两千年发展史的人，一个对于基督教文献的了解在当今之世无人能比的人，也没有任何信仰，没有外在权威的支撑，能够在当今之世站得住脚。保罗需要权威，基督也需要权威，而且，正如哈纳克所说的那样，"甚至就连路德也需要权威"。为什么哈纳克会对路德，甚至对基督也说这样的话——如果他说的话我们在此也不得不说的话——，这我无从得知，并且也不想猜测。须知毕竟基督对于哈纳克来说按照其宗教意识而言是唯一的一个人呀？抑或哈纳克首先是一个路德信徒，其次才是个基督徒？但是，让我们还是不要在一个因缺乏资料注定无法予以解决的问题上绞尽脑汁，而是转入讨论问题的实质吧。按照哈纳克的意见——其意见是建立在对于20世纪宗教文献的研究基础上的——，外在权威是信仰的条件。首先，这种意见带有深刻的天主教特点。[①] 众所周知，圣奥古斯丁断言，如果他没有从天主教会那里得到圣经的话，他也许永远都不会信仰它。整个天主教和天主教信仰都建立在不可动摇的教会的基础之上。路德那些天主教的对手迄今为止针对这位宗教改革家所发出的一切反驳，主要都是（是完全正确的）建立在这样一条根据上，即路德居然敢于反对教会的权威。所以，哈纳克的最后一个悖论同样也是纯天主教的。但哈纳克却不能不要这个悖论，因为他懂得很清楚，他自己那个完整的自由主义-清教主义思想体

[①] 比较哈纳克第3卷第507页的言论。

系,究竟面临着怎样的危险,他以其所特有的诚实,根本没等对手说出来,就自己暴露了自己的弱点。今日德国神学思想界的代表人物告诉我们,信仰没有权威是绝对不可能的。此刻我同样还是不再去解剖和分析了,更不会去评价我们前面所引述的哈纳克的论断了。下文我们还将会涉及这个问题。这里只有一点我必须明确指出,那就是哈纳克,我要重申,他是一位杰出的学者,他才华卓越,聪明睿智,对于宗教文献有很深造诣,他的经验极其丰富,从而能够得出有关权威在宗教问题上的意义问题的重大结论。在此我的叙述稍稍有些打乱,话说得稍稍有些超前,但在此处有一点我必须说,那就是我认为哈纳克的结论根本是错误的。如果说哈纳克仅仅只知道使徒保罗和路德,那么,这对于他得出与此相反的结论来说,已经足够了。至于那些远离他们从中受到教育并且哺育他们成长的权威的中世纪的神秘论者和宗派主义者,我就不去说他们了吧。我可以自信地说:所有宗教天才的一个共同事业,就是捣毁现存的宗教权威。此类人物充满痛苦而又紧张激烈的存在的意义和生命的特点,恰恰在于他们自己本身就应当成为他人的权威,而与此同时,他们自己面前却从未有过任何权威。哈纳克或是没有察觉,或是不愿或是无力察觉这一点?或许这里的原因远比这更深刻。我们都还记得哈纳克认为在宗教领域悖论是合法的这一说法。[1]但与此同时我们也都知道,甚至就连宣扬基督教的人们所公认的那些悖论,甚至就连正统清教主义悖论——至于天主教

---

[1] Harnack,1906:44.

的悖论我就不待说了吧,在哈纳克看来,都是不可接受的。然而判断是否悖论的标准究竟何在?到哪儿能找到一道大坝,好挡住被允许的悖论创作这股凶猛而又可怕的洪流呢?健全的理性和惩罚的威胁能否约束这疯狂的人类?而且,其次,难道健全的理性竟然是可以信赖的吗?要知道他们的过分热心是不会持久的:他,要不了多久,一转眼,他就又会给与哈纳克相反的悖论投上一票,而同时遏制住被哈纳克认为是必须加以拯救的东西。健全的理性同样也不可能向自己本身呈现。历史学家懂得这一点。因为历史学家还记得哪怕是那场绝望的斗争,也就是那个路德与闵采尔①和卡尔斯塔特②的那场斗争。历史学家还记得当路德首次开始起而反抗权威时,在德国掀起了怎样一场洪波巨浪。历史学家还可以从切近和遥远的过去记起很多其他类似的场景。健全的理性无法节制人们。必须有另外一种势力,有一个坚强的、坚不可摧的政权。如果平民没有处于恐惧中,那么他们将摧毁一切(Ferret vulgus nist paveat)由此可见,因为真理对于所有人只有一个,所以,无论对于路德来说,还是对于奥古斯丁甚至对于耶稣来说,权威都是必须具有的。话说到此我们暂且打住,暂时离开一会儿哈纳克。

---

① 闵采尔(约 1490—1525),德国革命家,德国宗教改革运动和 1524—1526 年农民战争中农民和城市平民群众的领袖和思想家。以宗教形式宣传用暴力推翻封建制度,把政权交给人民和建立一个没有剥削、没有私有财产的社会。——译者注

② 卡尔斯塔特(约 1480—1541),德国市民宗教改革的激进活动家。1521—1522 年在维滕贝格实行宗教改革(撤去圣像,废除禁婚等)。——译者注

V

于是,自由神学和天主教一样在同等程度上都离不开权威。神学作为哲学可靠和忠实的仆人,对自己却缺乏信任,而且也不信任人,就像一个成年人不信任婴儿一样。而哲学从古代就已确立了一个不可动摇的原则,即任何真理都必须经过检验,在让一个真理出台以前,人必须具备一个特殊的试金石,而这就叫作标准。按照一般人们的信念,终极统治权和终极话语,应当由人类理性来说出。如果不事先检验一下,它究竟是否符合理性对其所提出的要求,人就连自己的创造者也不会予以承认的。在此我要提及苏格拉底在《欧绪弗洛篇》中提出的问题:善之所以好,是因为神祇爱它;抑或神祇之所以喜欢善,是因为它好。① 换句话说,对于区分善与恶而言,存在着一些标准和原则。人类理性对此类标准知道得很清楚。而且,在接受神祇以前我们应当给自己提出这样一个问题:对于我们的理性所认可的善,神祇究竟是否服从呢。如果不服从,那说明他们就不是什么神祇,不是真正的神祇。钥匙的统治(Potestas clavium),按照苏格拉底的看法,决断权并不属于天国的居民,而归属于地上的居民。而且不光是苏格拉底,也不光是苏格拉底的学生们,甚至就连苏格拉底的导师们,包括那些始终都是多神教徒的和那些以其创作为天主教教义奠定了基础的人们,也

---

① 《欧绪弗洛篇》,10a。

都在同等程度上认为自己有权并且必须采用某种牢固确立的标准来检验自己的判断。但是无论如何,人类到处都善于进行自我欺骗,这是不消说的。在掌握了钥匙的统治权以后,人类从来都不敢于承认,竟然自己放任自己做出如此这般的胆大妄为的篡位之举。不妨让我举一个信手拈来的例子。奥古斯丁这样写道:"… Jubes, quod ad probem, si quis dicat, tempus esse motum corporis? Non jubes."意思是,他向上帝提了一个问题,向上帝请示,说有人断言时间是身体的运动,对于这种观点,上帝是否允许他予以赞同。然后他自己代上帝作答道:"Non jubes"——你却一声不吭。我不认为我们需要花费很长时间来探讨这个地方的文字。最好的办法是援引圣奥古斯丁在阐释当代天主教时的另外一个论断。奥古斯丁说:理解是为了相信,相信是为了理解(nitellege ut credas, crede ut intelligas)[①]。应当先分析一下,那个企求人们相信他所说的话的觊觎者,其权利有几分合法性,应当首先解决这样一个问题,即相信谁(cui sit credendum)的问题,然后才能取信。从这个观点看,理性要先于信仰。[②] 对我们来说,这里在同等程度上值得注意而且非常重要的是要指出一点,即人类潜藏的骄傲感(这里所说的骄傲感只限于语词使用中的多数用法——而实际上正如我们在下文中即将能够看到的,这里的骄傲感其实并不那么多)和外表给人的恭顺感问题。

如果上文所举的例子还不够有说服力——我建议大家从众多

---

① Tixeront, 2, 361.
② 同上。

例证中自行选取一个。坎特伯雷的安瑟尔谟①是一个最卓越的理性主义者,亦即是一个在同等程度上和苏格拉底一样不接受也听不到哪怕是上帝所说的话的人,如果上帝的话不为他所理解的话,也就是说,如果这些话不符合有关善与恶、谎言与真理的评价标准的话,与此同时,这标准却是所有人都必须遵守的,而这个撰写了《上帝何故成为人》(Cur deus homo),书中表明上帝不可能不化身的人,这个人还写道:我不敢去试探你,天主,因为我的理性无论如何也无法和您相比,但我仍然想以某种方式洞悉您的为我的心灵所信服的,也为我的心灵所热爱的真理。②

而假如您去找中世纪经院哲学大师,问天使博士(doctor'y angelicus'y)——托马斯·阿奎那,您便会看出,这里的问题也同样如此。理性到处都表现出一种外表的恭顺和内在的骄傲。托马斯·阿奎那是一个非凡的人物——他能在白天看见多数人即使是在梦里也无法梦见的东西。他会和那些早已离世的圣徒谈话,也会与使徒们交往。有一次,在向十字架祈祷的时候,基督本人甚至都亲自从十字架上走下来谒见他,并且对他说:你把我写得挺好的,并且问他,他想要什么样的奖赏。看样子,这样一件稀奇古怪的事情应能动摇托马斯·阿奎那对于现存权威的信任,亦即对于哲学家和对于被抬举到哲学家王位的理性的信任吧。但在托马斯·阿奎那身上所发生的事情,却与此完全相反。在其之前和在

---

① (坎特伯雷的)安瑟尔谟(1033—1109),神学家、哲学家。奥古斯丁早期经院哲学的代表人物。他能够从上帝这个概念本身推论出上帝的存在:认为信仰是理性认识的前提,他说:"为了理解我去信仰。"——译者注

② Anselme, Chapter. 1.

其之后的天主教作家中,没有一个善于并且也愿意捍卫理性的永恒特权。可对他来说,亚里士多德要比其他任何人更是一个基督的先驱,不光在自然意义上,而且在超自然意义上也是。当我们要决定一种超自然现象究竟是否可以被接受的问题时,人们往往会求助于亚里士多德,向他咨询,要他指示。我们当然不能轻易相信,在有所信任前,必须首先回答这样一个问题——信仰谁。而对这个问题,除了亚里士多德和那些亚里士多德曾经将其神圣的权利传授给的上流社会人物以外,任何人都不敢于回答这样一个问题。现在,我就从《神学大全》里,撷取一个极其有趣的例子。

于是,一个著名的问题也就被提了出来,这个问题至今仍在激励着我们那些神学家,以及那些善于透过神学的外衣将内心斗争的本质和意义加以区分的上流社会人士。为罪人辩护是否需要自由意志的活动?(《神学大全》,论上帝,问题第113,第3节——标题:罪人是否需要自由意志的活动来为自己辩护?)众所周知,中世纪人高度重视自由意志问题。当今之世已经使我们确信,曾经被我们当作是最正确的中世纪人提出这个问题的方式,如今已经不太符合当今我们科学知识的状况了。对于一个中世纪人来说,有关自由意志的问题是与关于灵魂拯救的问题,因而也就与关于最后审判的问题,有着密不可分的联系的。如今所有学术界中人士都似乎觉得,讨论灵魂的拯救和最后的审判就是废话连篇,浪费口舌,因为根本就没有什么最后的审判,等待所有灵魂的都是同样的命运。因此,有关自由意志的问题也就带有了纯粹理论的意义,所以,解决这个问题的最好办法,就是把这个问题本身给排除掉。

而这个问题也的确可以采用某种方法予以排除的。我甚至认为近代以来由于摆脱了这个问题，人们未必从中受益良多。不但如此，我还想说的是，这个问题应当而且也可以正是以中世纪人的方式来加以提出——也就是说，将其与拯救灵魂和最后的审判问题结合起来。因为所有的哲学问题都应当在这样一种奇幻的光照下来加以探讨。您可能不会相信，托马斯·阿奎那曾经和先知和使徒们交谈过，但这是您的事，没有关系。但您不能不承认一个从未到过那一奇幻领域里的人，能产生如此稀奇古怪的幻想——而且它们并不适于哲学。谁如果在其一生中竟然连一次都没有体验到，在我们所过的普通生活之外，还有另外一种生活，那里发生的事件是非常独特的，与我们所见的日常生活完全不同，一个人可以是一个出色的种地的农民，或是一个植物学家，甚至还可以是一个历史学家，但任何人都从未进入过这一终极之谜的前厅。一般人可以成为一个康德主义者，黑格尔主义者，甚至还可以成为一个唯物主义者，认可奇迹，但是，哲学对他而言终究永远都会是一个封闭的领域。因为问题根本就不像在占据统治地位的哲学中通常所做的那样，在于对于某种悖论的解决。康德以这样一个假设令人们震惊，即说时间和空间仅仅只是我们感知的形式。黑格尔则以其发展规律使人惊奇。唯物主义者则走得更远：他们无休止地说着什么，证实如把僵死的物质变成活人的意识这样的异乎寻常的奇迹发生的可能性，这与我们的'理性'并不矛盾。他们还说，一块石头在 10 万到 500 万年间，终于变成了人。众所周知，如今唯物主义者的观点到处都受到了人们的耻笑。人们对他们说，理性是不会承认这种所谓的奇迹的。而我觉得唯物主义者在承认发生此类奇迹的可能性问题上,可能并不十分谨慎,而且,他们当中的多数人,似乎宁愿把自己形而上学的终极信仰隐藏在实证主义的外衣下面。他们仍然持续不断地认为起初最先有的仅仅只是石头——随后从这些石头中产生了人,可他们不愿意谈及这个问题,而且总是用科学的话语说我们不知道,或是用已经不那么科学的我们也不会去打听的理由来搪塞。唯物主义者当然知道他们究竟在做什么,既然要藏起来,那就藏呗,所以,他们需要隐藏。可是,一旦我们把社会-政治观点抛开,那我们就必须说,他们所提出的反对唯物主义的观点,根本就经不起批评。当然,他们的论点完全是匪夷所思的,远比一个奔放热情的天主教徒的观点更匪夷所思。对于理性而言,说面包和酒能变成肉体和血液,这要比把石头变成人要容易懂得多。然而,理性的难以接受性难道能够反驳某种形而上学观点吗?难道如今还真有这样的天真汉,会以为在形而上学领域里我们必须尊重理性吗?须知如果要对与形而上学领域直接或间接有关的问题,满怀信心和坚定不移地说出一些肯定的话,那也仅仅只能是说,形而上学领域是一个根本就既不从属于理性,也不从属于理性之法则的领域。而且,我们甚至可以十分肯定地推断,任何一种形而上学论点的真理的级别,与其理性的可接受性成反比。所以,现有的反驳唯物主义的观点,也就是说唯物主义与我们思维的法则不协调这种说法,不仅不矛盾,而且反倒是为其辩护的。从这样一个前提,即我们的理性无法理解一块石头怎么会一下子或逐渐变成苏格拉底的,压根不应得出这样的结论,即石头根本不可能变成苏格拉底,而只能得出我们的理性不善于理解奇迹这个结论。一切自由产生的奇迹都与我们的理性意识矛盾,而后者却始终都想无论如何要让生活及其狂暴的习性都服从自己的意志。值得注意的是——这一点我早就讲过——，从人类思维最初刚开始觉醒的时候起，人们就曾尝试着要给野性的生活划定一个界限。野性不知为何总是令人感到威胁和恐惧。人从来就不善于——甚至在自己头脑里——如此想象这一生活，以便能够把令他恼怒的自由创造从中剔除出去，这诚然不假。大家全都妥协了，也就是说，全都同意允许有任性，但只能在很小的限度之内。如果用经院哲学的语言来说，那就是接受了业已确立的定旨权能（potentia ordinata），亦即业已一劳永逸地确立了的——虽然是由任性确立的——秩序，但绝对权能（potentia absoluta），却像美杜莎的脑袋一样失踪了。姑且让我们用上古时代一位杰出的思想家恩培多克勒[①]为例。恩培多克勒几乎解释了一切，而且在任何地方他都不多事逗留，并且从来都不曾想过这样一个问题，即他为什么接受一种解释，而否认另外一种。活的生物究竟是从哪里来的呢？各类物体的各个器官难道是从土里长出来，随后才开始相互连接起来的吗？人类最初的躯体十分丑陋——而且都死掉了。随后渐渐地一些比较和谐匀称的躯体出现了。诸如此类的解释在恩培多克勒那里，要多少有多少，而且他对这些解释都相当满意。而他只要求一点，那就是要他的解释能被人们当作真理——是其他解释绝对无法与之相比拟的。显然，在他身上——甚至早在他之前的人身上——就已有了一个根深蒂固的习惯，那就是他们追求

[①] 恩培多克勒（约公元前 490—前 430），古希腊哲学家、诗人、医生、政治家。持物活论观点，认为万物之根是四种永恒的元素（土、水、气、火）。——译者注

的,与其说是真理,倒不如说是解释,还出现了一种独特的品位,和一种不可根除的独立的需求,它们成为了哲学创造的激情所在,像宗教创作的激情就是追求无论如何把人与已经由神祇为其准备好的命运协调起来一样。一些人想要解释世界,而另一些人则想要证实世界。但无论前一种人还是后一种人,他们都是采用同一个方法来解释和调和的:把所观察到的个别现象归纳为普遍法则。换言之,人们在得知一点什么以后判断自己知道得已经很多了,甚至几乎无所不知了,甚至就是无所不知了,他们都有一个共同的观点,这种观点使他们可以在繁复多样和神秘莫测的现实生活中定向。他们为自己创造出一种先验判断,让其成为逻辑推理思维的结果和基础。康德远比我们第一眼看上去所见的样子更正确一些,他断言,是人在向世界发布其法则。发布,这还有什么可说的呢!而年轻的叔本华当其阐释康德的下述学说,即我们所有的逻辑推理判断,都仅仅只是一个我们抛在活生生的现实生活之上的网子,因此,关于现实生活我们却无任何话可说,也根本说不出来,也就是说,它们不曾为我们提供任何知识。近代的李凯尔特①附和了叔本华的这种思想,并在其巨著中,详尽地对其加以发展。逻辑推理思维之所以存在,仅仅只是为了让人可以拥有一种完整知识的幻想。而实际上,抽象概念不仅无法提供有关现实生活的知识,相反会带领我们远离现实。现实生活是非理性主义的,是绝对

---

① 李凯尔特(1863—1936),德国哲学家,新康德主义弗莱堡学派创始人之一。他抛弃了康德的"自在之物",把存在归结为人的意识。认为哲学是关于价值的学说。把探索共性(规律)的自然科学的方法同历史科学的方法对立起来,而认为后者只在于阐明个别的,不再重现的现象和事件,否认历史发展的客观规律性。——译者注

不可以认知的，而我们的科学却仅仅只是对生活的理想的无知罢了。李凯尔特的确与叔本华不同，出于自身的恐惧和威胁感，他断言，这样一种理想的无知状态是科学的凯旋。在把人们从现实生活带到抽象观点中去的科学，按照当代哲学家的见解，拥有全部权利被人称作最完善的知识。而这也就是为什么在彻底接受了叔本华及其有关逻辑推理思维的理论以后的李凯尔特，却不敢于跟在导师身后，像自己的这位导师那样，继续往前走去进行寻找，好去探索知识的另外一些来源——现在把它说出来我还没有十足的把握。可是，或许大家都会说，在这个问题上大获全胜的，是先须活着，然后再进行哲学思考的原则。当代学者感到，对他来说，拒绝逻辑推理思维，也就等于失去生活的权利。如果就连概括性科学尚且不能提供完整的知识，那么，这也就提出了一个关于科学存在的权利的问题。对于植物学家、物理学家、数学家来说，提出这个问题一点都不可怕。他们懂得即使他们的科学不是最完善的，或者在可能有的知识中不是最完善的，这也不要紧——虽然这并不令人愉快：生活还可以继续下去，证实生活还有其他办法——可以采用具有纯粹实际用途的方法。可是，在这样的情况下，哲学又能为自己找到怎样的论证呢？哲学并没有什么实际用途，而且，一旦我们后来搞清楚了，说哲学也根本不可能具有完整的知识，她就被迫停止生存，失去生命。叔本华根本就不怕这一点。他大胆地决断道，即使实证科学是建立在逻辑推理思维之上的，其在哲学里也不会有什么结果——由此可见，没有这种思维方式哲学也过得去。我们还可以找到哲学知识的另外一个来源——而这个来源甚至显得更加诱人和迷人。而果不其然,叔本华哲学的来源就是纯粹的幻想,对此,他在将其归咎于哲学传统之时,称之为直觉。他有关爱情、音乐、关于玛雅的布幔等等的大话,任何人都不会想到称之为科学,正如任何人也不会想到称科学为柏拉图在《会饮篇》《美诺篇》或《国家篇》中论厄洛斯和灵魂不朽的充满灵感的预言是科学一样。但喜欢不把叔本华和柏拉图的思想运用在最清醒的判断中的人,过去和今天都层出不穷。和绝大多数当代哲学家一样,李凯尔特也在妄谈,但不善于发表预言或是幻想一番,于是他剩下的就只有一个了:甚至在他已经跟随在叔本华之后详尽地证实,判断只会带领我们远离现实生活以后,仍然大发议论。先须活着,然后再进行哲学思考,而这个口号竟然是难以撼动的。

VI

觊觎最高主权的理性,其作用便即如此。显然,从苏格拉底开始到康德及其当代学生们为止,理性一直为自己树立了明确的任务。理性一直在与恣意妄为做斗争,并且系统地监督一切自由创造的尝试,要它们不致超越事先拟定的边界。我认为还有一点也同样很清楚:理性只能通过一种途径达到其目标——颁布对于人类活动的限制性法律。我觉得人们直到今天为止都没有搞清楚一点,理性制定法律的活动在何种程度上限制着其创造工作。大家全都夸奖苏格拉底,赞扬他做出了一个伟大的发现:辩证法。纯粹理性批判不是什么别的,就是对于苏格拉底的一首清教主义的颂歌。使我们高兴的是,在苏格拉底之后我们已经无权对被我们认为是公正的、真实的和必要的一切做出肯定了。相反,只有那些与理性事先认可的观点没有歧义的,才可以被认为是公正的和真实的。而理性究竟采取何种手段使人类灵魂受到恐吓呢?众所周知,人类的灵魂并不是那么甘于臣服,而且,就其本性而言,它是具有自主意志的和任性的呀。天主教和穆罕默德的宗教是用火与剑实施征服的。苏格拉底的胜利又靠什么呢?这个丑陋的西勒诺斯①能有什么魅力呢,竟然以其辩证法把狂暴的亚西比得②都给俘虏了?而不肯听命于威严的国家法律的亚西比得,却在手无寸铁、好夸夸其谈的苏格拉底面前低下了头。而现在,经过了两千五百多年以后,所有人,甚至包括那些天主教学者,也都恭顺地臣服于被古代神谕称为一切人中最睿智的那位面前!萨瓦纳罗拉曾经就十字架的胜利写道,所有天主教的辩护士都大唱高调,说的都是老一套——而实际上,要知道只有苏格拉底的胜利才可以被称为宇宙的胜利,而且也只有他一个人得以在事实上几乎征服了全世界。而且,假如今天世界上仍然有某些角落,古代那位智者的统治权得不到人们的承认的话,我们也可以满怀信心地说,明天这样的角落便会不复存在了。而且,与此相反,我们也可以以同样的信心说,当人们把苏格拉底的统治从自己身上卸下来,而把疯子第欧根

---

① 西勒诺斯,希腊神话中狄奥尼索斯的教育者和伙伴。他的形象是一个笑容可掬、宽宏大量的秃顶老人,身背一皮袋醇酒,总是喝得酩酊大醉。——译者注

② 亚西比得(约公元前450—前404),自公元前421年起,自伯罗奔尼撒战争时期,多次任雅典统帅。公元前415年组织了对叙拉古的征讨,后投向斯巴达,提出了攻打雅典导师的作战计划,后又逃入波斯。公元前411年支持雅典寡头政权,后又支持民主派政府。公元前411—前408年,赢得阿比多斯、库赤科斯等地的海战胜利。——译者注

尼当作自己的领袖的那一天,世界的末日就到来了。但有一点不假,那就是第欧根尼那些最顽固的后人,对于此类威胁毫不畏惧。不但如此,他们对于世界的末日寄托了最美好的希望,并且为了这个疯狂的理念奋斗了整整1500年之久。可是,中世纪结束了,现在天主教即便没有从原则上彻底摒弃其理念,甚至也在竭力千方百计地美化和弱化这一理念,用各种当代人的头脑所能理解的补充和限定条件来使之无害化,以至即便托马斯·阿奎那或神圣的撒旦、格列高利七世[①]教皇从坟墓里走出来,他们也不会相信当代天主教会仍然是从前那个他们曾经花费如此巨大的劳动和天才加以捍卫和创造的那个教会。教会则出于人道的考虑,要与什么人分享钥匙的统治权——在他们眼里,教会已经不再是基督的肉体了,而是数不胜数的、人类在数百年中创建出来的机关机构之一。要知道,在伯尔(当然,他远非唯一的一个)所做出的,也为当代天主教徒所"理解"的让步和认可中,只有瞎子才看不出,使徒彼得的继承者的权力已然不是什么秘密了,而是公然传授给了苏格拉底的继承者了。天主教教会有权捆绑和处决的,不是所有人,而只有那些隶属于教会的人。如若不然,便会是不道德的和非理性的,换句话说,不是教会由于属于其的权力因而可以决定什么是理智的和什么是道德的,而是相反,理智和道德的规范,是由多神教徒苏格拉底拟定的,对于天主教教会而言,它们是必须遵守的。换句话

---

① 格列高利七世(1015与1020?—1085),1073年起任罗马教皇。实际上是在教皇尼古拉二世时(1059—1061)他已掌权。参加克吕尼运动。禁止出售神职,禁止僧侣结婚。竭力使教皇取得凌驾世俗君主之上的权力,曾同德国皇帝亨利四世争夺主教叙任权。——译者注

说，自然之光（lumen naturale）——须知苏格拉底并没有其他的火炬——对于天主教来说，也和对于某个黑格尔或伏尔泰来说，也都是十分必需的。启示的秘密同样应该由古代多神教徒所获得的火星来照亮。我要重申我刚才说过的那句话：即使在中世纪，天主教离开苏格拉底也会一筹莫展的。可在那时，对于理性和道德的让步，只在实践中进行——而在理论上，法理上（de jure）宗教认识的来源，公认只有启示才是。而现在呢，就连天主教那宏伟壮观的大厦也开始倒塌了。天主教在保卫自身反对数不胜数的敌人——主要是反对清教——时，已经决定采取法庭（forum），后者被苏格拉底认为是唯一最具有权威性的解决一切有争议问题的手段。在一些极其重大的问题上，人们已经准备承认理性具有断然决定权。取代先前超自然之光（lumen supernaturale）的奇妙照耀的，现代人却是在苏格拉底的自然之光的苍白的白光下观看生活的。当人们不得不在疯狂的苏格拉底和理智清明的苏格拉底之间做出选择时，甚至就连天主教也毫不犹豫了。梵蒂冈教会前不久的时候，甚至可以说就是在我们眼皮底下做出决议，什么人如果敢于断言理性与信仰矛盾，他就应当被革出教门——该受弃绝（anathema sit）。

现在，我们可以回到托马斯·阿奎那的问题上来了：自由意志的活动究竟能否用于为罪人辩护呢？以下就是对此问题的回答：正如《罗马书》第4章第5节所说，上帝本人就曾为罪人辩护。上帝考虑到每件东西的自然特点而去移动它，正如我们在事物的自然秩序中所能见到的那样，他能够分别移动重物和轻物，因为它们的自然本性是不一样的。与此相仿，上帝还用人类本性的特点来引导人们走向正义,可是,自然还赋予人以自由意志的能力,因此,当问题涉及具有自由意志的人时,上帝则在自由意志的辅助下引导人们走向正义。①

让我们仔细梳理一下阿奎那的思维进程。他从使徒保罗致罗马人的书信中撷取了一个观点,即上帝会拯救罪人。可是,使徒保罗所说的话,对他来说还不够用。抑或最好的说法是:他不敢于向自己的读者展示在伟大的使徒那里超自然之光所发出的奇美绚丽的光照之下的生活。人的眼睛——而且还不是所有人的眼睛——承受这样的光照仅仅只能坚持数秒钟而已。如果保罗说得对,如果上帝会拯救罪人,那么,正如罗马书第3章第28节所说,人就能够得到辩护,而且人的辩护是因为信仰,而非取决于所做的事——我们得出的结论是,人是在法律不干涉的情况下凭借信仰而自立的。——那么,人类的理性观所能取得的第一个果实或许就是:摒弃超自然之光的必要性吧。因为,请你们回想一下苏格拉底的教导吧,回想一下他是如何歌颂事业的吧,他要所有人都确信,正是事业,实在说只有事业,才能使人获得拯救。而在保罗超自然之光的光照之下,苏格拉底的自然之光变得黯淡了。抑或反之——如果我们在苏格拉底所发明的白日里的光辉之下展现保罗浑身的奇光异彩的话,它就不会给人留下任何强烈的印象。众所周知——下文我们不得不在这个问题上逗留一会儿——从保罗书中援引的一句诗,成为了在天主教和路德之间引起不和的种子。与托马

---

① 页边注记:基督教信仰的真理是不会与理性所获得的真理相矛盾的。虽然上述基督教信仰的真理超越了人的理性所能够理解的范围,但说理性的自然属性和基督教真理是矛盾的,这是不可能的。

斯·阿奎那相反,路德不仅不试图减弱使徒的话所能产生的影响,而且相反,他竟然敢在自己所译的上述文本中,自出机杼地补加了一个用以强化和突出语义的词——唯独(solo)。他竟然置希腊语文本及其传统阐释于不顾,采用下列方式翻译了使徒的话:人之自立唯凭信仰,诸如此类,不一而足。这也就是说,他以其译文,断然砍断了在保罗和苏格拉底之间、在犹太教和雅典主义之间和解的任何可能性。他得意洋洋地做出了决断,并且为了焕发出奇光异彩的超自然之光,而摒弃了清醒的自然之光。假如他和梵蒂冈教堂都不得不同时给出自己有关理性与信仰之关系问题的公式,那么,他必定会回答说,谁若是声称理性和信仰并没有什么根深蒂固的矛盾,那就把谁永世革出教门。而且这种话,正如我们下文将要看到的那样,他是说过的。而那个托马斯·阿奎那,这个经院哲学之王(princeps scholasticorum),在我们的观念里,永远都与天主教里最神秘莫测、最奇思妙想、最奇幻诡异的一切相关的他,却害怕使徒保罗的学说,其害怕的程度不亚于其他任何人,无论其为天主教徒,甚至也无论其为哪怕是无神论者或多神教徒呢。他牢牢把握着可见的世界,并且就连一分钟也不敢与之脱钩。天使博士解释到,上帝在按照每件东西的性质来移动每个东西。他说,我们已经看到,上帝在事物的自然常态下,按照每件东西的特点使每件东西开始移动——轻的东西使轻力,重的东西使重力。由此可见,在使人自立的同时,上帝是按照每个人自己的自主意志来行动的。一个问题也就自然产生了:既然要搞清楚人类的拯救之谜,神赐之谜,我们就必须求教于我们可怜巴巴的理性——倒好像问题涉及的不是一个深邃的秘密,而是在解答一个凝结了奇思妙想的谜语,一个由人自己杜撰出来的字谜,抑或是自然为了人而杜撰出来的字谜——人们究竟有何必要看圣书呢?这是一方面。另一方面——规范神学家托马斯·阿奎那的权力究竟是谁赋予的呢,或更好的说法是,这位我们迎面碰到的第一位当代天主教教授,这位本着《神学大全》的典范撰写了多卷本教义问答的阿奎那,竟然会限制上帝本人创造的自由。对于阿奎那——而在此之后也包括对于其他所有直到我们今天的天主教而言——这一很不起眼的如同我们"在自然中所见的",成为了解答整个神性创造这个伟大秘密的一把钥匙。要知道我们还可以再问一句——而且我希望我的提问是完全合法的,这位规范神学家在自然中,究竟看到了什么呢?他只不过奴隶般地跟随在其哲学家之后,而此人正如我们所知,曾经是中世纪人心目中的"基督在自然中的先驱者"。于是,结果就是,正如我已经说过的那样,出现了这样一个令人惊奇的现象:要想探寻神性的无形之谜,我们就必须到可见的世界中寻求类比性。而对于可见世界而言,它的立法者仍然还是那个亚里士多德。此刻人们是否仍然会怀疑对于天主教而言,哲学家不仅不是基督在自然中的先驱者,而且也不是基督在超自然中的先驱者,换句话说,虔诚的天主教徒的精神领袖是一个不懂得何谓启示的多神教徒,而有关哲学独立于神学的神话则应当和其他神话一起,被送进珍宝陈列馆,而这个珍宝陈列馆里面的宝贝,却都是些虽然非常有意思,但百无一用,甚至还会有害的迷误。我并不是想借此说中世纪人的精神创作应予推翻。相反,我对这个被不无根据地称为深夜的时代的了解越是深入,越会确信,像中世纪那样人的精神活动达到最紧张激烈状态的历史时期,在历史上并不多。如果把文艺复兴时代——与实证科学的创造和18世纪比;或把19世纪与12和13世纪比,则这种比较对于近代会是十分不利的。相反,你兴许会对离我们最近的祖先们和现代人的浅薄和完全缺乏求知欲而感到惊奇。当然,中世纪并非一个毫不间断的漫漫长夜。一切强大的、使人不安和才华卓越的,都被送进了修道院,以便能在孤独自处中献身于幻想和奇思。而且,或许正是由于这个原因,人们才叫来了永远都不合眼的亚里士多德,以便不要完全失去与现实生活的联系。而托马斯·阿奎那又是从何得知在自然中所发生的事呢,而且,实际上这又是什么样的自然呢?而在修道院里,在被钉在十字架上的托马斯脚下,你或许甚至都不知道,世上究竟有没有其他东西,除了人们告诉他的那些来自另外一个世界的圣徒和痛苦者外。而当需要向人们讲述自己的信仰时——他又向自己的哲学家学习能够让那些时时保持清醒和能够健康思维的人们听懂的语言。亚里士多德对他解释说,人并不是那么易于轻信和自爱。如果你对人们讲述一个正由于吃斋和长期不睡觉而痛苦的隐居之士在夜间所看到的所有幻影,说这些幻影是如何有别于他们在白天看到的景观的话,他们也从来都不会相信。他们似乎觉得人们一直都在欺骗他们,嘲笑他们——资质庸常的人永远都倾向于怀疑人们在欺哄他们,在蒙骗他们,或是处心积虑地想要嘲弄他们,而为了解除任何疑心,就必须找到白天和黑夜、平淡的日常生活与放荡不羁的幻想腾飞的酒神狂欢节之间的关联点。人只有当上帝开始臣服于他的人类的理性——如同他在自然中所见到的那样时,并且用从日常生活中制定出来的实际规范制约了其永恒的任性之时,才会相信上帝。中世纪那些摩西们、先知们、使徒们和伟大的导师们——从德尔图良到路德,罗耀拉①,圣特蕾莎和约翰·德·拉·克鲁阿们,仅仅只在他们能在多大程度上被应用于人类的需要的程度上被人所评价。你们不妨回想一下陀思妥耶夫斯基如何论宗教大法官。

Ⅶ

亚里士多德与柏拉图激烈而又尖锐的论战是大家耳熟能详的。同样众所周知的是,亚里士多德选择其导师柏拉图关于理念的学说,作为抨击导师的最重要的攻击点。柏拉图断言理念具有独立而又超验的存在,也就是说,在可见世界日常生活意识所能了解的范围之外,还存在着感性不可问津的不可见的世界,只有某些人在其灵感和启示的瞬间才可以洞悉这个世界,而这个奇幻的世界,从日常生活意识的观点看,却是唯一实在的世界,而人类的灵魂在最终与肉体结合以前,就总是生活在这个世界里,而一旦他把尘世存在的枷锁从自己身上解脱出来,便会重新回到这个世界。而只有在美好而又完善的世界里,生活才具有意义和使命,也只有这样的世界才是美好的和有魅力的,而平常的世界只能在有所洞悟的人身上引起厌恶和鄙视。辩证法的主要用途,就是旨在破坏我们的习惯,告诉我们这种依恋一钱不值。对于可见世界的厌恶,以及对于可见世界日常事务甚至最好的幸福的不满,是净化的开

---

① 罗耀拉(1491?—1556),耶稣会创始人,他制定了耶稣会会规和道德准则。——译者注

端,亦即引导我们走向认识真实和永恒的善的智慧的开端。只要你看重和喜欢人们所看重和喜欢的大多数所谓好的事物,只要你始终在追求荣誉、光荣、闪耀的荣光、财富和生活中的欢乐,你就会始终只是个盲人,你就绝不会想到你这是在直冲冲地走向悬崖下的深渊,走向永恒的毁灭。哲学家的任务就在于使自己眼中和所有亲人眼中的全部幸福都贬值化,以便让日常普通的生活成为可耻的和令人感到厌恶的,并树立生活的目标,要人们去想望另外一个世界,在那里,永恒的善已经取代了转瞬即逝的幸福,而转瞬即逝的幸福是没有多少价值的,当下它们只能吸引那些根本就不知道他们需要的是什么的人群。柏拉图在《理想国》的第7章里,讲述过一个洞穴的寓言,如今已经成为著名的经典。我们大家全都是坐在洞穴里面的人,背朝着真实而又美好的生活。我们看不见现实生活——我们只能从洞穴墙上看到来自现实生活的影子。而且我们是如此习惯于我们所处的这个阴暗的洞穴里的昏暗,以至真理和现实的明亮的光都令我们感到恐惧。和猫头鹰等夜间的鸟儿们一样,我们也只能在黑暗中生活。光明会使我们失明。

而柏拉图关于理念的这种学说看起来是亚里士多德所最无法忍受的,而他正如我说过的那样,挟着对于自己正确性的信心的全部力量,毫不留情地对其导师展开了抨击。他甚至都忘记了自己应该有所感恩才是,而这是一个学生对其老师应有的感情。但真理重于一切。在真理面前,即使友谊也应该让路。而且,甚至就连崇拜亚里士多德最厉害的学生,也都觉得他对柏拉图的攻击实在是太尖锐了。但最值得注意的是,甚至就连亚里士多德那些最激烈的捍卫者也都承认的两个情况。首先,尽管亚里士多德在对待柏拉图的关系上，一直保持着激烈的论战态势，但他毕竟还是不得不在其形而上学中，接受了理念学说中的许多因素。其次，亚里士多德的形而上学体系并不比柏拉图的形而上学体系自相矛盾之处更少一些。然而，亚里士多德笔下对于柏拉图理念的批判完全是（但话说回来，也正如任何哲学批判一样）建基在清晰展示所分析学说的矛盾之处上的。一个问题就由此出现了：如果一个学说因为有矛盾而被否定了，那么，就得提出另外一种学说来代替，而这个代替前者的学说也同样充满了矛盾，那我们又所为何来呢？而还有另外一个更加有意思的问题——这个问题对于我们来说更其重要，那就是亚里士多德由于他在柏拉图的学说里发现了矛盾因而对其学说加以否定，他的否定是否有效呢？而在这里，不妨让我们把问题提得更一般化一点——稍后我们反正会不得不这么做的——当我们在一种学说中发现矛盾时，我们果真会摒弃这种学说吗？抑或这里具有决定性意义的，还有其他因素？

我们先来留意上文所说的这种观点：亚里士多德有关形式和物质的学说，其矛盾之处一点也不比柏拉图关于理念即真实现实的学说所包含的矛盾更少。亚里士多德愿意以为个别事物是唯一的现实。但他却不愿意离开苏格拉底和柏拉图。他承认感性知觉不可能成为认识的来源，认识所指向的，不是那些不断变化的和转瞬即逝的东西，而是指向永恒不变的东西，因而，认识的对象不是个别的，个体的，亦即唯一的，或按他的见解来说，实在的，而是指向一般，亦即按照他的学说实际上并不存在的东西。在亚里士多德的全部形而上学体系中，都贯穿着这样一个矛盾。他笔下得出的结论是，认识，亦即最高级的知识，非与某种非实在的东西有关，而他又很少能把他所谓的实在的,亦即唯一和单独的、个别的事物从一般概念里推导出来,像柏拉图从其不可见的理念中推导出可见世界一样。他们两个人都达到了真实和永恒的认识,亦即经过证实、根据充足的认识。他们两个人都鄙视经验和"见解"($\delta o \zeta \sigma$),也都力求在苏格拉底之后表明人们应该想什么,什么是真实判断,什么是虚假判断的问题,并不属于人们所该思考的事,于是就有了带有必然性的、不容有任何反驳的自明性真理。而此二人患了同样一种病:无论前者还是后者都未能哪怕以庶几近似的方式实现其任务。取代他们所许诺的必然性的,得到的却是任性。他们幻想要创造一种类似于数学的形而上学,其中任何一个相继而来的论点都是必然从前一个论点中推导而来,可是,他们实际创建出来的学说,被无法忍受的矛盾撕裂得七零八碎。

关于柏拉图和亚里士多德,如果我们可以谈一谈统一性问题的话,或许也只能谈一谈他们意图的统一性了吧。无论是柏拉图还是亚里士多德,都不曾展现自身的矛盾。相反,他们当中每个人说话都压低了嗓门,以至想要在他们自己的体系里找出矛盾之处的任何想法,都被排除得一干二净。然而,会不会实际上连他们自己也未能发现呢?像他们这样具有伟大洞察力的人,这样善于察觉其对手矛盾的人,竟然会真的看不出自己身上的缺陷吗?这莫非是福音书有关别人眼里的针和自己眼里的大木头寓言故事的重演吗?我认为这不是,这里的原因完全是另外一种。在柏拉图和亚里士多德以后,还产生过许许多多伟大的哲学家,而同样的故事也必然会在他们每个人身上重演。哲学家往往能察觉其对手身上的矛盾并且揭露它们,对自己的矛盾则噤若寒蝉,就好像这种矛盾从未有过似的。甚至现在,在我们这个时代,同样的事情也在重演。哲学家们激情洋溢地相互揭露矛盾,就好像矛盾是一种死罪,就好像从前曾经有过那样一些完全没有任何矛盾的哲学学说似的。这样一种被提升到系统的哲学批评的奇特的非诚实性,却未能使任何人感到窘迫。大家全都对此司空见惯了,这种现象已经不再能使任何人感到不安,大家甚至对此不置一词——就好像外交家中间公认的一则训诫:不要说真话。前不久我甚至在以为公认的学识非常渊博的哲学家那里,读到这样一个论断,在一个哲学家的体系里哪怕发现了一个矛盾,这体系也会即刻失去任何意义。然而,亚里士多德,对此我非常确信,却绝不会持这种看法。他不仅在柏拉图那里发现了矛盾,而且在自己那里也发现了。即使他出面尖锐地批判了自己伟大的前人、导师和朋友的学说,也不是因为其论断中的矛盾之处使他不安,而是因为柏拉图的论断本身是他绝对不可以接受的,是因为它们妨碍了他所从事的事业,无论正确与否,他始终认为这才是他生活中最重要的一件事。每当发现柏拉图的创造于他很有用时,亚里士多德都会心平气和地、无比信任地、毫不客气地从柏拉图那里汲取,这一点就看得更加清楚了。根据我为自己所提出的任务,此处我不能为了解亚里士多德究竟在哪方面受恩于柏拉图这个问题上耽搁得太久。况且也没有必要这么做:即使没有我,这件事也已经有别人做了。正如我已经说过的那样,有一点已经获得了一致公认,即亚里士多德在其有关形式的学说中,接受了柏拉图几乎全部有关理念的学说:仅只否定了理念独立存在的论点(即理念的超验性问题)。我们需要为自己搞清楚的一个问题是,柏拉图的这一观点中,究竟什么使亚里士多德那么反感。这一观点的言未尽意性或矛盾性丝毫也不会令我们这位哲学家为难——这一点在我看来是毫无疑问的。其次,还有一个观点,它以否定的方式引导着我们逐步解开我们备感兴趣的这个谜。

几年以前,一位非常有名的、属于所谓马堡学派的德国学者那托尔卜①出版了一部有关柏拉图理念问题的研究巨著。而——无论这看起来多么奇特也罢——现在,在柏拉图逝世2500年以后,那托尔卜证明,亚里士多德对于柏拉图的抨击完全是徒劳的,因为柏拉图任何时候都没有想过要把理念当作一种超验的现实。虽然柏拉图人人都读过,但迄今为止,任何人都未能真正读懂柏拉图,因为大家都是在用亚里士多德的眼睛打量他。而亚里士多德虽然在柏拉图门下学习了整整20年,却并未看透自己的老师,因为他还没有学会深入理解柏拉图,就犹如经院哲学家无法理解批判主义者一样。那托尔卜断言,康德表述的一个观点柏拉图很早以前就知道:我们思维的对象不可能是事物,而只能是关系。可亚里士多德却和经院哲学家一样,天真地以为知识就是有关事物的知识。因此,他觉得只有个别事物才可能是真实的,而一般概念是非真实的。而实际上一般概念实质上是我们理性中的那样一些和个别事物一样的范畴,因而,在对待它们方面,存在的特征也在同样程度

---

① 那托尔卜(1854—1924),德国唯心主义哲学家,新康德主义马堡学派的领袖之一。他抛弃了对"自在之物"的唯物主义解释,把它看成是"极限概念",是认识的推动本原。他从先验论出发,认为运用纯思维结构的数学分析是科学认识的范例。在古代哲学史的著作中,他把柏拉图的学说同康德和马堡学派的先验方法衔接起来,发展了所谓社会教学,把它同伦理社会主义联系起来。——译者注

上适用于它。而在那托尔卜那里,也和在最完全彻底的康德主义者那里一样,这意味着,存的特征仅仅是我们的意识所能提供的特征,因而,它丝毫也不说明其本身(an sich)的存在。柏拉图早就知道这一点,而他予以肯定的也仅仅是这一点而已,但亚里士多德——因为对其理解中的局限性,存在的特征被认为只能运用于个别事物——却以下列理由为据,即柏拉图认为理念是存在的,而断定柏拉图同样也把它们当作是个别接受的,因而,它们也就是超验的事物了。实际上柏拉图根本没有与此相似的观点。对他来说,理念仅仅只是一种逻辑形式,只是一种科学研究的方法,只是一种规律性而已,——而关于理念存在的超验性问题,他甚至都未曾提出过。后来的被亚里士多德施了催眠术的读者读柏拉图时,却已然不是在用自己的眼睛在阅读柏拉图了。关于这位伟大的哲学家,他们不过是在拾亚里士多德的余唾罢了。

那托尔卜的基本思想便系如此,他把这种思想以德国学者所特有的彻底无遗的、充满耐心的精神,贯穿其整部巨著。但据我所知,那托尔卜的著作并未引起他所想望的反响。直到今天,柏拉图的理念也和以前一样,人们对其的阐释还是本着亚里士多德的阐释进行。我个人甚至还产生了一个附加的印象:虽然那托尔卜在对待亚里士多德的关系上越来越恼火,但他依然不失为一个——非柏拉图的学生和继承者——他所仇恨的亚里士多德。而如果我们要寻找某种柏拉图观的心理学阐释,那么,须知我们用不着去到很远的地方,那托尔卜的心理就是现成的和手边的。正是关于他我们可以说他的哲学思想在亚里士多德及其所有继承者直到康德本人的影响之下,竟然是那样形成的,以至就连超验本质的存在自身，在他看来都是那么奇特，极不协调，甚至是一种死罪。他看重柏拉图的就只有就连亚里士多德也不曾予以否定的那一点，看重的是通过亚里士多德现已成为中世纪随后又进而成为现代哲学思想界一笔财富的东西。在那托尔卜看来（我们还可以进一步说，在那托尔卜的直接导师康德看来），只有亚里士多德具有双重优点：是他第一个起而反抗哲学里面的奇异玄幻因素——这是一方面；另一方面，他勇于公然指出并且批评其神性导师学说中的非法因素。这是一些很值得关注的优点，尤其是第一个优点。亚里士多德之所以会拥有长达千年之久的影响力，最主要的原因即在于此。由于亚里士多德——而这一点是任何人都无从否认的——，现代科学才成为可能，而康德本人及其超验主义演绎也是不可能的。

我要重申一句，亚里士多德的形而上学和柏拉图的形而上学一样，都包含着矛盾。可要知道，一度对属于形而上学的权力提出觊觎之心的康德的认识论，其矛盾性也不亚于此。既然这个理论注定会在人类思想史上发挥如此具有决定性意义的作用，那么，这压根就不是因为它体系均衡匀称，逻辑严谨周密的缘故。我过去这样说，现在这样说，将来还要不知疲倦地继续这样说下去：关于存在着一种逻辑自洽的、不包含矛盾的哲学体系的神话，应该认为已经成为历史了。因为逻辑的自洽性充其量不过是如雷神一样的一个偶像罢了。它有金银打造的络腮胡子，却并不是什么上帝。康德的功绩（如果这是功绩的话）在于他得以在很长时间内把神秘因素和超自然因素从哲学中驱逐了出去。他和亚里士多德一样，把意识归结到了"最初本真"的真理，亦即归结到了按照他的见解，无之则科学不可能产生的那种真理上,这种真理犹如一个警卫,把任何想要继续探索的尝试者都挡在了门外。无论那托尔卜说什么,在康德批判主义与亚里士多德形而上学之间的差别也远没有康德的综合理念和柏拉图的理念之间的差别那么大。况且,那托尔卜自己对此也是认可的。在对《斐多篇》进行分析时,他顺便甚至煞像是漫不经心地脱口说道,说这可能会在什么人身上引起误会,让他以为这篇对话的主旨与灵魂的不朽无任何关系,说即便柏拉图曾经有过这样一个任务的话,那也必须认为这个任务并未完成,因为有关灵魂不朽的命题在苏格拉底而言,也是只是由于借助于不被允许的逻辑跳跃才得以将其证实了的。关于柏拉图的《斐多篇》及其他许多篇对话,那托尔卜就是这样论述的,他的论述提出并且分析了有关灵魂不朽的问题。对于那托尔卜来说,这种形而上学是不可以允许的,就犹如柏拉图有关既往病史的学说是不被允许的一样,因而,主要问题并不在于此。主要问题在于柏拉图有关先验综合判断的学说,也就是关于作为一种方法的理念的学说,这种学说也是关于一种科学的,其来源不是现实生活,而且也不是,可别,这怎么行,也不是感性印象(感觉论是我们这个时代被人骂得最凶的一个词),而是"一般意识",是逻辑规律性,这种规律性之所以可以被用作存在的特征描述,是因为这种特征只有按照那同一个"一般意识"的指令才可以被应用于个别事物。如果说那托尔卜允许柏拉图讨论永恒的话,也仅仅只限于一个非常有限的问题。我们可以谈论瞬间中的永恒问题,亦即那样一种施莱马赫在斯宾诺莎那里所发现的那种永恒性,后来又作为遗产传给了当代清教神学界。柏拉图笔下的这样一种永恒性,却是那托尔卜并不否认的。

需要指出的还有,即尽管那托尔卜真的是第一个(与格·柯亨①一起)敢于起而否定上文我们所描述的柏拉图的精神阉割术,而他的事业是早已就完全准备好了的。这个事业甚至已经可以说被历史完成了——如果你们愿意的话——而且恰好就表现在亚里士多德大胜柏拉图这件事上。因为剥夺柏拉图的理念,也就意味着再把它送还在亚里士多德手上。这样的事,在那托尔卜之前,众所周知,哲学史家是不会去做的。可这不过是因为他们不需要这么做罢了。虽然他们在阐述柏拉图哲学时,也同时阐述了他有关回忆、有关灵魂不朽、厄洛斯、躁狂症、最后的审判的学说,总之,让他的各种理念各归其位,可是,结果是,这却是那样一些理念,即柏拉图原本实际上早就可以摒弃的,一如他曾经摒弃了他的神话理念。这样一来于科学丝毫不会有任何损失,甚至还略有收益,因为柏拉图的科学并未滥用"理念"。亚里士多德对此做了严厉批判,它们的历史被他恭恭敬敬地请到了相邻的、与哲学有着明确边界的诗歌领域里去了。

谁能不知道柏拉图是个伟大的诗人呢,谁不知道他所携带的哲学行李中的绝大多数,很可能是不会被哲学的海关检查员给放行的。而他最大的走私品,当然就是理念了。当然还有一些同样也不被允许的别的东西——这我们马上就会谈到——但处于最主要位置的,就是"理念"。理念作为诗歌创作的一个产品它们是可

---

① 柯亨(1842—1918),德国唯心主义哲学家,新康德主义马堡学派创始人。与康德不同的是柯亨认为思维不仅创造认识的形式,而且创造认识的内容(理想的范例是数学)。提出了伦理社会主义理论。——译者注

以被允许放行的——人们一般允许诗人携带随便多少傻话胡说的。但哲学家却只有表达业经证实的真理的权力。至于说人类曾经有过这样的真理而且这样的真理如今也仍然存在这一点,则是根本不容怀疑的。于是,为了这些业经证实的真理,从前的历史学家们恭恭敬敬地把柏拉图的理念请进了诗歌的领域里。那托尔卜也正是在这样一个意义上,也就是说,是在能够使康德满意,同时也毫无疑问绝不会引起亚里士多德反驳的意义上,对理念进行阐释的。可为了这些业经证实的、历史对柏拉图进行了严厉的审判的真理,究竟是什么呢?接下来我们便会谈到这个问题了。

VIII

在柏拉图的《斐多篇》里,我们可以读到下述一段话:那些把全部身心都投身于哲学的人,向对哲学一无所知的人隐瞒了什么,他们的样子就好像他们什么都没做,除了练习去死和死亡以外。[①]假如您浏览一下当代所出哲学教科书中的任何一本,去找一找其中对于科学所做的定义,那么,你会在其中发现随便什么东西,而对于哲学就是练习死亡和去死的一丁点暗示也没有。如果您开始按照哲学史教科书了解柏拉图的学说,你会再次获得许许多多的知识,可有一点还是对您隐瞒了的,那就是上文所述的对于哲学的定义,就是柏拉图给定的。在《斐多篇》出现以前直到现在,对于绝

---

① 《斐多篇》,64A

大多数人来说,这是个秘密,甚至在柏拉图向人们揭示了这一点之后也仍然是个谜。为什么会发生这样的事呢?柏拉图的著作人们读的还少吗,而其中被人们读得最多的,也恰恰就是《斐多篇》。但从前和现在都一样,绝大多数公众而且包括学者和专家们,都不懂得柏拉图的主要任务何在。然而,在《斐多篇》中,关于任务的说法重复了两次。在数十页以后(斐多篇,80E),苏格拉底再次断言,在进行哲学思考时,人的灵魂其实是在练习死亡。而要知道,无论如何,整个《斐多篇》仅仅是这个基本主题的发展罢了:哲学思考就是在走向死亡,就是从可见的生命挣脱出来,进入一个被命名为死亡的永恒的神秘领域。这段话大家都读过,无论是学者还是非学者——可对这段话的意思,却没有任何人相信。无怪乎在同一篇《斐多篇》中,柏拉图会断言:人群是不相信任何东西的。任何人都不会赞同这样一个观点,即我们可以用带有终极问题性质的练习死亡来取代真实的、可以用手去触摸的生活。谁需要这个,而且为了什么?可是,如果实情如此的话,如果说一方面哲学家的全部工作都可以归结为死亡和濒临死亡做准备的话,那么另一方面,那些人群,也就是所有人们,却只有当自明性或与自明性相等的力量强迫他们时,他们才会相信,在这种情况下,一个面向人群发言的哲学家又该怎么办呢?如果他只是简单地讲述他所知道的一切或他所见过的一切,人们是不会相信他的话的:这些我们都没见过,所以,它们都没有发生过,人们回答他道。还有比这更糟的呢:他的洞察秋毫和他的睿智深刻与日常生活经验相矛盾,而后者与之不但是平等的,而且还是唯一起决定性作用的。要知道柏拉图曾经亲眼看到过人群中居然有两个人,敢于向苏格拉底的智慧发出挑战。他们对于辩护士承认苏格拉底是人类最睿智的智者这一点竟然不管不顾。他们声称他不是智者,而是罪犯。他不承认神祇而且还腐蚀青少年的心灵。而阿尼特和美利都胜诉了。雅典公民法院宣判苏格拉底有罪,并判决对他实行最可耻最可怕的惩罚。力量在那些人群一方,他们不相信任何东西,他们不能自主地承认任何东西,他们只对强制让步。

苏格拉底感觉到了这一点,并且早在其事业开始以前,就明白这一点了。他懂得自己只是一个人,而反对他的是所有人。于是在他孤独的灵魂里,首次产生了这样一个思想,即可以采用一种特殊的武器与人群斗争,而这就是辩证法。人群手中握着拳头,甚至还掌握着语言——他们善于说出雄辩的话语来,却不善于论证。于是,为了自我保护苏格拉底就想出了一种特殊的斗争和争论的艺术——其最基本的条件在这样一个推断,即有一系列尚未被人说出来的、对于所有人全都一视同仁的必然真理。苏格拉底在数十年中一直在广场、市集等公众场所走来走去,劝说人们只需信服一点:世上没有什么任性,不光在人之上,而且也在活着的万物之上,甚至也在神祇之上,矗立着永恒不变的、善于自我捍卫的法则。而且,正如我已经顺便提及的那样,在柏拉图早期的一篇对话,即《欧绪弗洛篇》中,苏格拉底以非常尖锐的方式提出了一个问题:善之所以好,不是因为神祇喜欢,抑或神祇喜欢善不是因为善好。[①]并且按照第二种选择回答了这个问题。而神祇其实也不可以任性,他们彼此也因为爱和恨而相互关联。在《辩护词》和《伊安篇》

---

① 《欧绪弗洛篇》,10a。

里,苏格拉底说出了他对诗人的厌恶之情:诗人似乎既看到也知道一些需要深刻思考的事物,但他们的知识却是偶然获得的:不是由于能力……而是由于神的灵感。① 他们自己也不知道也就是说不善于解释和证明他们所说的东西。柏拉图的全部著作,即知识和灵感——即神的关切②的对举,如一条红线贯穿始终。他反对那些做事情不按智慧来,而是本着天性,在灵感降临之际才做事的人。③

　　虽然神的灵感没有理智,实际上即意为本着神的灵感,但是,既然观点不清晰,那么,柏拉图认为,这样的美德和这样的知识是无足轻重的,因此将它们比作偶然。④ 他只看重那样的美德,即作为导师的人可以将其传给别人的东西。因此,对他俩来说,美德和知识是同义词。在《普罗泰戈拉篇》里,苏格拉底迫使他的对手承认,知识是无力的,是不可能攫取到统治权的,这是人群的错误认识。⑤ 知识首先是力量,而且还是大地上最为强有力的力量。苏格拉底在回答阿尼特和美利都的起诉时,在其辩护词中骄傲而又充满自信地说:阿尼特和美利都对我能做出什么来吗?将我起诉,对我诽谤。他们甚至可以让法庭对我进行判决,甚至判我死刑。这一切他们都做到了,但他们无法伤害到我。因为恶人从来都无法伤害到好人。

---

　　① 《伊安篇》,534b;Zeller,2－1:498。
　　② 《斐德罗篇》,244c;Zeller,2－1:498。
　　③ 《申辩篇》,22 c;Zeller,2－1:498。
　　④ 《美诺篇》,100a。
　　⑤ 民众有关知识不具有任何力量,没有任何权力和威信的观点(普罗泰戈拉,352b)。

与此相关的是另外一种以其大胆无畏使人震惊和对于那个时代(而且对于我们这个时代也同样如此)异乎寻常的情况:苏格拉底断言他宁愿自己亲身承受不义,也不愿意使自己成为不义之人。《斐多篇》及其他柏拉图的著作,都谈到了这一点,但柏拉图从未像在《高尔吉亚篇》这篇对话里那样,如此强有力地发挥了这一思想。这一次苏格拉底的对手是那么强大,以至有些人读过这篇对话以后,甚至产生怀疑,究竟是否可以认为柏拉图是这场角逐中的优胜者。还有些人竟然还会以这篇对话为依据,不愿意承认柏拉图是这篇对话的作者。的确,卡利克勒说出话来充满了真正的灵感——而我甚至觉得这足以证实此篇对话的真实性。在说出这个论点的同时,柏拉图已经感觉到自己承担了怎样的责任。有一点必须牢记,那就是,在我们这个时代,在柏拉图去世已经 2500 年之后的今天,重申已经背得滚瓜烂熟的道德力优于体力的言论,这是一回事,而首次看到并且说出这个思想,就是另外一回事了。这倒不是说我们现代人对于这句话的理解更加深入也更加透彻。我确信,现在也和古代一样,您在全世界也找不到屈指可数的这样几个人,他们肯于把手放在胸前说,他们宁愿亲身体验不公正,也不愿意让自己成为不公正者。因为要承受屈辱是很难的一件事,难到了超出想象的地步,即当你意识到自己软弱无力,无法捍卫自己的真理,同时你又骄傲地意识到自己的优越性何在时。卡利克勒的说法却绝非这样。而这正是因为柏拉图善于往苏格拉底对手的嘴里灌输一些逸兴湍飞的话语,使人有可能去判断柏拉图的创作从中而来的那一来源究竟有多么深。显然,当卡利克勒讲述时,在柏拉图面前,清晰地呈现出苏格拉底临终时的画面。是的,苏格拉底是一个伟大的导师,是人们当中最优秀和最睿智的人,却无奈地倒在了卑鄙小人们阿尼特和美利都的打击之下,正如我们时代的普希金,倒在了万人不齿的丹特斯枪口下一样。苏格拉底说阿尼特和美利都不可能伤害到他,说恶人不会对善人有什么危险。可是,阿尼特和美利都还活着,苏格拉底却被毒死了,就像屠夫毒死一条流浪狗一样。或许苏格拉底错了,或许阿尼特和美利都比他强大?对于柏拉图来说,这不是一个抽象的问题,而是一个生死的问题。而且,对于柏拉图来说,这甚至不是如今的人们在理解这个词的时候所说的那种意义上的问题。

随着苏格拉底的去世,柏拉图的灵魂也变得和从前不一样了。他的内心发生了某种变动,在此变动发生后,他的所见所闻都和从前截然不同了。天还是同样的天,星星还是同样的星星,人还是同样的人,可是,毕竟还是有些什么东西,是从前不曾见过和听过的。一种遥远的、十分模糊的、无法触摸的、眼睛看不见的,却具有一种强制般的吸引力的东西,开始神秘地支配了他的灵魂。在苏格拉底死后柏拉图仍然活了下来——而且还活了好长时间,差不多将近五十年之久。或许,在其晚年,印象变得淡漠了,也被抹平了。可是,一种撕心裂肺的、痛苦难耐的寂寞感和不满却永远留在他的心头。直到临终的时刻,柏拉图仍然一直都在执拗地证实与其做一个不公正者,最好还是自己去承受不公正。

IX

而且还继续在证实……有人问,证实又是为了什么?柏拉图为什么要如此执拗地要人们认可其真理呢？难道真理就是真理，仅此还不够吗？难道就连苏格拉底本人也知道，美利都和阿尼特是无法伤害到他的，难道还不够吗，难道他还需要美利都和阿尼特也都承认吗？而且，其次，这难道是可能的吗？人群的特点就是无所信，而且你永远也说不服他们的，——就让他们不相信你好了，就让他们在对自己力量的意识中得意洋洋吧。然而，无论对于上文我们刚刚说到的苏格拉底，还是对于柏拉图以及在他们之后任何一位仍然还活着的哲学家，这都是无法忍受的。我们还将会不止一次地谈到这个题目。而此刻尤其需要在这个问题上多事逗留。众所周知，苏格拉底和柏拉图在欧洲思想史上所起作用是十分巨大的。我们可以毫不夸张地说，我们的科学始于苏格拉底。是他第一个说出并迫使人们接受这样一个观点，即真理不予解释和不予证实就不是真理。世界的基础是某种人的肉眼看不见的永恒的，但通过紧张的脑力劳动可以与闻的和谐的关系和关联。或许他的这一信念在《高尔吉亚篇》里表现得尤其成功：智者断言大地和天空、神祇和人们靠友谊、共性和秩序、理智和正义凝结在一起，所以，万物才被称之为宇宙-秩序，而非非宇宙和非秩序，亦即混乱和放任淫荡。① 而在几行之后又补充道：神祇之间和人们之间的几何平衡，亦即理想秩序也具有很重要的意义。②

这段话三言两语就说出了苏格拉底和柏拉图一个十分珍贵的思想。如果说从世界的开端起就存在着一种永恒不变的、牢固的

---

① 《高尔吉亚篇》，507e。
② 《高尔吉亚篇》，508a。

秩序，而且这种秩序无论是在地上还是天空，是在神祇之间还是在人们中间，都是不容违反的话，那么，这也就是说，我们的全部力量都根本不应该用于实现自己那些偶然的转瞬即逝的愿望。因为这个秩序并非某种杜撰出来的东西，在智者或一个愚蠢者的大脑里自发产生的东西。秩序是一种战无不胜的力量。对它你可以轻视甚至不知道——但要想逃离它，却是办不到的，犹如你无法逃开几何学的法则。这一秩序处处存在，在万物身上也存在，甚至还存在于人的内心。你如果想要挣脱它的统治：你的挣扎将会是徒劳的。而且，结果相反，每个人，甚至就连那些最无知的人，也会通过一些最简单不过的问题，被逐渐引导到那样一个地步，站在那个地方，即使是一个在此之前一直都是瞎子的人，也会骤然看见建立在永恒不变的原则基础之上的宇宙的宏伟壮丽和和谐绚丽。此人将会被震惊，被迄今为止他从未见过的奇美绚丽的美景刺瞎了眼睛，而与此同时又不得不承认，这一知识对他来说，根本就不全是新的，说他从前某次在另外一种生活方式下，曾经见识过，而只是双脚一踏上地球，就把命运注定给予他的美好的东西，都给忘掉了。

柏拉图和苏格拉底把他们所发明的开启这个和谐的隐形世界的伟大艺术，称为辩证法。辩证法的可能性的条件显然是这样一个推断，即人类理性具有普遍性。苏格拉底以前的人们所认为的认识的来源——经验，并不能提供认识。由感性接受所组成的经验是善变的，非常态的、就和感性接受本身一样。如今被人们当作冷的东西，从前的人却觉得是热的，近处四方形的物体，离远看却是圆的，同样的东西，病人觉得苦而健康人却觉得甜。苏格拉底的前人直到诡辩派都以其艺术的方式证实建立在感觉经验基础上的知识的不可靠性和不牢固性。赫拉克利特①的论点,说万物皆流,一切都处于经常的变化之中,没有什么东西是与自己等同的,人不能两次走进同一条河流(随后又证实人也不能在同一条河流里只洗一次澡),埃利亚派为苏格拉底和柏拉图提供了批判认识的建基在感性经验之上的绝佳材料。而这样的认识恰好能够把人引向混乱,引向对于建立和谐世界体系的不可能性的认可。诡辩学派的学说,是从认识的唯一来源是感性经验这样的观点出发推导出来的完全合法的结论。可对于苏格拉底来说,诡辩学派的学说是最可恨的和最不可接受的。因为,如果说诡辩学派是对的,那么,则阿尼特和美利都就也是对的,因而苏格拉底遭受耻辱的刑法也就是他罪有应得了。而卡利克勒的力量颂也就是人类智慧所能达到的顶峰了。而那个在这个世界上采用无论正义还是非正义手段取得成功的人,也就是对的。几何学懂得秩序,但世界创造的基础甚至能够颠覆有关秩序的理念本身。

苏格拉底为了反对可见的现实生活和他那些为数众多的、以这一现实生活为依据诋毁这个伟大学者的对手们,究竟该怎么做呢?苏格拉底如何才能得胜,如何才能勾引无以数计的正在寻找精神指导的雅典青年的心灵呢?对于这个问题的回答我们觉得非常有意义。从前面的所有叙述中,我希望迄今我们已经弄清楚一

---

① (爱非斯的)赫拉克利特(公元前6世纪末—前5世纪初),古希腊哲学家,辩证论者,伊奥尼亚学派代表人物。他认为万物的本原是世界之火,这火也就是灵魂和理性(逻各斯)。提出了不断变化,不断生成的思想。对立面处于永恒的斗争中(不和是万物之父),同时宇宙中又存在着"隐蔽的和谐"。——译者注

点，即当苏格拉底断言道德和真理的认识是一回事时，他显然远非错得离谱。你们也已经看见了，他对人的理想和认识的理想的探索，每次都把他带到同一个地方。科学的来源也和道德一样，在于宇宙。第一个最重要的前提，如果用当代语言来表述的话，也就是说科学存在的可能性和道德存在的可能性，是一种先定的秩序，它既统治着上天，也统治着大地，是人所必须遵守的，也是神所必须履行的。第二个前提：人必须注定要理解这一秩序。你不妨试试去违反这两大假设之一——苏格拉底和柏拉图的全部事业便会轰然倒塌。显然，由此可见，哲学的族长的全部力量应当用于证实上述前提。此处所说的正是证实——因为它们肉眼可以直观到的显而易见性还未被任何人所承认。相反，直接自明性却是支持与此相反的观点的。可见的现实生活从前和现在都在确认着阿尼特和美利都、卡利克勒、诡辩学派的正确性。无论是在外部世界还是在道德世界里，都没有一个不可动摇的秩序。要知道在第一种场合下偶然性是一种平平常常的东西，而在第二种场合下，偶然性却是成功、力量、狡猾、在手段上的不加选择保障了胜利。

苏格拉底——众所周知——找到了摆脱这一困境的出路。在哲学家中，他是第一个使用一般概念的人，他断定我们的知识非与个别，而是与一般有关。他完全接受了他的前人向他提供的经验知识的批评。但经验认识其实还不算是认识。这里所能谈的仅仅只是见解，而见解事实上不但可以有，而且可以有好多种，因为见解建立在感性接受的基础上。而在感性接受的边界之外还有某种共同的东西，非感性的、只能由理性来加以理解的东西。这种理性的东西也就是真正认识的对象。智者寻求并找到的,也就是这种知识。寻找这种一般知识的方法就是众所周知的问题法。当然,苏格拉底的全部注意力都凝聚在道德问题上,而非纯科学问题上。柏拉图也在其继承苏格拉底的事业时,很早就开始把这种方法应用于所有能够激起人的求知欲的领域里。科学起源于伦理学,最初的宇宙是在人的灵魂里被发现的,而在此之后人们才在外部世界里发现了宇宙,而这一切都绝非偶然。

如果我们关注一下苏格拉底和柏拉图的议论,便会觉得其阐述的顺序似乎有所不同。苏格拉底通常是从分析简单而不复杂的外部现象开始其探索的,随后才转入对比较复杂问题的讨论。他的基本问题也就是其全部对话的终极目标——那就是关于善的本质的问题,在多数情况下,它不是出发点,而是其讨论的结论部分。对话刚开始时谈论的是铁匠、把舵人、医生和他们所干的营生。医生和厨师的差别何在,他会提出这样的问题。这两类人都在关心人躯体的需要。厨师是在饲养躯体,供给使躯体感到愉悦的东西,而医生则有益于躯体。接着通过一系列来自日常生活中的如此这般的例子,进一步辨明益处和满足之间的区别何在,与此相应——也就是搞清楚科学和经验知识之间的区别何在,而这恰好证实苏格拉底及其所要求做到的是什么。原来人是无法通过直接方式认识什么才是他实际上所需要的。只有那个不是从经验这眼混浊的井里汲取其知识,而是从纯抽象知识的泉眼里汲取其知识的人,才能判断什么是人真实的需求。既然有一点已经判明,即认识有两个来源,前一个来源提供的是伪知识,而只有后一个来源才提供真理,那么,苏格拉底脚下也就有了牢固的立足点。真正的来源是阿尼特、美利都、普罗泰戈拉和高尔吉亚所能问津的吗？他们是否知道什么是认识？认识能提供什么？他们认为知识所能提供的只有信息。可他们之所以会有这样的看法不过由于他们的无知和局限性罢了。苏格拉底对于"信息"丝毫也不感兴趣。信息多一些还是少一些都无所谓，人的生活不会因此而有所改变。而柏拉图虽然他的兴趣在这个方面要比苏格拉底的兴趣广阔得多，却从未将哲学与科学等同视之。最先将二者等同视之的人，是亚里士多德。而对柏拉图来说，哲学还是与闻彼岸世界——即理念世界——的神秘方法，进行哲学思维也就意味着在练习死亡和准备去死。

而这也意味着追求善。首先谈到善的是苏格拉底。他之所以会谈论科学，谈论"一般概念"，仅仅因为这是走向善的台阶。厨师为躯体贡献养料，而医生为躯体治病。而在精神领域里呢？诡辩学派在干什么呢？他们是在为灵魂提供养料。可他们并不懂的什么是灵魂真实的需求。他们以为愉悦的和好的是一回事。但它们不仅实际上不是一回事，而且可以说是恰恰相反。就让卡利克勒喋喋不休地爱多么雄辩多么灵性勃发就多么雄辩多么灵性勃发地大谈人的艰难处境和人的无助处境好了，大谈什么人居然无力保护自己和自己的友人免受不公正的敌人的侵害好了，这些吓不倒苏格拉底，也吓不倒柏拉图。阿尔赫莱采用凶杀等犯罪手段攫取了权力和财富，他很得意，但苏格拉底和柏拉图并不羡慕。① 他觉得好，但他本人并不好。他获得了厨师所能提

---

① 《高尔吉亚篇》，471a。

供的东西，可是，如果你把他引到医生那里，医生就会认为他已经病入膏肓，不可救药，而且，他得的是世上所能有的最可怕的疾病。

苏格拉底最重大也最值得关注的发现，就在于此。人所需要的不是幸福，也不是成功，而是善。幸福和成功是偶然给予的也是被偶然夺走的，而人靠自己所能获得的，就只有善：善是任何人都无法提供的，也是任何人也无法从人那里夺走的。其之所以如此，是因为在这个问题上，苏格拉底和柏拉图的理性就充当了他们的保障，理性不会任意肯定任何东西，而是会为自己的每一个论点提供证据和证明，理性以其论断的无错性推导出结论，并以此表明无论是人还是神，任何人神——而且必定得把神祇包括进来——都无法逃避对于其意图正当性的认可。这也就是为什么需要向所有人证实的原因——无论是阿尼特还是美利都、是高尔吉亚还是普罗泰戈拉。而这也就是为什么辩证法会那么重要的原因，也就是为什么科学有那么重要的原因。阿尼特和美利都当然是强有力的——是他们杀死了苏格拉底。可是，最终的胜利并不属于他们——因为恶人永远都伤害不到好人，恶人伤害到的只有自己。

X

一直以来我不得不把苏格拉底和柏拉图当作同一个人来讨论。不这样是不可能的。我们很难分清苏格拉底的事业结束于何处，而哪里又是柏拉图的开端。但我认为鉴于当前这部著作的任务，这么做也未尝不可。即便他们两个是不同一的，那也是相互补充的。而现在我转而只讨论柏拉图一个人。苏格拉底不仅以其学说,而且也以其一生尤其是他的死亡,作为遗产留给他的任务可真的不轻松。这困难具有双重的性质。苏格拉底教导我们说,恶人不可能伤害到好人。既然如此,也就是说人在生活中最主要的任务,就是做一个善良的好人。而且,由于从另外一方面看,为自己提出无法实现的任务是不明智的,所以,我们应该承认,第一,人很明确地知道什么是生活中的善,第二,如果他愿意,人随时可以履行善向其提出的要求,亦即成为一个好人。

需要即刻予以指出的是,所有那些来自于苏格拉底的学派(我主要指昔尼克派和斯多葛派)都来自同一个论断。不但如此,甚至就连中世纪经院哲学也从未能够摆脱这一原则。幸运的奥古斯丁与贝拉基那场著名的争论,曾经在天主教导师中间,引起并且直到今天仍然激起如此大的风波和争论。柏拉图断言,阴间的法官永远不会拒绝奖赏彼岸世界的只从事自己的、为自己所特有的事业的哲学家。① 此外还有:灵魂只有在这个世界里才能得到拯救。如果灵魂在此世无法得到拯救的话,到那里时就会晚了。因此后来的托马斯及其他人都竭力证明,谁如果尽其所能地做了,上帝就必定会赐予其神赐的。

无论您把目光往哪里投去,也无论您认识的是哪种道德和哲学体系,您都必然会碰到这样一种情况,即我们生活的意义和主要任务,就在于在我们力所能及的范围内实现特定的道德任务。众所周知,甚至就连斯宾诺莎也和柏拉图截然不同,他否定了因善或

---

① 《高尔吉亚篇》,526c。

恶予人以奖惩的理念，他断言，上帝完全漠然对待所谓的善良的定义(ratio bonitatis)，甚至就连斯宾诺莎也正是从实现善的光明理念的观点出发来看待人在生活中的任务问题的。也许，在斯宾诺莎笔下，这个方面向内的一面甚至表现得更加突出鲜明——只是由于命运的奇特狡计，这方面向外的表现得到的表现最少。至于我个人，我从斯宾诺莎那里只能找到一处文字，在这段文字里，他终于把自己身上穿的沉重不堪的哲学家的铠甲彻底完全地脱了个精光，从而不再以为自己的使命就是领导纯粹理性并且只听命于逻辑。或许只是因为其全部生存的极度的内在的紧张性，所以，他十分害怕裸露自己。他甚至在孤独自处时也从来不肯放下武器。似乎他即使是在睡觉时——如果一般说此人什么时候还曾睡过觉的话——肯定也穿着铠甲。在他内心深处，活跃着一个不可磨灭的信念，即如果他自己尚且无法保护自己，那么，任何人也不会为了保护他而出面的，而阿尼特和美利都也并未去睡大觉。姑且让我们听听《知性改进论》前言里的话："我的的确确看见自己处于极度危险之中，并且被迫用我自己的全部力量寻求哪怕是绝不够用的帮助，我就像一个患了不治之症的病人，已经能看得见死神近在眼前——如果不赶紧请求医生救助的话，可我必须用自己的全部力量去寻找医生，虽然医生的救助也未必有效，而只是因为它此刻是我全部希望所在而已。"

按照斯宾诺莎自己的话，他就处于这样的境地。该到哪里去寻求救助(remedium)呢？人群所喜欢采用的通常手段，对他来说已经不见得见效："人群所追求的目标非但不能提供保护我们本质的手段，而且还会妨碍我们保护自己的本质，它常常成为在其统治下的人们死亡的原因。"①

就是在这样的情境下,斯宾诺莎提出了自己的问题:人应当追求的究竟是什么——是生活瞬息万变和转瞬即逝的幸福,还是某种永世不变亘古长存的东西?而他推论的结果是:生活的幸福是瞬息万变的,而这是毫无疑问的。还有一点也是毫无疑问的,即生活幸福只为一些人所拥有,而另外一些人享受不到。这也就是说,他如果将其设定为生活的目标,则同样有可能是无法实现的,可一旦实现,那么,对于人群的愿望和追求来说,它有个巨大的优点:那就是它的牢固不变性。"对于永恒无限之物的爱只能给心灵以欢乐的滋养,这种爱摆脱了任何悲伤,对这种爱的追求应当成为我们的想望,我们应当用全力追求它。"②

而这也就是斯宾诺莎的探索和发现的虽然简要却十分鲜明的历史概述。他走向哲学不是为了开心或是取乐,也不是为了砥砺自己的知性,更不是为了学会轻松而又趣味盎然地讲述法,和用丰富多彩涉及方方面面的信息来使交谈者震惊。绝大多数现代哲学学者觉得这简直不可思议,即哲学在很大程度上成了一种专业和学科,而和所有其他学科——化学等并驾齐驱。然而,斯宾诺莎走向哲学却并非走向一种科学,而是走向一种新生活的源泉,犹如走向死亡之水和生命之水的源泉。他是在"以全部力量"寻求着把人从不可避免的死亡中拯救出来。而如今这对于我们来说是最重要的是,他确信只有经由自己的努力,他才可以得到拯救。

---

① 斯宾诺莎:《知性改进论》,第九章。
② 同上书,第十一章。

尽管斯宾诺莎和柏拉图的体系是根本对立的,这一特点却是他们共同具有的。他们二人都相信人只能经由自己的全部力量才能获得拯救,因此他自己也必须找到拯救之路。

你们已经知道,对于未来的伟大哲学体系而言,我们已经集聚了多少赖以奠基的由前提组成的大理石基础。我不知道读者是否已经发现,每个前提都同时具有其局限性。我们只有凭借自己的力量来拯救自己,这对于苏格拉底、柏拉图和斯宾诺莎来说,都是伟大的希望的来源。而这也正是作为一种可以拥抱整个存在的学说的哲学可能成立的条件。因为只有那个认为人的理性可以洞悉全部生活之谜的人,才能对此问题做出肯定的回答。如若不然,我们也完全有权提出一些与这些论点全然对立的观点。我们可以知道拯救之路,但也可能不知道。我们可能善于区分善与恶,也可能不善于。宇宙——秩序——可以对人和神都是必要的,但高级生活也可能在非宇宙中实现。而且,最后从事自己专门事业的哲学家①也可能根本不期待任何东西,就像一个普普通通的,把自己的生命搂在怀里像搂着一摞琐屑自私的私人琐事的凡人,对什么都无所期待。

我已经谈到过在卡拉克勒和苏格拉底之间的那场争论,还可以有第三种结论,而这一点争论的双方都没有想到。究竟怎样好,是体验不公正还是成为不公正者好呢?而实际上无论前者还是后者,在严肃的场合下,当然都不好。假如苏格拉底杀了一个无辜者,那的确十分可怕,但更可怕的是,无辜的苏格拉底被人们给处

---

① 《高尔吉亚篇》,526c。

死了。苏格拉底本人在回答人们向他提出的问题时，暗示说他本人老实说也有这样的想法。他说：假使我手里有权，那我根本不愿意让我面对这样的两难抉择，可既然不得不做出选择，那么，我此刻宁愿选择屈辱，而不做屈辱人的人。而我认为柏拉图甚至在多年以后还会痛苦地回忆苏格拉底的一生。可是，实际情况是，既然第一个前提已经被接受了，既然一切都已决定了，既然人只能凭借自己的力量得到拯救，那么，也就不得不接受所有其他的前提。我们必须建立起一座堡垒，让我们可以在里面躲避美利都和阿尼特的攻击，亦即躲避经验生活的一切偶然性的攻击。

可是，要知道堡垒虽然得到了保卫，它同时也剥夺了自由。人在堡垒里就和在监狱里一样，而且也和被俘虏没什么两样。可一旦人们得到拯救，就会把这一点忘得一干二净了。人们首先看重和高度重视的是一座攻不可破的堡垒。柏拉图所能想出的唯一可靠的保障，是对自己在道德上优越于大众的意识，也就是意识到自己在道德上是无可指责的。甚至就连仅仅简简单单地做一个道德的人、诚实的人、正派的人、勇敢的人和正义无私的人，也还是远远不够的。必须还要意识到自己是这样的人才行。我们必须清楚地了解什么意味着好，而且还必须同时清晰地意识到自己与这种好是相关的，因此只有这种手段才足以保卫自己免遭恶人凭借体力——火与剑以及毒药等的攻讦。柏拉图直截了当地说，我们可以认为自己是一个缺乏能力的医生或舵手，但任何人也不会承认自己不是个好人。

在柏拉图之后，有关道德本质的问题，一成不变地在重大哲学体系中被一再提出来。柏拉图所确立的即使是在地上也可以与闻最高幸福的观点,吸引和召唤着所有讨论道德问题的人们。无怪乎尼采会说,道德是一个以其甜蜜的歌声吸引了所有哲学家的塞壬。因为还有什么能比对于自己比其他人都优越的信心更令人感到甜蜜呢。苏格拉底与闻了善所以他懂得这一点。而我则也和所有有此愿望的人一样,可以像柏拉图那样与闻善,可是这个广大神秘的王国的力量已经超出了尘世存在的范围,其力量一般说是无限的。我们这些有局限性的弱者,也洞悉了这个伟大的谜——那我们岂不是也和神祇一样了吗?难道说由于其而使我们得以洞悉这一秘密的我们身上所具有的哪种特点,不也具有神性吗?而这个特点——我们早就该说出这句话了——也就是我们的理性。理性是没有边界的——我们怀疑随便什么都可以,但怀疑理性的权力却是不可以的。柏拉图说,最大的不幸是当一个真菌学家,后者的做法常常像一个厌恶人类者。而把理性抬上宝座的柏拉图显然是对的。要知道是理性了解了宇宙,并抵御了非宇宙的侵犯,要知道是理性给了我们以对于自己力量的信心,对于我们优越于他人的信心。要知道是理性把苏格拉底从阿尼特和美利都那里拯救了出来。我们是不是该给理性树立一座最高的记功碑呢?

XI

但是,还是让我们略微回想一下以前说过的话。柏拉图断言哲学思考就是在练习死亡和去死。柏拉图教导我们说,理念实质上是超验的本质,而我们可见的生活只是实在的、真实生活的影子。最后,他还断言我们的最高认识的来源是厄洛斯和迷狂,亦即用精神之眼来看"理念"——此即本真生活,它只有那些处于疯狂或迷狂状态下的人才能见识。

正如我们此前已经说过的那样,柏拉图的所有这些论点,在哲学科学中,已经作为公认的真理给保存了下来。它们作为勇敢却放荡不羁的奇思妙想的奇特典范被保留在哲学纪念馆里。至于柏拉图关于阴间生活,关于在神祇公正的法庭上等待着人的惩罚的学说,我就不去说它了吧。说所有此类观点都是柏拉图哲学中具有实质意义的要素这一点,我觉得除了纳托尔卜以外,任何人过去不会否认,现在也是不会去否认的。只需读一读《高尔吉亚篇》和《斐多篇》就足以使我们确信,柏拉图对待阴间生活的学说的态度是多么严肃。他极其详尽地讲述了死后等待人的灵魂的究竟是什么。纳托尔卜只在一点上说得对:只是柏拉图从未能够彻底"证实"这一奇思异想,如果我们把哲学中现有的一切都仅仅限于那些有着严格证明的一切论点,那么,柏拉图当然必须进行大幅度的删削。

而如果我们将其哲学观所起的历史作用当作评价标准,对其删削的幅度也不亚于此。柏拉图的奇思异想早就被历史否定了,正如人们常说的那样,它是不会有未来的。可我认为这两种批评方法都无法为我们提供任何成果,反而会剥夺我们许多许多的成果。我们应当把柏拉图彻底取消,连同他的清醒和他的迷狂。此外还有一个重大问题——而这只会使我们得利:我们将在什么时候运用标准,或是摸索着往前走。虽然亚里士多德狠狠地批判过理念学说,虽然纳托尔卜用现代色彩对其装扮了一番——我们仍然要为自己提出这样一个问题:2500年前,柏拉图在其哲学灵感勃发的瞬间,也终究未能看见很少有人能够侥幸倏忽一闪地、在幸福的瞬间有幸看见的精神高涨吗?

亚里士多德及其弟子的批判来源于这样一个假设——当然,这一假设也是柏拉图所赞同的,因为他本人也曾继苏格拉底之后引入和发展过这个假设——有一些能够清晰意识到的理性法则,它们有权成为全人类判断的最高监督。我们不能也不必要否认亚里士多德有可能会以柏拉图本人为依据而粉碎柏拉图。但由此所得的结论却根本不是通常人们所得的那种。我们必须采用别的方式来提出这同一个问题。毫无疑问,在把柏拉图哲学中的对立因素混淆起来的一种奇特的悖论是,对于所有人来说,哲学应当成为一门科学,亦即成为一种观点体系,一种相互之间具有逻辑关联的体系。可对于这样的人来说,不仅哲学而且就连整个生活都是一个悖论,一种混乱,这些悖论和混乱之所以能被允许,是因为它们为理性划定了界限。这样的人十分简单地解决这个问题:在灵感勃发的瞬间所获得的洞悟,与通常的思辨相比,应不应该具有任何优越性。甚至与此相反,洞悟要求特别仔细地检验其所有的意图。按照他们的意见,厄洛斯和迷狂是哲学最危险的伴侣。难道一个恋人是可以信赖的吗?一旦爱恋离去就连他们自己也为自己的疯狂而感到吃惊不已。难道在恋人眼里,他的爱人不是世界上最美丽的人吗?而当时间冷却了他的热情,他难道不是和所有人一样确信,她原来不过是一个普普通通的女性吗?而比这更糟的是,甚至可以说,难道自己的经验就能教会人要更加谨慎地对待厄洛斯的吸引吗?我们知道,常常是第二次爱情、第三次直至第十次爱情也都可能和第一次一样是骗人的。我们不妨回想一下,关于这一点，叔本华在《爱的形而上学》中说得多么好呀。他的结论是厄洛斯的专门任务就是欺骗人，叔本华描写小精灵或林神这样一种特殊而且的确非凡的艺术能给叔本华带来一种极其特殊的享受。自然需要伊万和玛丽亚为其提供新人，而她使他们被迷惑到了那样一种地步，以致伊万觉得玛丽亚就是生活中所可能有的最美好的东西的化身，或反之，谦和软弱的人们，迄今为止从未在人前有过任何突出表现的人，却成为了英雄。你不妨试试给相恋的人们之间设置障碍，很快就会被他们扫除。可是，一段时间以后，自然达到了自己的目的，新人也开始其生活了，虽然是在母亲的子宫里，厄洛斯却扑灭了他那神奇的火苗，而玛丽亚和伊万自己根本不知道自己过去被灌注生气的事。在通常白日的光照下，她才看出他原来很令人讨厌，是个普通人，而他看她呢，原来不过是一个乏味的、平凡的女人，骗局被揭露了，理性开始行使其权力了。

叔本华正是这样像所有人们对于爱情的一般理解那样来描写爱情的。任何人都不会怀疑伊万关于玛丽亚的判断和玛丽亚关于伊万的判断是错误的，这是因为他们这时是在厄洛斯的光照之下相遇的，而当他们到了平常均衡的光照下时，他们也就能够正确地评价对方了。而"证据"何在呢——在第一种场合下，是他们的判断与一般人们的判断相歧异，而在第二个场合下，他们的判断一致起来了。而要知道判断的正确性要求以普遍必然性为前提。那些被称作真理的东西，可以而且应该永远并到处都被人们所普遍接纳和接受为真理。理性的特殊性和区别恰好在于它并且也只有它才是不可颠覆的常在真理的源泉。而一切与之相反的东西，一切与之矛盾的东西，一切并非来自这个源泉的东西，都是谎言和迷误的源泉。正如在冉冉上升的朝阳照耀下灯光会显得黯淡一样，在永远和理性平起平坐的真理的光照之下，厄洛斯的光线便显得黯淡了。

叔本华如是说，特鲁别茨科依也如是说，所有人都如是说，而苏格拉底和柏拉图也都在教会人们如是说如是想。而这样一种看待生活的方式如此紧密地与人的灵魂结合在一起，以致显而易见，任何人就连一刻也不曾想到这里居然会有迷误，想到还可以有另外一种解决问题的办法，想到伊万和玛丽亚只有在那时是对的，即当他们相互从对方身上认出任何别的人都从未从他们身上认出的人时，而且他们自己在此之前抑或在此隆重的时刻之后，也都没有在自己身上认出自己的时候，任何人也从未想到过厄洛斯其实并未欺骗他们，而不过是向他们展示了理性所不可问津的新的现实，而这种现实在厄洛斯熄灭了自己的火焰以后也就永远地消失了。

如果这是正确的，那么，柏拉图关于其理念的论述就也是正确的。"真实的"以及所有人时时处处都能见到和与之打交道的伊万和"真实的"玛丽亚，的的确确是平平常常、普普通通的枯燥乏味的人。他们吃吃喝喝，骂人吵架，打打闹闹。然而这个伊万仅仅只是真正的伊万的影子，玛丽亚也仅只是真正的玛丽亚的影子。日常生活仅仅只是对于真实的人的一些模糊粗陋的暗示，要看到这些真实的人，需要的不是一定的"方法"、逻辑和齐一化的理性。方法、逻辑和理性所有这一切都是向我们掩蔽现实生活的手段和工具。必须有灵魂的飞扬，必须有挣脱方法以及摆脱强加在我们头上的任何监督之约束的能力。需要激情和赞美。当第欧根尼对柏拉图说：我看见一头狮子，却看不见狮子性时，柏拉图回答他道：你拥有能够看见狮子的眼睛,却没有能够看见狮子性的器官。"

对于柏拉图和我们所有人来说,这句回答里包含着一种非常独特的非真。要想看见狮子的确需要眼睛这种特殊的器官,但要看见狮子的理念和狮子性,则并不需要什么器官。一般说我们早有不必有这种看见的条件,因为所见的条件,即与特定情况吻合,这对于某种现象的存在是必要的,只要我们一天不停止谈论经验世界,这种现象就是可以允许的,而在这个世界上,还是那帮阿尼特和美利都们是其主宰和主人,就是在与这帮人的斗争中,柏拉图不得不调动其全部的发明能力。他们这帮人之所以是强者,之所以能得胜,是因为他们认可这些条件,并将这些条件应用和滥用了而已。对他们来说,伊万和玛丽亚的理念是不存在的。对他们来说,存在的就只有可以用手触摸到的伊万和玛丽亚,而他们是肮脏的、衣服褴褛的和破烂的。他们之所以对自己充满了自信,是因为他们根本就感觉不到幽灵的存在。而且他们也不知道苏格拉底笔下那些制止人做出一些毫无疑问有利于其自身的行为来的魔鬼,也是存在的。对于间接性的本能告诉他们,与不可见的神秘世界的任何关联,都会引发经验的毁灭。他们甚至臆想出鄙视常识的我们是不可能不受到惩罚的。对于间接性的本能首先是近年以来一直被歌颂的自我保护的本能。而柏拉图似乎本不应该讲述什么理念接受器官的事——因为这样的器官不仅在第欧根尼那里没有过,而且就是在柏拉图本人那里,也从未有过。可是,一个人的精神气质的特点在此就显露出来了,或如果你们不反对,也可以说是人在这个世界上所处地位的特点。

让我从初等物理里借用一个形象,我想说的是,有两种力量在支配着我们：一种是向心力，一种是离心力。一方面，我们全都以在这个世界中安顿下来为目的。因此只有那些能够帮助我们安顿下来的东西，才是好的和有价值的。我们全部的精神力量都被调动起来以达到这个目标。而且我们实际做的比这更多：我们实际上几乎是本能地并未意识到在我们身上所发生的"自然而然"——而一个从事学术的人肯定会说——的精神特点和特征的选择。那些有助于向心力形成的特点，我们会在自己身上加以培养，而又毫不留情地、尽我们的力量所能地，消灭着会以某种方式妨碍我们实现这些目标的与之相反的特征。

凡是与我们的特点有关的东西，也就会与我们的理念和信仰相关。这一点可以用来说明下述这样一个令人惊讶的现象，即尽管一切都是自明的，但还是有绝大多数人甚至毫不怀疑死神在等待着他们，他们仍然像是注定要在世上活永生永世一样地活着，因此，死亡时刻的到来对于所有人，甚至对于那些老人来说，似乎永远都是出乎意料的和可怕的。他们的全部生活都被用来从事创造的，忽然来了一种没头没脑的、荒谬绝伦的、毫无意义的、毁坏一切的、专断蛮横的、任意独断的、与此前的一切绝无丝毫关联的东西。你们是否还记得，托尔斯泰的《伊万·伊里奇之死》？他在中学时代就学习过这样一个三段论：所有人都是会死的，苏格拉底是人，所以苏格拉底也是会死的。可是，那里说的是苏格拉底，显然把这样的伟人纳入三段论是十分合适的，而适用于伊万·伊里奇的，想必该是另外一种东西。伊万理应沿着仕途的阶梯走下去，而且永远也不会死。而至于伊万·伊里奇所说的那些话，很多人差不多所有人都会说——只不过并非所有人都有如托尔斯泰所赋予伊万·伊里奇的那种善于讲述自己的口才罢了。

可是,从另一方面看,还有一种力量,那就是离心力。与前一种力量相反,离心力差不多是任何人都感觉不到和不知道的,可是所有人都对它害怕得浑身发抖。而离心力却漠然地心平气和地做着自己可怕的事,以致人们称其为铁面无私。和在我们生命的最初时刻我们的有机体的生长一样,离心力也在不断巩固和发展,随后逐渐开始减弱、衰亡、分解,就这样,在灵魂里,无意识地、有违灵魂之意志地,一种奇特的、外表看上去毫无意义的衰落、破坏和腐烂的工作就这样开始了。人自身也开始逐渐地从他曾经为之勤奋而长久地工作而建设起来的那座建筑物底下,慢慢渗透地渗下去了。人自己一旦觉出他所做的事情是多么丑陋,他自己也会感到害怕的,就好像面对即将降临的疯癫人会感到恐惧一般。他懂得自己所做的并非必须做的,而必须做的却已对他而言失去了先前所一度拥有的魅力。人于是就像被蛇蛊惑了的小鸟或松鼠一样,绝望地哀号着,哀鸣着,但显然又明显地未曾受到过外界刺激地,投身于一个怪物的大嘴里去那样,而人呢,则向着死亡迎面走去,抛弃了亲爱的和习惯了的神秘以及神奇的意志所寄居的地方。

毫无疑问,是这两种力量在支配着人。毫无疑问的还有,所有人都能够目有所见,脑有所想,而最主要的是,所有人都只赞扬向心力。在我们的生活中常常发生震撼人心的事件,在此类事件发生之后,先前那种牢固而又坚实的时代关联开始发生动摇了。在我们头顶上,也不再是那个混成整一的、无限深远的、湛蓝的天宇穹窿:天际出现了裂缝,一个新的什么东西从里面漏了出来,它和以前我们见过的东西是那么不同,以致我们甚至都不敢贸然决定究竟该把它归类到哪个范畴——是现存范畴还是非现存范畴。而我们是真的看见这件东西了呢,还是我们不过是觉得自己看见了呢。而且,为了要确信我们并未说胡话,也没有犯迷糊,我们竭力想把这件新东西挪进某个框架里去,我们习惯于在这些框架里区分何谓旧物。我们似乎觉得我们增加了它的存在权,而一旦我们对其加以论证,一旦我们将其与我们先前的现实生活联系起来,一旦我们采用从前人们教会我们区分真理与谬误、清醒和睡梦的方法对其进行检验,一切就会真相大白。此外还有:人类狡猾的心灵希望我们会以这种方式改变真实力量的方向——不是自己跑出熟悉的环境,而是将其重新吸引到中心来,迫使其为已经习惯了的旧的目标服务。

我们已经谈到过苏格拉底之死给柏拉图留下了怎样深刻的印象。我们也已经谈到过他灵魂里所发生的变化。然而,柏拉图哲学的作用和意义只有在这样一种条件下,即我们永远不忘记上述两种力量的情况下,才能被理解。这位哲学家在不可遏止地被吸引到生活的边缘。他看见并且毫无疑问地看见了,有一种与此截然不同的异样的生活,它是新的,宏伟壮观的,和我们的生活截然不同的,可这对他来说还是远远不够的。他想要让新东西来为老的服务,供其驱使。搞哲学就意味着练习死亡和走向死亡。这当然是一个伟大的真理!只要死神一天没有出现在人的地平线上,此人在哲学中就依然还是个婴儿。只有发生巨大的震动,终极之谜才会呈现在一个人的眼前。可我们又为什么要在可见世界里寻求对于未来存在的保障和担保呢?为什么竟然会以为在这个世界上,在我们短暂的、转瞬即逝的一生中,我们已经来得及了解足够多的知识,以致我们甚至可以给神祇口授法则了呢?柏拉图倾向于认为我们不仅在为死亡做着准备,不仅在走向死亡,亦即不仅只是在走向新的未知而已。他需要信心,苏格拉底即怀着这样的信心教育自己的学生和交谈者谈论平平常常的生活琐事。而他本人也早已就为未来的生活做好了一切准备,就好像他总是在担心,即便神祇只拥有哪怕一丁点自由,他们也保不齐会毁掉他的全部事业。我们不妨回想一下,在《理想国》的第 2 卷里,他竟然如此固执地坚持要从《伊利亚特》中,删除所有荷马谈到神祇按照自己的意愿在人们之间分配着悲伤和欢乐的诗句。"我们的第一条关于神祇的法则和规则,将会是这样,我们要使我们的公民都能在口头上或书面中认识到,上帝并非万物的创造者,他仅仅只是善的创造者"(《理想国》,第 2 卷,第 380 页)。如果我们把这段话与《斐多篇》中关于对人类灵魂的最后审判的文字对比一下,这一原则的意义也就昭然若揭了。谁要是进行判断,谁就得以我们在此所拟就的法则和原则来指导。阿尔赫莱等专制独裁者终将堕入地狱,而那些终于来得及在此生中用哲学净化自己心灵的人,则会在极乐的岛屿上为自己争得一块净土。

无论那托尔卜说什么,信念都是柏拉图哲学的奠基石,而他也非常看重和亲近信念,无论是在早年时期,还是在成熟阶段,抑或是在老年时期。无论在天上还是地下,正义到处都是一个。而且,最主要的是,在大地上的我们知道这一点:我们懂得什么是正义,什么是善,何处是善,善是一种最高法则,它统治着一切,并以同样的方式,统治着人和神。

XII

我觉得到此为止我们已经足够清晰地介绍了柏拉图哲学的来源问题了。而下述这个初看上去令人感到奇特的情况，现在看上去也就不足以令人惊奇了，这个哲学似乎整个都是由一些不可调和的矛盾组合而成的。甚至即便柏拉图从未听说过什么辩证法，即便他不如此庄重严肃地声称，一个人最大的犯罪就在于你本不知道却断言你知道，即便他并未要求所有知识都能以数学为榜样，总而言之，即便他否认了其认识的可能来源之一，即便那样，对于矛盾来说，这块战场也足够大了。因为，如果我们假设，厄洛斯可以引导人们，那么，这个神秘的魔鬼会不会永远都引导人走同一条路呢？而我们知道，根据传说，比柏拉图远更矜持和稳重的苏格拉底，常常毫无怨言地服从魔鬼的勾引，也就是说，有违其理论地，完全和被他所鄙视的那些诗人一样地，在自己也尚未搞清楚自己的选择究竟是什么时，就贸然做出决定。换句话说，假如我们不一劳永逸地确定，支配人和神的都是同样的动机，假如我们相反地假设，说我们人，不仅不能深入洞悉神祇的秘密意图——而要知道第二个判断可能会有更多一些或然的可能性的机会——，那么，我们又该如何指望我们所获得的上述判断能够不含矛盾呢？能不指望在哲学家身上会重复在恋人身上所发生的同样的事情，即他们被神祇所吸引，竟然敢于不服从真理，而是统治和支配真理，丝毫也不顾忌早先就已经确立了的法则——哪怕那法则是矛盾律法则呢。

在此我应该指出一点，即柏拉图有关理念的学说，甚至即使不把它与其哲学的实证部分加以核对，统一性也不是那么大。根据现有的习俗，柏拉图的每个读者，在柏拉图说到理念一词的时候，心里指的究竟是什么，有一个自己的判断，然而任何人都无法证实他的判断是唯一正确的。而依我之见，最可靠的办法是公开承认，柏拉图本人也从未明确地说过他所说的理念究竟是指什么。他只不过是在一些短暂的瞬间看见过什么——而这是毫无疑问的。他总是在追求着什么而又逃离着什么——这几乎可以说是毫无疑问的。然而，这个什么东西究竟是否具有常性，好让我们有机会为其找到清晰而又明确的特征描述，这却是个大问题。我知道得很清楚，在说出这样的判断时，我是在与传统关于柏拉图的观念相左的，而且，也是与对于柏拉图本人的难以数计的阐释相悖谬的。柏拉图想要使我们确信，绝大多数他的读者都确信一点，即对他来说，理念和概念是同义词。"理念"中具有魅力的正是把柏拉图吸引到一般概念中去的那种东西——亦即正好就是常性和不变性。一切皆在流动，一切万物都在不断出现和消失，都在不断产生和消灭，一切都不固定，都是可朽的，都是转瞬即逝的，而在过渡和转变的洪流中，在感性和不可动摇的永恒的繁复多样性中站立着的，是只有理性才能洞悉的一般。

　　至于说柏拉图原话就是这么说的，说那些接受了柏拉图关于理念的学说的人，在形式上也自然有其全部根据这一点，我是不会与之争论的。可是，对于柏拉图来说，理念并非一般概念——这对于我来说同样也是毫无疑问的。而或许也有那样一种可能，即是不是柏拉图上天注定没有能够活那么长久，而假如向心力对他的强制不是那么不容分辩,则我们想必能够从他嘴里听到许多有关理念的论说,而不致被他最后带进坟墓。对我来说,《理想国》第7卷的开头部分——即讲述洞穴那部分——是柏拉图在对其理念的描述的所有文字中,写得最成功的一处。然而,即使是这样,把他的理念与一般概念等同起来,也是缺乏任何依据的。须知一切情形恰恰相反,我们的尘世生活仅仅只是其苍白和灰色的反映的本真的生活,应当被表现得不是更加抽象,而应该更加具体才是。而柏拉图的其他一些对话似乎常常实际上果真完全不关心这种"现实性"问题。相反,在柏拉图那里,我们可以看到对于具体性的恐惧感,就好像在每一丛灌木后面,在每一棵草下面,都隐藏着阿尼特和美利都似的。而他总是抓住具体的东西死不放手,只要任何东西都不隐瞒的、彻头彻尾透明的、"纯洁"的几何图形甚至简单的数字和纯粹的抽象概念一刻没凝结成,他就一刻不得安宁。

只有我们把这件可怕的破坏工作进行到底,只有到那时,沉重关切的表情才会从他的脸上消失。他只信任线条和数字,只有线条和数字是永远铭刻难以磨灭的。它们永远不会挣脱其所奠定的法则,只有它们不会骗人,不会出卖人。世上所有的一切,因此都可以被比拟为数字和图形:所有科学都应当按照数学之类的典范来建构。而这就是那个灵魂里萦绕着厄洛斯和迷狂的、永远都在幻想和期冀着最美好生活的柏拉图说的话!你倒是去试试在实际中实现一下他的所有遗训——生活还能剩下些什么!取代音乐——和谐与旋律——的,是在相应的数字比例下发声的音波之间的关系。取代自然的,是重力和加速法则,后者同样也可以被归结为数字。可是,如果我们如此这般地想象柏拉图,那也就意味着从他身上剥夺灵魂,简直就和用数学公式——正如有人就此所说的那样:此说虽然简单,但也不失确切和犀利——从自然和音乐中剥夺灵魂一样。而无论你从柏拉图笔下摘录多少引文,您仍然无法使人信服——如果您愿意甚至无法使您自己信服——,对他来说,理念和一般概念是同一和等值的。

尽管如此,柏拉图的辩证法仍然注定会在人类思维史,尤其是哲学史上发挥巨大的作用。这无论多么奇怪——或许这不是什么奇怪,世上什么奇怪什么不奇怪,谁能说得清!——人们从柏拉图的全部哲学中,仅仅只接受了他的辩证法。人群不信。[①] 当柏拉图兴致勃勃地讲述其具有预言意味的梦时,没有人相信他。可是,所有人都抓住他劝导人们没有根据就不能相信任何东西、要求对所有论点都提出证明的那样一些论断不放。所有人都觉得这些论点很好理解,说得对,而最主要的是,说出了人们心中所愿。

阿尼特和美利都以及所有曾经批评过苏格拉底的雅典人,都曾为了这位伟大的智者头脑糊涂而愤懑。然而或许恰好正是苏格拉底的这一特征,最为人们所同情。苏格拉底身上的神秘和诡秘气质使人们疏远他。敏锐的希腊人猜测,从苏格拉底这颗智慧的蛋里,迟早会生出一条小蛇来,成为未来的昔尼克派,斯多葛派,抑或上帝才知道的圣愚,他们实际上对于坚持了数百年之久的民间宗教和稳固的国家来说是十分危险的。不是寻找真理的方法——苏格拉底的方法(距那时不远的将来证实了这一点)恰好正是人类当时最需要的方法——吓住了希腊人,而苏格拉底对其方法的应

[①] 《斐多篇》,69c。

用也令人感到害怕。仅就这一点而言,苏格拉底一视同仁地用自己的方法考查皇帝、著名国务活动家、名闻遐迩的哲学家,而与此同时,也用之考查手工业者和奴隶。而且他还采用一成不变的毫不尊敬的同一种腔调与所有人交谈。无论是国务活动家、哲学家、诗人,还是奴隶和木工——任何人都什么也不懂,所有人全都渺小可怜,微不足道。而且一个人在社会阶梯上站得越高,他所应得到的尊重就越少。不仅应当将上层人士与下层人士相提并论,还应该把他们的秩序颠倒过来。

难道苏格拉底的方法本身就已蕴含着对待业已形成的习俗的这样一种态度吗?方法并不能预先决定什么,但苏格拉底对于历史上的生活方式,对于命运使他与之打交道的绝大多数人,胸怀一种深深的鄙视之情,——这种鄙视之情究竟从何而来,我们就不去打听了,而且,他从不放过任何表现他这种鄙夷之情的机会。方法的本质不能预先决定任何东西——而从苏格拉底而来的那一学派,就成为对此的绝佳证明。昔尼克派、斯多葛派、柏拉图和亚里士多德,所有这些人都是苏格拉底的窝里孵出的小鸟。如果仅此仍然不够具有说服力,我引用两个应用苏格拉底方法的例子,它们清楚地表明,他们所采用的方法给一个思想家还能留下多少任性自为的空间。

爱比克泰德推论道:有人告诉你,说一个陌生人死了。听到这个消息,你说:这没有什么大不了的。根据自然现存的法则,一个人既然得了不治之症,便只有死路一条。可假如有人告诉你,说你的儿子死了,你就会痛苦绝望。你顿时觉得什么都不可爱,所有人都应该分享你的悲哀。而如果你在听到你儿子死的消息后回忆到你在刚一听说一个陌生人死了时说过的那些话:根据自然的必然法则云云,那你肯定错了。而这就是真正的哲学。

爱比克泰德的推论就是这样的。他的推论以其彻底无畏而令人震惊。但我们可以以一种**丝毫也不亚于此**的彻底无畏的精神,将其推论倒转回来。比方我们可以说:你的儿子死了于是你痛苦绝望。现在一个无关的人死了,而你却无动于衷。这是为什么?你想想看,对于你儿子你是多么伤心,于是你也就会怜悯一个你不认识的父亲的悲哀了。而这就是真正的哲学。

这两种推论都是按照同一个方法建构的,而且在逻辑上也同样都是正确的。可结果正好相反。

接下来还有一个例子。马可·奥勒留[①]在谈及人类的情欲问题时,差不多在其每一条格言中都以一种真正苏格拉底式的执拗固执重复道,迷恋和看重生活的欢乐是疯狂的和无益的,因为所有生活的欢乐都只能有一种结果:即等待着成功者和失败者的,都是死亡。指出万物存在的蜉蝣命短永远都能给我们的推论带来一种无以言喻的难以辩驳的印象。可是不要忘记一点,这印象是由这样一些因素构成的,这些因素,如果你愿意的话,甚至可以用一些不十分复杂的诅咒唤起。然而,一旦它被唤起,要抹掉它,赶跑它,却不会遂人所愿。的确,凡是那些记得死亡的事的人,都鄙视生活的欢乐。然而,他对那样一些马可·奥勒留喋喋不休谈论的理想

---

① 马可·奥勒留(121—180),自161年起为罗马安东尼王朝皇帝。依靠元老阶层的支持,恢复罗马对亚美尼亚的保护,并在162—166年同帕提亚人的战争中攫取了美索不达米亚;166—180年进行所谓的马尔克曼战争。为晚期斯多葛派的代表,哲学著作有《沉思录》。——译者注

究竟是否保有一番珍重之情呢？如何才能制止这个无所不能的精神的破坏作用呢？要知道转瞬即逝的，根本不光是欢乐，也有悲伤呀。一切来源于人的东西，或迟或早，都会堕入忘川的。尼禄①的酒宴、狂欢节和残暴恶行会被忘记的，而且就连对马可·奥勒留的记忆也不会永久长存。就拿现在来说吧，自从这位王位上的哲学家去世以后，到今天已经经过了一段漫长的时间，人类有关此人的思想和事业，究竟又有几分了解呢？学者们阅读他的著作，争论着他某段格言警句的意义，可是，世界以及所有人，对他和他那些在罗马皇位上不成体统的前人，又有几分记忆呢？时间在把善与恶都同样抹平。马可·奥勒留的论据无论对于伊壁鸠鲁主义者还是斯多葛派来说，都同样危险。在死神占据统治地位的地方，理性的权力就终结了。更糟糕的是：理想的任务，显然，恰好在于引导人走向一个处于死神及其法则统治下的领域，或更确切地说，是处于根本无法则可言的死神的统治之下。我觉得马可·奥勒留和所有其他哲学家一样，对此知道得很清楚——虽说他对此只字未提，也仅仅出于这样的考虑——而这完全正确，即并非每个人都有机会评价和理解其破坏一切的作用。人们所能接受的，仅仅只是在眼前（ad oculos）其在人们眼前呈现的那些东西。

哲学家默默无言地约定好只在确定目标时可以提及死亡。于是这种习俗成了法则。无怪乎勒南指出马可·奥勒留的所有思考都渗透着深深的忧郁感。他感觉到马可·奥勒留的论据所摧毁

---

① 尼禄（37—68），罗马朱里亚·克老狄王朝皇帝（公元54年起）。据文献资料记载，为人残暴、好色、妄自尊大。因实行高压政策和没收公众财产等，遭到罗马社会各阶层的反对。——译者注

的,远远多于他需要的范围。如果在前面等待着的只有毁灭一切的死亡,那么,那些按照自然法则生活的人和不按照自然法则生活的人,都会有同样的命运。死神一视同仁地既为疯狂也为理性辩护,而哲学家根本没有任何手段,可以为他保留理性而摒弃疯狂。而如果它们仍然还是把理性扶上了宝座,那么,这从他们的角度看无疑是一种任意妄为的行动:我想我就下令,意志重于理性。

而这或许就是哲学的一个始终未能被人所破解的谜,如同柏拉图在《斐多篇》所说的那样。任何人都不知道哲学是练习死亡,任何人都不知道哲学的源泉是任意妄为。而必须说得比这更多。甚至就连柏拉图也懂得这一点,如果我们所说的知识是和从苏格拉底时代以来通常人们用这个词所表达的一般意思是一样的——即指在概念中所表达的清晰而明确的信念。17世纪德国的神秘论者,没受过多少教育的伯麦①,放任自己——我觉得在就此题目写过一些东西的所有人中,只有他一个人——说,只有当上帝在他面前洗手的那一刻,他也才能真正理解他所写下的那些文字的意思。而当上帝收回他的铁腕时,就连这位哲学家自己也觉得自己前此所写的那些话语竟然毫无意义,就好像心里已经不再有爱的伊万觉得他关于玛丽亚所说的一切话语,都毫无意义一样,又像一个诗人,用普希金的语言来说,只要他一天不停止号召阿波罗做出神圣的牺牲,他就会觉得喧嚣尘世滚滚红尘都是生活所能提供的一切的最充分和彻底无遗的表达一样。无论苏格拉底还是柏拉

---

① 伯麦(1575—1624),德国哲学家,泛神论者,职业是鞋匠。他的神秘主义和自然哲学贯穿着自发的辩证思想,对德国浪漫主义有很大影响。——译者注

图,伯麦还是普希金,都有可能是世上最微不足道的人中的最微不足道者——只要阿波罗没有召唤他们充当其神圣的牺牲品——,而这一点他们都是在痛苦中理解的。

正因为此他们也才会如此执拗地遵循坚定的原则和本质。正因为此普希金才会断言,即使是令我们高尚的欺骗也要比低劣的真理更贵重。而——这一点十分重要——他们全都想要让这场骗局煞像一个低劣的骗局,亦即使其在所有人眼里显得如此牢固,如此富于常性和无可置疑。于是,他们时刻准备不惜采用一切狡计和牺牲,只要为了能让自己的骗局显得像是真理,什么都成。他们有时会把骗局弄得七零八碎,丑陋不堪;他们需要将其放在手边,随时即用,就好像其他人有低劣的真理放在手边随时听用一样。死神和任性妄为对所有人都同样可怕,甚至对柏拉图也不例外。

而且任何"科学"也无力对付他们。科学的任务是与神秘和秘密隔离开来。亚里士多德懂得这一点并且也实现了这一点。他从其天才的先驱者那里把他们哲学中所有无可置疑而又牢固的东西都拿了来,而把所有问题都排除了。他压抑了不满的郁闷之声,而为在自己身上大获全胜的相信自己的知识唱起了最恢弘壮丽的颂歌。

XIII

亚里士多德最伟大的功绩之一,众所周知,是创造了证明理论。上文我们已经发现,柏拉图和苏格拉底以其全部力量反对任性妄为的、未经证实的论点。而我们也已经知道,他们为什么会害怕任性妄为以及他们究竟做出了怎样的牺牲，以便保持自己的宇宙，以反对在他们脚底下蠢蠢欲动、时时刻刻都威胁着要从理性的约束中挣脱开来的混沌。可尽管如此，苏格拉底并未否认自己笔下的魔鬼，柏拉图也从未摒弃其神话和永恒存在的理念。秘密在他们眼里实质上并不可怕——他们觉得最可怕和最不可允许的，是把秘密交由人群来掌握。柏拉图有关建立共和国，而由哲学家来领导这个国家的思想，或许就由此而来。我们很难想出别的解释，所以，显而易见，当柏拉图构思其理想国的社会制度时，支配他的不大可能是一些实际考虑或意图。今天你们会发现很少有人对当今的国家制度感到满意。然而，要与柏拉图的建议比较，则就连最原始的社会制度也具有很大的优点。而如果我们从法律制度的实际目标观点出发讨论其"理想国"的话，我们必然会得出强烈否定的评价。婚姻由专门的委员会考虑安排，人们都属于确定的种姓，所有人都有工作可做，都应受到一个特殊审查机构的审慎监督——除了具有最高权力的哲学家可以为所欲为，其他所有人几乎都变成了傀儡和木偶，他们的每一小时和每一分钟，都已被无所不知无微不至的最高当局事先明确地规定好了。只有在斯巴达历史上，在李库尔赫[①]法律存在的时代，在一段时期内，或多或少存在过一种柏拉图理想国式的政治理想。只不过那里的哲学家并不会被选举为执政者。我清楚地了解，从柏拉图的观点看，这里的"只不过"意味深长，如果愿意的话，它意味着一切。所有对话录的

---

① 李库尔赫（公元前9—前8世纪），一作"莱库格斯"，传说中的斯巴达立法者。希腊人认为，斯巴达社会制度和国家体制（长老会议、公民大会、斯巴达人之间的土地分配等）均是他制定的。——译者注

意义可以说都凝结于此。人群只应服从,哲学家则下命令。法律针对所有人——哲学家则是法律的源泉。然而,要让服从得以巩固,就必须有一个最高的同一化的审级,在它面前,大家都是平等的,无论是普通的市民还是执政者。必须让权力和法律的来源是某种常在的不可动摇的东西。必须有一个为大家认可的杜撰的理论,即哲学家和所有人一样,都服从于理性。关于柏拉图《理想国》里的任性妄为问题,他只字不提,而在他其他的著作中,也同样如此。而他所要求的东西——他是为了永恒不变的理性提出要求的——就是理性能向优选者即哲学家,揭示其终极之谜。哲学家再通过在他们面前展现的道路向其他人宣扬终极的和最高的目标。他们把人们从日常琐事的繁杂喧嚣中解脱出来,从虚拟的现实生活的统治下解放出来,而让人们亲近与闻真实的现实生活。唯有哲学家也唯有哲学,才能把人类从沉重的噩梦中唤醒,走向令人心神愉悦的神性的清醒。

我要固执地重申一遍:如果我们从柏拉图的《理想国》里剔除有关理念的学说,如果我们把这部著作当作一部政治学论文,那么,我们就没必要非常严肃地对待柏拉图了。这是对于健全理性的彻头彻尾的挑战,有些地方的文字简直像是躁狂症患者的呓语。而虽然许多人认为柏拉图对待自己政治学理念的态度是非常严肃的,甚至怀着希望去了一趟西西里——而他终于实现了自己的愿望——,但这仍然无法动摇我的观点。或许反倒会进一步坚定我的观点。柏拉图很少想所有人称之为现实生活的那种东西,他是如此急切地奔向其"本真"的现实,以致他比任何人都更不善于支配人和组织社会。他始终在逃离中心,吸引他的是边缘地带,是按照我们的经验,是不可能有任何东西的那个地方。对他来说,我们的现实生活是一场梦——他怎么能够支配和指导梦境呢?

而柏拉图就是带着这样一种离心倾向走进与亚里士多德的这场斗争中的。对于亚里士多德和柏拉图的这场争论,最错误的态度是,我们竟然对他们两个人各自为了证明其学说的正确性而援引的那些论据进行检验。这里的问题根本不在于证据。我们可以预先说:无论前者还是后者那里,都不曾有过任何完整充实的证据。亚里士多德亲口说过:"那些要求人们为一切提供根据的人,实际上是在要求根本没有的东西,因为证据的开端并非证据本身。"[①]此外还有:"我们不可能为一切提供证明。"[②]接下来他的表述就更加强烈了:"没有教养的特征就是不会分辨对那些东西可以要求证,而对那些东西则无此必要。"[③]而且,毫无疑问的是,我们此后越是远离生活的中心,也就离任何证明的可能性越远。一个问题也就在生活的边缘产生了——这究竟有没有意义,证明究竟是否必要。可是,如果根本就没有什么证明,如果就连在证明理论方面做了好多工作、成绩斐然的亚里士多德本人也得出结论,"证明的开端不是证明本身"的话,那么,我们又该如何解决这里所产生的分歧问题呢?的确,亚里士多德的根据是这样一个推断,即实质上这样的分歧是不可能存在的。上文援引的那段文字,是我从《形而上学》第 4 卷里拿来的,他在此书中阐述了著名的矛盾律。难道会有什么人对亚里士多德在此提供的对于矛盾律本真性的表

---

① 《形而上学》,第 4 卷,6 1011,a,8. Zeller,2 — 2,202。
② 《形而上学》,第 3 卷,2;997a,7. Zeller,2 — 2;235。
③ 《形而上学》,第 4 卷,4. 2006 a,6(Zeller,2 — 2;235)。

述法提出怀疑吗?"居然有人敢于认为一种东西既存在同时又不存在,这简直是不可思议的。赫拉克利特,按照某些人的观点,的确曾经肯定过这一观点。然而,一个人用嘴说出的见解并不见得永远不会变。"[①]这是亚里士多德反驳那些怀疑矛盾律的人的主要观点。但我们必须记住,虽然亚里士多德首次发明矛盾律,对于矛盾律的经典表述的荣誉属于亚里士多德,但苏格拉底、柏拉图却早已将其作为所有论断的基础了,因为没有矛盾律,则他从他们那里拿来的辩证法,也就成为绝对不可能成立的了。亚里士多德之所以被称为证明理论的创造者,仅在一种意义上才可以,就是因为他命中注定首次系统而又详尽地阐述了这种理论。鉴于在亚里士多德那里,对于柏拉图理念的全部批判后来都是建立在他完全从其导师那里搬来的观点之上的,所以,对于我们来说,牢记这一点非常重要。而现在他竟然剥夺赫拉克利特话语的力量,而只轻描淡写地说一句,说什么赫拉克利特以为他说的就是他心里想的,这是不可能的。他还说同一个物体可以存在也可以不存在,但他无法去想这个问题。接下来,如果您问一下亚里士多德,他确信赫拉克利特不真诚,这种信念从何而来——他也许会认为回答这个问题已属多余。他也许会把您的问题归入您的缺乏教养($απαιδευσιαν$)。当有关矛盾律的争论产生时,亚里士多德表现出如此这般的信心,而且不仅在这种场合下,他甚至达到这样一种极限,即证明已属多余,而怀疑又不大体面。在解答物理学家和机械师的问题时,他表现出来的坚决果断也丝毫不亚于此。他要人们确信,重与轻是物

---

① 《形而上学》,第4卷,3.1005b,25。

体的特性。当物体具有奔向世界中心的特性时,它是很沉重的,而当物体具有奔向世界边缘的特性时,它会很轻。而对那些对这一论断表示怀疑的人他回答道:如果不是这样的话,那么,空中的一切物体便会以同一速度降落。后一种假设的不可思议性在他看来是如此之明显,正如赫拉克利特反驳矛盾律的做法毫无意义一样。我们可以这么说,但实际上任何人都不会这么想,此人的话,即断言什么在空虚中的所有物体都会以同一速度降落的说法,其实根本就无法表达此人的思想。抑或还有一例:一个物体只要被他物所直接推动,它就会开始运动,直到推力消失。而这个真理在亚里士多德眼里却是自明的,无需任何证明的,也是毋庸置疑的,而且与之相反,他自己就是人们用以排除怀疑和进行证明的根据本身。我故意引用了这样两个值得关注的例子,它们表明即使是一个就其大脑的天才而言无与伦比的天才,也毫无疑问会在被认为可以不提交证明的论述领域——亦即那样一些领域,在那些领域里,任何反驳,都会被当作是故意狡猾地为思维的正常运行制造障碍——,发生迷误的。在此,回想一下康德在《纯粹理性批判》中有关实体的恒存(beharrlichkeit der substanz)的论述,或许会颇有教益。对于康德来说,保留实体的原则作为其范畴的先验演绎中一个必要环节来说,是十分必要的。必须列举一系列先天综合判断,因为是它们支撑着自然科学,正如算术和几何都各自有其支撑点一样。这也就是说,我们必须弄清这些原则,并且表明,它们不是来自经验,而是受到了理性的制约,因而是不允许反过来加以论证的。此时此刻对我们来说,说康德和亚里士多德相反,承认只是因为现象世界才必须肯定理性这一点,但这并不重要。现在我们感兴趣的只有一个问题,那就是自明判断——按照康德的术语——的来源问题,而按照亚里士多德的术语 αρχη αποδειξεως,则是先验判断(即先于证明)。为了消除人们对于实体的恒存即所谓先验判断权的最后一丝怀疑,康德提到了"一位古代哲学家"的论述。当有人问这位哲学家如何称出烟的重量时,他回答道:必须先从木头的重量中除去灰烬的重量。康德据此信心坚定地得出一个结论,即很久以前的古代哲学家根本没有可能从经验中得出其结论,却也丝毫不怀疑物质不灭。这就说明这种认识的来源在于理性。理性不允许做出别的判断的可能性,说什么物质时而出现时而又消失,这是绝对不可能的。和亚里士多德一样,按照康德的观点,虚空中的物体会以同等速度下降,或是物体将按照惯性移动都是不可思议的。亚里士多德的"不可思议"早已就成了物理学中最起码的真理了。康德的"不可思议"眼下还远未给所有人都留下深刻的印象。自从放射发明以后,许多人都愿意认为能量能转化为物质,反之,正如人们一度也承认的,运动也会转化为热能。(古代哲学家以其不可思议的法典而做出的诸如此类的假设,该会到达多么令人恐怖的地步!)显然,"不可思议"和判断标准一样,是人类灵魂一种特殊需求的独特的化名。为什么赫拉克利特会否认,而亚里士多德却会如此不遗余力地肯定矛盾律呢?为什么柏拉图"看见过"理念,而亚里士多德却对之大加嘲笑呢?在回答此类问题之前,我们应当一劳永逸地摒弃亚里士多德式对待与自己观点不同的人的方法,即把他们当作是图谋不轨的和谎话连篇的家伙。但或许我们该做的,比这还要多一些,也就是说,我们还必须摒弃几种业已被柏拉图引入哲学的方法。柏拉图断言哲学是思维,是灵魂与自己的对话。① 这无疑是错误的。② 更糟的是,这个错误是致命的。而且,最重要的是,对于哲学的这样一个定义很少能够适用于在柏拉图灵魂里所发生的那一过程本身。如果需要形式上的证明的话,我则要提及在上文某一章里曾经提到过的一个定义:哲学就是练习死亡和走向死亡。而我认为,尽管亚里士多德在谈及赫拉克利特时,竟然允许自己说人并非永远都所思与所说一致,但恐怕更可靠的办法,是回想一下关于这同一个问题,柏拉图关于思维所说过的话。这当然不是说柏拉图想要欺骗什么人或是在论战中战胜什么人。这里别有原因:是指人永远都能够找到话语借以彻底和等值地表达其"已知"的这种永恒的能力。柏拉图已经懂得他所懂得的东西,根本不限于与自己灵魂的对话而已。只有在内心的伟大寂静中理念才会呈现,而且它只会向那个懂得漫长固执的沉默这种艺术的人呈现。话语妨碍人走进生与死的终极之谜。话语会把谜吓跑。一个人在有了瞬间顿悟以后或之时,话语会纷纷涌现,非常贴切,而人因而想使自己的顿悟能够普遍有益地为人所用——使其成为对所有人都有益而且必要的东西。而用苏格拉底的话来说,话语有助于助产士帮助灵魂减轻负担。于是人就开始求助于逻辑学和辩证法,它们能够在自明性真理的帮助之下(而在康德那里则是在先天综合判断的帮助下),使瞬间变为常在,意外变为必然。无论是苏格拉底还是柏拉图,正如我们已经知道的那样,都赋予对于生活事件的逻辑加工以很大意义。他们想要让

---

① 《泰阿泰德篇》,189c;Zeller,2-1,481。

② 我们可以直截了当地说:哲学肇端于人不仅中止了与他人,而且也中止了与自己的对话之时。(可参照诡辩论者的说法。)

存在着的一切万物,都永远并对所有人而存在——如若不然,便不会有实证知识。可是这样一种要求却只能在一种条件下得到满足,那就是我们必须假定,一切并非永远并对所有人都存在的东西,就应当被归入非存在领域里去。这当然是一个预期理由(petitio principii)不能允许的前提。然而,如果你不接受这个前提的话,您就得彻底永远与科学认识绝缘。而如果柏拉图愿意并且也善于做到完全彻底的话——他就应当在否定理念的第欧根尼面前低下头来,而不是像他实际所做的那样起而反驳,说什么第欧根尼有能看见狮子的眼睛,却缺乏一种能看见狮子性的特殊器官,因为如果理解真理需要具有特殊器官的话,那也就等于否认真理对于所有人所具有的普遍性。柏拉图本人证明,甚至就连完全没有一点文化的人也可以使之确信几何学观点的真理性。而这里的问题根本就谈不到一种特殊器官的什么事:饱学之士的哲学家和大字不识一个的奴隶都同样被迫得出这样一个结论,即三角形中三个角之和等于两个直角。而为了要理解狮子性的理念和正义性的理念,就要求具有一种特殊的器官。或更确切地说,不是器官,而是需要一种厄洛斯式迷狂的特殊才华!然而,难道洞悟的才华也能够成为科学的支点吗?那也只好就这样吧——不妨让我们假设,科学真理破天荒头一次是被以这样一种奇妙而又出乎意料的洞悟发现的。或许,只有那些处于酩酊大醉或是疯癫迷狂中的人,才能有首次发现真理的幸运。可既然如此那为什么柏拉图也未能说服第欧根尼呢?为什么亚里士多德不愿意在其神性的导师面前俯首下心呢?显然,在柏拉图那里,哲学根本就不是什么灵魂与自己的交谈,而哲学真理也并不是在辩证的辩论中得以显明的。政权和辩证法的意义是极其有限的。在人类创造的前进运动中,出现了这样一个时机,在此关头,辩证法成为了障碍,甚至就连矛盾律也非但不能解放反而只能约束人。而探索者的精神也正是在这个边界上经受考验。人敢不敢于摒弃以前的经验,敢不敢于跨越把他和未知领域分割开来的那条边界?已经习惯于特定的、明确的和牢固的东西的人,敢不敢于对未知绝对地投以信赖呢?我之所以特意着重强调绝对地这个词,是因为任何对于未来的有限信任,任何想要回顾曾经用经验锻造法则来规范过去的企图,都会像一道不断的链条把人约束在过去。我们知道,无论柏拉图还是苏格拉底,两人都如此真挚、如此激情洋溢地想要挣脱令他们感到无比厌恶的、人人都可以问津的现实生活的怀抱,如果不回头看看就不敢往前走一步。柏拉图有理念在吸引着他,但他却希望在新现实生活领域里,没有任何意料之外的东西。他还感到在没有他的情况下形成的意外之物,与他有关善与理性的观念很不协调,在他看来,是不可接受的。彼岸世界里的善应该和此岸世界里的善是一模一样的。他非常仔细小心地在木匠、舵手和一生的工作中寻找着善的特征,随后信心十足地感慨道:即使在界限以外善也应具有同样的特征。而亚里士多德也将自己论战中的全部火力都瞄准在这种犹豫不决、半信半疑和矛盾彷徨上。而如果我们能够在那里找到我们在这里找到的东西,那么,理念就不会是超验的。理念根本就不具有独立自足的存在。理念仅仅只是物体的特性。柏拉图关于理念、厄洛斯和迷狂的学说是矛盾的和未经证实的。而真理是无法忍受矛盾的。而且真理可以被证实到让所有人都认可的程度——根本就不需要一个什么特殊的器官,特殊的天赋,才能认识真理——,任何时候我们都可以"证实"真理。

XIV

说亚里士多德在对于柏拉图理念的无情批判中是正确的,对此我们连一分钟都无须怀疑。既然苏格拉底朝思暮想的夙愿——关于完整知识和科学的理念——注定能够实现,那么人类必须首先要做的是,摒弃灵感和迷狂。要让真理能够永远掌握在凡人之手,就必须割断真理的翅膀。换言之,必须坚决果断地只把可以永远和到处都掌握在手中、从而为自己充当仆人的东西认定为真理。亚里士多德便果断地走出了这一步,而他在人类思想史和人类斗争史中永不过时的地位和意义,就在于此。柏拉图那些自由奔放的理念,任意出现又任意消失的疯狂的厄洛斯和迷狂的理念,之所以会被亚里士多德当作是谎言的实现,便是可以理解的了。它们同样也给柏拉图带来了不少忧虑和不安。这或许正是因为我们在柏拉图笔下的任何地方都未能找到他对他心目中所说的理念下过一个精确的定义的缘故吧。对于亚里士多德来说,理念是根本无法令人忍受的。他认为理念是对现实生活的完全毫无必要的一种双重化。他笔下第三个人的论据即由此而来:人是具体的,因而人的理念以及人的理念的理念和人,就也都是具体的。而且,此外还有——人们从永恒不变的、永远都与自身相等同的理念中,推导出我们现实生活的多样性来。亚里士多德觉得这些论据是不可反驳的。而且,如果这些论据可以用来反驳柏拉图,那么,也就应该承认亚里士多德的反驳是成立的。我们没必要把现实生活双重化,而从统一的理念中,无论如何也得不出具体生物的多样性来。的确,正如我上文已经说过的那样,用自己有关形式的学说——这些学说实质上除了从其身上剥除了超验性的述语,以及因此而被认为是内在存在的物体以外,实质上和理念并无任何不同——取代了柏拉图理念学说的亚里士多德,从而也未能摆脱矛盾。可是,使他不安的,并不是矛盾,而他也并非是在逃避矛盾。在亚里士多德眼里,形式具有很大的优点,因为它们永远都在人们的视野里,而不会退居无限和无穷,也不会逃出聪明的视线,而只为那些醉醺醺的想象力所问津。亚里士多德继柏拉图之后,向知识提出了严厉的要求。而它们也经受了最为彻底的考验。科学存在的可能性的第一个条件,是其边界的清晰严格的划定。无限是我们无从把握的——因而,我们认识的对象就应当是无限的。而如果认识的对象应当是明确的话,那么,我们就应当对于认识的主体也提出同样的要求。那些假设我们的现实并非终极现实的人,对我们究竟是睡着呢还是醒着心存怀疑,那些终究不敢对健全和正常理性表示无条件信赖,而信赖病态和非正常理性的人——亚里士多德会毫不犹豫地将其归入资格不够,或是有意作伪而且对哲学毫无趣味的人。他甚至都不相信那些最初如此信赖选择的人是认真和严肃的。那些百无一用、废话满嘴的饶舌者,就是这样喋喋不休。亚里士多德之所以强大,也正是因为他有这样的自信。他的才华和他的天赋使命就在于此。他的一位传记作家说过,他是适度到夸张地步的节制($\mu\acute{\varepsilon}\tau\rho\iota o\varsigma\ \varepsilon\iota\varsigma\ \upsilon\pi\varepsilon\rho\beta o\lambda\acute{\eta}\nu$)。这句话说得非常准确。亚里士多德是一个适度的天才,人类历史上尚无人可与之相比。他不是对一定范围以外的事物不感兴趣——而是它们对他来说根本就不存在。世上的一切都处于毫不间断的运动中,而运动的源泉是一个凝然不动的第一推动——上帝,对我们来说,上帝除了决定着可能而且必要的知识,因而也就是人类探索的范围和边界外,不具有其他任何意义。第一推动把全部创世过程都牢牢地掌握在自己手中。他的一成不变性既约束着人也约束着自然,同时却又为经常研究关系提供了保障。和柏拉图一样,亚里士多德心目中的知识也是对于必然存在的认识,亦即对于那些不得不存在的东西的认识。而在这个意义上,亚里士多德是忠实于柏拉图的传统的——对他以及对于他的导师来说,一个自明的真理是,只有那些是从某种一般论点中必然地推导出来的知识才是真知。至于柏拉图的这一自明真理身上隐藏着不能排除的矛盾这一点,我认为任何一个在这个问题上多少有点经验的读者,都能不费力地理解。而亚里士多德的论点的难点还在于,由于反对柏拉图超验主义理念的那场论战,他不得不以极其执拗的精神强调指出另外一个新的自明真理:只有个别事物才是真实存在的。然而,要知道个别事物却是无论如何也无法也不能从任何东西中推导而出的!不但如此,亚里士多德本人也继柏拉图之后承认,认识的对象只能是一般概念。这就是说整个现实生活都是认识所可以问津的吗?亚里士多德淡漠地绕过了此类矛盾,就好像从自己身上排除矛盾这事不该他管似的,就好像他从前人那里所发现的矛盾就已经足够用了似的。超验理念是神话,是虚构,是理性所绝对不可以接受的。世上有的只是物质和形式。而且,与事物分离的、独立自在的形式是不存在的,形式是内在于事物的——而这也就是其与柏拉图理念的区别之所在。但是,与物质相反的混沌本身,却并不具有内在法则,其形式取决于永恒而又常在的原则。正因为此,亚里士多德认为物质是万物的来源和本质之所在,认为世上有偶然和非目的性:物质的特点是能吃苦可以被推动。而行动和运动属于别的力量。[1] 他必须消除物质,他必须摆脱可能会妨碍他的一切障碍,重新回到柏拉图的理念上来,以便为自己保留导师所赋予其的强国的权力。正因为此,他也才会把物质称为受苦的消极的因素,他说物质除了在"可能性"中以外,已经不再会以另外的方式存在了。但尽管如此,物质还是会对存在产生影响。即便有着破坏性的影响力,即便它破坏了形式和谐而又目标明确的创造,即便它不过是僵死本质的盲目而又毫无意义的必然性。可它毕竟仍然不失为一种力量。而必须把所有影响都同等地考虑在内的认识,不能任性地忽略那些无法被纳入预先拟就的框架或不符合要求的东西。而且,事实上亚里士多德当然对经验现实很感兴趣,但尽管如此,也还是与在其观察中忽略纯物质力量之影响相距甚远。他重视物质力量,因为在他那个时代人必须深入洞悉可见世界的构造。而盲目的必然性根本就不会使他害怕,正如它同样也无法令当代从事自然实验的科学家和大多数当代哲学家害怕一样,因为他们早已就习惯于毫无怨言地对实证科学的结论顶礼膜拜。在那些有其特定秩序的地方——无论这是个什么地方——,亚里士多德都善于找到自己需要的东西。归根结底,对他来说,目标明确和秩序是同义词。他的忧虑始于现象的关联中止的地方,始于任性亦即混沌之可能性肇端之处,这是其中一极,而在另外一极,则为自律性的

---

[1] Zeller, 2-2, 331.

始源。自然中不应该有无序，因此知识也就是有关永恒形式的知识。人不能自由地从事创造，因此，柏拉图的理念，作为一种超验本质，正是由于其独立存在本身，而应予推翻和否定。达到夸张地步的节制是避免极端性的一种特殊的天赋，是一种无论在其之前还是在其之后任何人也不能像亚里士多德那样，对此掌握得如此之娴熟的非凡的技能，它帮助亚里士多德划定了那样一些边界，在那些边界的范围内，我们的认识和我们的求知欲，直到今天也在里面活动着。什么地方没有秩序，什么地方也就不可能有存在，也不可能有思维；什么地方有自由，什么地方也就不可能有创造。而这也就是亚里士多德努力追求并追求到了的东西。这也就是为什么他的理性如此固执地寻求着必然性的原因，这也就是为什么只有知识在他看来，才是带有一定强制性的、通过精确和明确的方法论手法从现实中汲取的认识的原因。我要重申一句——亚里士多德并非第一个将自身愿望按照强制性和必然性原则对我们的知识加以组织的哲学家。正如我们所知，柏拉图和苏格拉底早已在系统地追求着这样的目标。他们早就以为不确定性是个怪物。他们愿意无论付出多大代价，也要搞清楚有关此岸以及彼岸所发生的事情的坚实的知识。而为了能达到这个目标，他们可以牺牲许多东西。但他们缺乏勇气和果断坚决的精神把这件事做到底。苏格拉底想要在阴间占上风，想要在阴间亲眼看到恶人美利都和阿尼特如何受到惩罚，而善良的他自己又是如何受到奖赏的。柏拉图在其身后留下了一个理念的世界，他感到自己是这个世界完全的主人和主宰。而亚里士多德连这个也摒弃了。他把所有这一切都纳入一个内在论世界，因为他知道已经有过此类事情，因为他觉得他的确可以强制任何人——无论是暴君还是奴隶,是学者还是无知愚蠢的汉子——接受这种知识。在爱之神祇给人插上翅膀以前,我们无须等待——我们可以采用比较简单自然的方法教会每个人。知识是靠日积月累、锱铢必较、久经考验系统全面的累积知识的方式获得的。关于第一推动的秘密,我们什么都没必要知道,对于我们来说,知道他能以其特有的一成不变性,以其常性精确地勾画出创世的边界线,为我们保障了世界的秩序与和谐均衡。任何秘密都不是不可以问津的,都是反自然的——秘密与认识相悖,因为秘密允许有不可预见性不曾预见的可能性的存在。然而,如果我们允许不可预见性,认识又会有什么意义呢?

即使是从我们对于亚里士多德形而上学基本理念的这一简洁概述中,我也会高度自信地认为自己搞清楚了一个问题,即在亚里士多德那里,他对其正确性的理论"证明",一点不比他的前人和导师多。他的体系是混乱而又矛盾的,而如果我们从逻辑严密的角度来评价其体系,就不得不完全将其抛弃掉。我想说的是,比方说,如果有一个人为了证明,援引了一个推断,说在火星上有人存在,这种观点,和亚里士多德用以证实其有关物质和形式的学说而援引的观点一样,则我们即使是在得知此类证明之后,我们关于火星上存在生命的问题,也不会比此时此刻知道得更多。应该加以补充的是,此时此刻我所说的意见,甚至也不是我的。您拿起任何一本哲学史,您都会发现,我在这里所分析的亚里士多德的所有论点,早已就不被任何人认为是颇有说服力的了。为了正义的利益——这是为那些不懂哲学的人说的——,在此我们只需补充一句,即在这个问题上,亚里士多德压根就不会是个例外。所有伟大的哲学家都曾为这个问题而苦恼。所有人都有过很大的矛盾,甚至在那些素以逻辑严密、体系严谨而著称的哲学家身上也不例外。而这根本不会妨碍他们发挥伟大的历史作用,也不会妨碍我们研究和评论他们。需要确定的只有一点:既然所有哲学体系都渗透着矛盾,因而,其价值和意义就绝不会取决于逻辑上的优点。而且哲学概念的历史意义更不会取决于其体系的严谨性。亚里士多德战胜了柏拉图,并非凭借其证明的力量,而是凭借其对于所有人所能问津的真理的唯一性的牢固信念。为了获得终极真理,我们需要的既非才华,也非灵感。终极真理到处都有,寓于万物,也是所有人都能问津的——相反,那些并非到处都有的,也不是所有人都能问津的真理,都应该被归入幽灵和非存在的领域。亚里士多德的世界意义的源泉就寓于并且只能寓于这一奇妙的护身符:他并未向人们揭示秘密,他只是以其所特有的自信的本能确定了人们应当与秘密保持的距离。对此人们都感觉到了,并且他们也都善于对此做出评价。当代科学和当代哲学不敢背离亚里士多德为其指出的道路。如果以为康德竟然挣脱了亚里士多德的统治范围,这将会是个绝大的错误。他提出问题的方式是:和科学一样,形而上学是否可能?——这里面包含着亚里士多德式的前提。可为什么要这样提出问题呢——和科学一样,形而上学是否可能?很清楚,这里隐藏着亚里士多德的一个基本推断:唯一有价值的知识是科学知识。自然科学应当像数学,而形而上学应当像自然科学那样来建构。也就是说,每门科学都应当成为一种相互之间有着有机关联,其观点相互有着有机制约的体系。数学拥有最一般的观点——即使其所有个别真理都服从公理的自然科学(康德对此丝毫也不怀疑)同样也拥有其公理——,形而上学却不可能有其公理(康德深信自己已经证实了这一点),因此,形而上学和科学一样,是不可能存在的。此外还有(实践理性批判的本质即在于此),既然形而上学不可能成为一门科学,那么,就应当或是将其彻底清除出去,或是用一些其他代用品来取代之,而这些代用品很容易就能想得到,而且它们也不敢觊觎独立地位,而且还是按照古老的现成的典范建构起来的。

XV

由上文可知,如果说早在古代,哲学之父就愿意把数学视为最卓越的科学,①如果说近代哲学家中的斯宾诺莎也认为我们可以从实体概念中推导出世上所有的一切,那么,康德则满怀激情地预告了数学的王道,而由此所推导出来的结论,最不可能是他们的"认识"理想已然真的达到了人甚或如他们所以为的那样任何一种理性生物所能达到的极限。而康德主义者却可能会对把康德的方法与理论哲学的方法混为一谈的做法表示抗议。可是,我们只需指出实践理性批判就足以确信,康德的"自由"与斯宾诺莎的必然性没有任何区别,甚至也与康德认为统治现象界的那种必然性没有任何区别。对康德来说,和对于天主教神学家一样,自由王国是虚构的王国。就好像中世纪神学家对上帝下定义从上帝处于一切定义之外开始一样,康德也为道德世界而在研究的开端确立了自

---

① 柏拉图学园的入口处悬挂着这样一幅题词:"不懂几何者勿入"。

由的原则。随后，又通过如此习以为常的、必不可免以及因此而在哲学上合理合法的从一类转化为另一类的方法，而显然不应以任何现成规范模式为限的自由，不知不觉间堕入先验原则的统治之下——而从它那里，除了一个骄傲的名字以外，什么也没剩下。你不妨让自己这样设想一下，所有人都应当和你那样做事，以便能在你的行为中体现一种普遍行为的原则。康德的这个先天综合判断究竟从何而来呢？我无法分享，或更确切地说，也不能分享那样一些人的怀疑，即认为这不过是普通日常生活经验的暗示原则而已。当然了，只有那些非常易于轻信的康德分子才会否认这一原则身上所覆盖的薄薄一层实用主义色调，但这仍然不失一个实践者的通常的实用主义。确切地说，我们在此所看到的，乃是一种不可颠覆的理性主义痕迹。康德和斯宾诺莎以及苏格拉底一样，幻想有一种能够以同一种方式把上帝和人在其形而上学的自由中结合起来的内在必然性。上帝不可能是全能的——最重要的是，上帝也根本就不愿意拥有一切能力。我们也知道苏格拉底始终坚持这一观点。对于形而上生物来说，自由取决于内在的必然性，正如对于我们人来说，现象取决于外部必然性一样。区别仅仅在于现象界的规律性是有条件的，而在自由世界里，在形而上世界里，规律已经是无条件的和永恒不变的了。无论你如何阐释康德，你都无法摆脱这个结论。在相对理性主义领域里漫游了如此长久的时间以后，康德被迫回到绝对理性主义的立场上来。蚂蚱跳得再高——用歌德的话说——也得再落回到草上。对于任何未来形而上学的引论来说，也无法预防康德患上非科学的认识论，也无法让他不会感染上非科学的伦理学和形而上学。不但如此，我们可以说，康德是导致直到今天当代哲学家的头脑里所充满的所有极度混乱和混淆的总根源。众所周知，所有人都从事的认识论研究，也就是说，所有人都按照康德的榜样，写作引论写了150年之久了。试问，要让形而上和科学一样成为可能，必须满足什么条件。而每个提问者都会有自己特殊的答案。所以，无怪乎欧洲哲学地平线上一颗新星的胡塞尔会说，当前在逻辑学领域里，正在进行着一场所有人反对所有人的战争。而更正确的说法是，从批判主义的观点看，在康德之后，任意建构起来的、任何人都无法说服的形而上学的位置，被同样也任意建构的、同样也很少能说服什么人的认识论占据了。这倒不是因为我们这个时代哲学才俊少了。也许我的说法正好相反：哲学的田地里很久没有如此为数众多的才华卓著的园丁来耕耘了。可是，总有一种宿命的力量在妨碍他们为共同的事业出力。每个人心里都清楚，所有他的那些邻人都迷路了，都头脑发昏了，而且每个人都非常擅长展现同伴的错误。在有关认识论的当代研究著作中，最优秀也最具有说服力的，是对现存理论进行批判的那些篇章。最薄弱虽然在其薄弱中也仍然最富于意味和教益的篇章，这就是那些试图排除占据主导地位的迷误和矛盾的篇章。在此类著作中，在这种神经质的和绝望的拯救的尝试中，我们能够感觉到，在我们同时代人身上，在这个词的本义上，理性在寻找着理性。批判能力已经被锻造到了极致。对矛盾的恐惧甚至已经达到病态的地步。而为了或多或少对自己隐瞒对已经形成的局面的绝望感，人们便开始杜撰一些极其复杂而又狡猾的理论，在此类理论中，新概念和新术语叠床架屋，层层堆垒，为数惊人，有时甚至会使人觉得，此类理论的创造者似乎也并非总是对其使命有清晰的认识。对此类紧张激烈的尝试观察得越是仔细，对意义思考得越是深入，我们也就越是会确信，在这些尝试赖以在其上进行的方面，这些尝试命中注定永远止于尝试。人们无论如何也要为科学认识而辩护——如同苏格拉底、柏拉图、亚里士多德或康德所想望的那样。然而，科学认识难道真的需要辩护吗？我并不想以此说明，任何怀疑（对于此类辩护的必要性的）都已中止了。继康德之后，所有人都确信，此类辩护是可以获得的——只是需要认真好好地想一想而已。可是，要知道人们已经想了而且想了很多，可依然未能得出其中包括我们在此词本意上所理解的正面结果。不仅有关科学认识主权来源的理论没有建构起来，而且甚至无法暂时达到哪怕是最起码的智者的同意的结果。更有甚者，每个认识论者都能为自己个人取得一种安宁（$\alpha\tau\alpha\rho\alpha\xi\iota\alpha$），而后者一般事实上标志着研究者求知欲的终结。人们已经不单是不愿意求知，不愿意求索——正如既缺乏诚实又缺乏勇气的古代诡辩论者为了否认人所共知的真理——，他们早就对或然真理甘愿认输了。为什么他们会宁愿选择或然真理而非无可置疑的真理呢？换言之：要知道或然真理是不会自行被我们所掌握的。我们必须从众多判断中选择一种，将其视为最有可能的，为无可置疑的最有可能的——如若不然，你们就在实际生活中失去任何领导权。我们不能说冰是冷的和冰是热的，地球在旋转和地球一动不动——这些判断都同样是或然的。而诡辩论者不会这么说。他会信心满怀地要人们信服，冰是冷的，鸟会飞，而狮子不会飞——这一信念只能为安宁提供保障，而诡辩论者将其当作所有哲学探索的目标所在。而且迄今为止，只要安宁公开地或是隐蔽地决定着哲学创造的任务，方法和检验的方法就是始终不变的。无论认识论者如何努力都无法走出这一怪圈。必须为现有知识进行辩护，将其作为唯一可能的，唯一完善的知识。这种自满和信心，在我们这里，这就是一切了，剩下的就只有考虑一下我们究竟如何取得这一切，从而使当代哲学家变得软弱无力，诚如自满自足也曾让当年的诡辩论者们变得软弱无力。数学的王道也曾诱惑了康德，使他忘记了还有一条神祇之路，而柏拉图的幻想就曾在瞬息之间在其上飞腾。在柏拉图和康德之间，还有亚里士多德，是他一劳永逸地教会人类不要对一切飞得太远的东西过分信任。亚里士多德的原则是"不要太多，也不要太少"。要在万物之中寻找最可靠的、永远都不会骗人的中庸。我们应当这样生活，这样死去，因而也就应当这样进行哲学思考，因为须知进行哲学思考也就意味着生活和死去。关于这一点，人们似乎已经或是正在忘却，而关于这一点必须不知疲倦地提醒人们。亚里士多德教导我们，只要你还活着，就不应该思考死亡的事，就不应当用达不到的目标来折磨自己。人类的思维和探索应当具有确定的终点，正如它有一个明确的起点一样。亚里士多德最喜欢说的一句话就是——任何向往无限（regressus in infinitum）都标志着思维的罪恶，因为思维的任务是摆脱神秘的谜云，按照明确确定的整体建设方案，以封闭完结的形态来创造世界。只有在具备这样的假设的前提下，才能使理性神圣化。这一点苏格拉底和柏拉图早就知道，正如我们所记得的那样。可他们两个人缺乏足够的耐心，以便以必要而又彻底的方式来对哲学探索进行一番限定。和所有古代希腊人一样，此二人非常尊重平和与中庸。然而，他们的爱情却并非不与人分享，因此他们在议论中，加进了一些别的因素,它们动摇了实证思维的基础。昔尼克派来自苏格拉底,普罗提诺来自柏拉图。只有亚里士多德以其全部的果断接受了人类理性全能的信仰。只有他一个人像一个伟大的国君,把摒弃对远方的向往庄严地当作自己以及自己所有的亲人和门生的理想。为了对他的这一功勋表示奖赏,历史认为他是科学的奠基人,而人类——主要是欧洲的人类——把他叫来,不光是为了解决一些次要问题,而且,即使是当我们不得不掌握来自遥远东方的新的神秘主义时,也会把他叫来。而在这里,如我们所知,中庸理论发挥了非常伟大的作用。如同眼睛为自己造成一座蔚蓝色、清澈透明而又给人以安详的穹窿,借以割断自己与无穷的关联,亚里士多德的理性也善于防护人类不安的心灵受到遥远和模糊、很难得出答案的问题的折磨,将人类固定在邻近的、习惯了的、亲近的和可以理解的东西上。中庸哲学能够给人以安抚,因为他能防止人受到意外事件的打击。一切或许早已就包含在现有之中了。想要在此世范围以外寻找什么,想要出发去遥远的地方旅行的企图,从一开始就注定永远是有罪的意图。极乐这一人类生活的最高的和终极的目标,我们应当在地上来寻找它:"正因为此,所有人都承认,极乐生活是在与极乐建立的最为密切的关系中的欢乐的一种状态。如果一种活动遭到阻碍的话,则活动就不可能是完善的,而极乐是完善的,因而极乐需要具有肉体的和外在的幸福和成功,为的是不让任何东西成为阻碍。那些断言什么好人即使在经受拷打或是在经历最大失败时也是极乐的人,其实是在有意或无意地在说谎。"[1]来自亚

---

[1] Zeller,2-2:620-621.

里士多德的上述引文,抨击的主要是昔尼克派,但或许也包括柏拉图,而后者可以毫不夸张地说是亚里士多德哲学创作的源泉。地上的极乐——对此他深信不疑——就是人的终极目标。他还确信极乐只发生在那样的条件下,即当成功在人的生活中与人相伴时,以及当命运赐予他许许多多或外在的幸福之时。人最后的一个信念,是那些与自己意见不合的人,自觉或不自觉地是犯了反对真理罪。你们已经看到,区区几行字里隐藏着多少"信念"呀。或许你们同样也会看到,假如我们要求亚里士多德出示他对其信念所提供的证明,他可能拿不出任何东西来为自己辩护,除了这样一个观点,那就是我只知道我所知道的东西,与他的判断有所不同的人,不是蠢人,就是撒谎者。然而,我们必须先来判定一下事实,在亚里士多德生前和死后,都曾有过许多人,他们正是在那些他们——如果亚里士多德的话是可信的——不可能在的地方,寻找着"极乐"。我要问一问,究竟是什么赋予亚里士多德以把这些人引开的权力,从而剥夺了他们在事关他们不亚于他自己本人的问题上投票的?为什么他们会自觉或不自觉地撒谎呢?因为他们远离了被理性所照亮的中庸而开始在黑暗的边缘探索的缘故吗?如果我们能够把他叫来,责成他对自己所曾说过的话做出解释,这大概就是亚里士多德所能说出的一切了,而且他的语气也依然会是那么的不容置疑,信心满怀。他并未处在黑暗的边缘地带,他也未曾遭受命运沉重的打击,这一切他也并不需要。他拥有创造了中庸理论的理性,他也清楚而又坚定地知道可以到什么地方和不可以到什么地方探索的事。这样的地方不会很多也不会很少——这一先天综合判断在亚里士多德的手中,犹如一根神奇的手杖,他用它画了一个魔圈,他的人永远不可以越界。亚里士多德把两个极端之间中间的那条路当作人类全部美德之所在,甚至把在两个迷误中段的中庸,亦即在太多和太少之间的中庸也视作真理,人就应当寻求这样的真理。那么中庸即是健全理性的吩咐[①]——亦即正确的思维。亚里士多德的这一遗训已经被人类作为福音而接受。在亚里士多德之后,任何想要拷问中庸并在边缘地带探索的企图,不是遭到怀疑,就是遭到仇视。还有些人,而且他们数量不少,并不把亚里士多德的信息当作福音,他们竭力挣脱这一滔天大罪沉重的约束。可是这样的人注定被迫在孤独中痛苦无望地搏斗下去。他们的事业,他们的创作,有时会得到临时反响,可是,任何时候,或迟或早,都会被无情地从人类庄严而又盛大地行进于其上的历史的主干道上扫除掉。或许亚里士多德注定会在历史上享有更多胜利,我们甚至可以列举许多事例,说明一些非常杰出的人士,他们非常勇敢,而且充满了对于亚里士多德的如火一般炽热的仇恨之情,可在持续多年长久而又顽强的斗争之后,却恭顺而又自觉地重新回到他的开端处,并承认他们自己在自觉或不自觉地说谎。下文中关于这些人我们还会涉及。暂时我们只想用几句话对我们在上几章里说过的内容,做一个表述。苏格拉底和柏拉图早在他们想要回击美利都和阿尼特的打击时,就曾经为了神祇和人创造了一个普遍必要的理论——认识。亚里士多德又从他们手中接过了这一理论。神祇和神性被他们推到了边缘,将其作为禁区或危险区域。能够给人以彻底的满足的、必要的、理性的和完整的知识,

---

[①] Zeller, 2-2, 633.

会教会人以完美的生活,这种知识他们是在稍稍经过变化的,但实质上仍然同样的、他的导师研制的基础之上建立起来的。中庸成为了终极真理和终极目标。① 边缘与终结和非存在是平等的。中庸是认识的理想和满足,是我们在地球上存在的终极目标,也是道德的理想——而这也就是人类从亚里士多德那里继承来的遗产,它构成了科学和伦理学的基础,而且迄今为止仍有人以全部力量予以坚持的,并将其作为永恒的、久经考验的和唯一必要的东西来加以捍卫。

XVI

我们已经知道,亚里士多德对于人类的统治有多么巨大。我们同样也知道,亚里士多德理念的力量绝非根植于其逻辑的说服力上。亚里士多德和别的哲学家一样,善于证明自己的正确性和避免矛盾。他的全部魅力都有赖于那样一种坚决果断的精神,这种精神使其得以防止人类理性受到纠缠不休的灵魂的拷问。他想要并且也善于以业已取得的成就为限并且满足于此——而这在人类理解中和寻找存在的终极目标是等同的。有终结就有开端,它们标志着边界——而同时也就有明朗的、认识可以问津的、被光明照亮的中间地段,这是唯一无可置疑的现实。这是欧洲人类把这一伟大发现(我之所以说欧洲人类,是因为亚洲各民族的生活对于我们而言依然处于未解密状态)当作福音接受了下来。欧洲所有

---

① 与"与其体验满足,我宁愿发疯"相反(Zeller, 2 − 1, 260)。

牢固而又健康的人,全都紧抓住亚里士多德的学说不放,将其作为得救的最后一招。甚至就连一向喜欢认为自己独立于一般文化的天主教,也非常愿意地接受了哲学的约束,并且还忠诚地以为这重约束是他们的福气。天主教神学鼎盛繁荣的时代,也是亚里士多德大获全胜的时代。而与之相反,天主教衰落和衰颓的时代,亦即宗教改革和特兰托公会议①以前的那段时期,对于这位伟大的哲学家却是最不利的时期。邓斯·司各特很早以前就说出这样一个想法,即在托马斯·阿奎那时期形成的世界观的具有危险性的完整性,却被经院哲学最后一位代表人物奥卡姆②,完全彻底地与亚里士多德传统切断了联系。不妨说,经院哲学的衰落和颓废,甚至可以等同于对于亚里士多德的信仰——即对于他所称之为理性的信仰的丧失,而他曾把理性当作生活的指导者。③

托马斯·阿奎那在亚里士多德哲学的基础上恢复重建的牢固的、蔚蓝色的、装饰着数不胜数的、闪耀着无数发光体的穹顶,也已经不再令人觉得是一件美妙的艺术品了。人们开始感觉到尖顶后面的天空亦即艺术,似乎应该更加深刻一些,更加透彻一些才是。这是为什么呢?为什么亚里士多德会活好几个世纪之久,而且会

---

① 天主教会于 1545—1547、1551—1552、1562—1563 年在特兰托,1547—1549 年在波伦亚召开的公会议。会议主旨是巩固中世纪的天主教义,确认罗马教会会议的最高地位,加紧迫害异端,推行教会对书刊的严格检查制度,特兰托公会议的决议是反对宗教改革的纲领。——译者注

② 奥卡姆(约 1285—1349),英国经院哲学家、逻辑学家、宗教政论作家,14 世纪唯名论主要代表,圣方济派教士。主张从科学中去掉与感觉和经验知识不符的概念,此原则被称为"奥卡姆剃刀"。1328 年移居慕尼黑,拥护君权,反对教皇干预世俗政权。——译者注

③ 亚里士多德的哲学或他的学说应当被称为意见,而非科学。

被许多人当作正常的自然的哲学家,为什么就连托马斯·阿奎那也会信任他,而且就连特兰托公会议以后的天主教也会信任他,而邓斯·司各特和奥卡姆却在另外寻找源泉呢?在此我不可能详尽无遗地讨论经院哲学颓废堕落时代的那些代表人物。我只限于指出这样一些因素,这些因素告诉我们,正是在亚里士多德的哲学里,出现了一些晚期伟大的经院哲学家绝对不可以接受的东西。这样一来,亚里士多德的力量或随便什么弱点也会当即暴露无遗,所以,这个问题显得十分重要。邓斯·司各特和奥卡姆之所以背离传统,不是因为对于某些神学问题的个别解决方案不能令他们满意,更不是因为他们对于天主教不是那么热衷。他们的虔诚和忠诚和托马斯·阿奎那本人的虔诚和忠诚一样,都是无可置疑的。但使他们疏离托马斯的原因,恰好也是吸引了所有其他虔诚信仰天主教的信徒的那种东西:即他的无所不知,以及他对于在亚里士多德帮助之下神学必定能够变成精确得几乎像数学一样的科学的信仰。我们还记得亚里士多德究竟凭借怎样的手段才达到无所不知境界。他步苏格拉底和柏拉图的后尘,认为人类的理性赋有为宇宙立法的使命。那些被他认定是真理和善的东西,将来在彼岸世界也同样会被认为是善和真理,而被他当作谎言和恶否认的东西,则永生永世都会如此。在援引经院哲学家的相应判断以前,我还要提醒一下苏格拉底或柏拉图在《欧绪弗洛篇》里的说法:善之所以好,是不是因为神祇喜欢它们,或相反,神祇之所以喜欢善,是因为善好的缘故呢。① 苏格拉底的回答是:神祇之所以喜欢善,是

---

① 《欧绪弗洛篇》,10a。

因为善好,亦即理性赋有钥匙的权力(potestas clavium)。我们同样也知道托马斯·阿奎那不允许有另外的解决方案:基督教信仰的真理与理性真理并不矛盾,正因为此,他和坎特伯雷的安瑟尔谟一样,认为自己有权深入洞悉启示的终极之谜。坎特伯雷的安瑟尔谟证实,根据理性上帝应该化身为人,如若不然,就无法拯救世界。德尔图良的时代已经早就过去了。是的,可是他的话语,以及他对基督化身和十字架殉难之谜的解释,根本未曾在天主教思想史上引起任何反响。如果你愿意的话,甚至就连德尔图良本人也不知道,接下来究竟该如何对待这样的解释了。他说:神子被钉在十字架上了:这不可耻,因而是可耻的;神子死了:这因为毫无意义因而更显得不可思议;被埋葬的又复活了:这因为不可能因而更加可信。①

如果我们把这个"解释"提交到亚里士多德的法庭上,他极有可能会说,德尔图良说是这样说,但他想的却未必和他说的一致。亚里士多德命定无法去评判德尔图良,可是,历史亦即历史学家和生活,却以与之非常近似的方式对待这种解释。这段出色的话语,你们几乎可以在所有有关基督教历史的书籍里找得到——可是,人们却从不严肃地讨论它们。通常人们只是将其作为一种毫无必要的悖论,作为一种虽然有趣却十分野蛮的典型样本,在附注中加以引用。极乐的奥古斯丁很早以前就认为有可能证实,理性多少能够理解基督化身和死亡的事,而且,采用这种方法来为亚当的罪孽进行赎买是恰当的(conventior)。正如我上文已经说过的那样,

---

① 德尔图良:《论基督的肉身》,第五章。

后来神学家纷纷证实,这样做甚至已经是必需的了,死亡的理性甚至可以确定基督所做牺牲的价值。而所有的定义都显然建立在早就被苏格拉底所表述过的关于我们理性的权力的信仰问题上。如果我们假定,知道真理的不是苏格拉底和亚里士多德的,而且逻辑及其法则,理性及其宏大规模,对于解决所有疑难来说,都不是最高的审级,总之,因为德尔图良以及其认识论,不应被当作早期被亚里士多德当作原罪的原因而排除,而这样一来,则当然了,经院哲学的所有神学体系也就像是建立在沙滩上的高层建筑了。对于有些人来说,这是最可怕的一件事,因此他们不允许德尔图良和与之亲近的思想家瞄准此类问题,而对于另外一些人来说,则相反,他们觉得可怕的是亚里士多德和他那个早就确定了一切的理性,因此他们走着自己愿意走的路,只要这条路不是别人指定给他们的就成。对他们来说,像自然而然发生的(sicut in naturalibus videtur)并非理由,而是反驳。于是,邓斯·司各特像是要恢复早已被忘却了的德尔图良的认识论及其业已被推翻了的原因的权力似的,又像是有意向苏格拉底和亚里士多德挑战似的,说道:"一切来自上帝的东西之所以好,是因为上帝喜欢,而非相反;对于上帝来说,一切之所以好是因为它符合他的意志,而非相反。因此基督的牺牲:在多大程度上为上帝所接受,也就在多大程度上是好的和在多大程度上是一种功勋,既然这已经得到上帝的认可。上帝的认可是最强有力的原因和任何善的基础。"

且看邓斯·司各特是如何提出问题又是如何对其做出解答的吧:上帝的承认是最强有力的原因和任何善的基础。也就是说,善在多大程度上好,也就在多大程度上为上帝所接受,人类行为的价值的唯一源泉,是上帝的不受任何人类所知的和不可动摇的规则戒律约束和约束的意志。显然,和苏格拉底和亚里士多德相反,邓斯·司各特并非想要竭力在人类和神性的理性之间确定一种不可分割的联系,而是想在二者之间挖一道深不见底的深渊。表面上看似乎并非如此,可是在嗣后的叙述中我们便会清楚——和坎特伯雷的安瑟尔谟以及托马斯·阿奎那不同,邓斯·司各特不光不会顺从地同意把钥匙的权力转交给亚里士多德,而且还会集聚自己的全部力量,把天主教会已经转交给他的权力从他手中夺回来,并且按照归属权进行转让。我们无法洞悉促使上帝如此行事的理由和根据,因为理由和根据对人是必然的,而非针对上帝而言。人应该以之为行为愿望和评价之指导的规则和戒律,是为人而存在的。而神祇的意志则是独立于所有这一切的:我们不能说出决定其行为的条件是什么。为什么他会有这样的愿望,对此无理由可说,因为他的意志就是他的意志。[①] 上帝创造了如此这般的世界不是因为他不会创造一个与此不同的另外一个世界,而是因为他想要创造一个如此这般的世界。他确立了一定的事物秩序已经确立的定旨权能(potentia ordinata),可是,上帝还可以凭借其已经确立的政权——自己那不受任何限制的权力确立另外一种秩序的。于是上帝可以换一种方式来行事:他可以让另一种法则成为正义的,而也就成为了正义的了,因为上帝是这样确立的,所以,任何法则也不可能是正义的——如果它不是来自神祇的意志。[②] 因

[①] Duns Scott, Sent. I, dist. 8, quaest 5, 24. Cf. Seeberg, *Die Theologie des Duns Scotus*, Leipzig ,1900,162.

[②] Seeberg,Ibd.

此，邓斯·司各特甚至都不怕这而要肯定地说，如果上帝想要的话，那么，人类的救赎也可以寄托在极其纯洁而不沾染原罪或是受到恩赐的人（无罪之人）身上。因为赎罪牺牲的价值唯一取决于上帝的主权意志：为别人的罪孽而承担痛苦的天使的功劳，也就可以由上帝按照自身的意愿来给以最崇高的评价了。

所有这些悖论是如此之奇特，初看上去，像是不必要的东西，对于自然走向坎特伯雷的安瑟尔谟和托马斯·阿奎那的普通思维——这种思维要人们相信，神性理性高于而非与人类理性矛盾——而言，它们是如此令人感到屈辱地不可接受，而它们究竟是怎么在中世纪经院哲学家的灵魂里滋生出来的呢？清教神学家塞贝尔想要贬低从他的观点看令人费解之假设的意义，会说："邓斯·司各特作为一个哲学家可以认真看待这些绝对权能，可在他的神学范围内，它们却只能具有一个用途，即清晰地说明实证基督教的特点。"在此吸引我们的不是神学主题，同时我们也更不可能去探讨13世纪经院哲学的神学理论问题。但我认为从历史学家方面说，如此任意地隔断使其感兴趣的人的生动个性，会是一个绝大的错误。而对于我们当代人来说，这种故意做作的专业化也是不能允许的。而在中世纪，差不多每个学者都是百科全书式的。只有那些具有某种先定倾向的人，才会人为地在邓斯·司各特身上，强行把他的哲学观与其宗教根源割裂开来。甚至就连洛夫斯（Loofs）和哈纳克——他们同样也是清教徒——也认为，必须提出虽然软弱的反对塞贝尔的抗议之声。

这一把上帝置于日常道德规范之上的理论，对于路德信徒而言是一个真正的关键点，甚至比柏拉图理念对于亚里士多德更甚。

正如我们下文中将要看到的那样，邓斯·司各特的哲学已经被路德完全接受了下来——而且还以那样一种非常独特的、更行尖锐的、由奥卡姆所赋予的表述形式接受。人的行为的价值并不取决于他们所固有的内在属性，而取决于上帝的自由而又任性的、不受任何约束的决定。无论清教神学家如何就不应把宗教与道德混同起来而喋喋不休，只要他们尝试把自己的这类论点付诸实施，他们都必然会丧失任何支点。站在道德之上的上帝，在他们看来是故意向健全理性提出的挑战，而鄙视健全理性的任何人都无法逃脱惩罚，当代清教神学家的困难处境正在加大，并且由于邓斯·司各特关于协调（acceptatio）的学说通过奥卡姆——他对这一学说的表述，正如我们下文将要看到的那样，还要比这更加尖锐——转移到了他们两人共同的老师，路德手中。神性协调是所有功勋的原因。路德以此论断为基础建构了他的整个哲学，即其对天主教的全部反驳。[①] 自然，清教徒历史学家要在他们不得不讨论的路德给人对上帝之关系的评价所带来的变化之前就开始行动了，他们想要竭力隔断对于协调理念的信任。哈纳克的论据对我们来说具有崇高的教益。在援引历史学家沃纳[②]的一句评语时——此人和

[①] 卡滕卜什甚至竭力想要把有关上帝即任意的实现的理念强加给天主教徒，以便自己有权利对天主教说三道四。如此表述的有关上帝的理念丧失了……其道德的神经（Romische Kirche, PRE. t. 17, p. 107）。

无怪乎天主教徒会对卡滕卜什的这篇文章表示愤怒。他对天主教有关上帝观念的描述是完全错误的。而且，更重要的是，他把路德以非常强烈的激情预言的理念强加给了天主教，而这些理念与整个天主教会的全部气质是完全敌对的。卡滕卜什为什么要这样做呢？

[②] 这是一个纯粹司各特式的理念，即绝对神性意志并不适合我们伦理思维方式的尺度。

塞贝尔相反,不怕采用极其尖锐地强调其所占据的特殊地位的术语,来描述邓斯·司各特。哈纳克说出了下述论点:"邓斯·司各特与托马斯·阿奎那比,的确向前迈出了重要的一步,他对上帝下了一个严格的定义,把他描述为一个独立于世界的意志和个性;可这种观点的全部优点当我们搞清楚对这样的一个上帝我们不复能够依赖和信任时,也就变成缺点了。"(哈纳克的原话的确是这么说的,我只不过是在翻译而已)因此,不能允许把上帝想象成是按照最高道德原则行事,因而,当创造(即人)之善在于——正如司各特的弟子所教导的那样——服从上帝的意志时,则这一母题对我们来说是不可思议的,而且是只能在启示中显现的。这种有关上帝的观念,和有关意志,亦即关于任性的观念一样,会导致这样一种困境,而有关上帝是全能之主体的观念所导致的,也是这样一种观念。因为在这两种情况下,上帝的存在都被包裹在一层黑暗的覆盖物之下。"经院哲学家不愿意走前人的路,那是一条狭窄的、会引导人们树立一种牢固而又能给人以安抚的上帝观之路;也不愿意走另外一条路,那条路引导人们走向对上帝即耶稣基督之父的信仰。"[①]对于我们来说,重要的是需要指出在哈纳克的这些驳论里,隐藏着其宗教观的基础。邓斯·司各特和奥卡姆——正如沃纳所说的那样——有关我们不能以日常所用的伦理学尺度衡量上帝的想法,按照哈纳克的意见,会导致一个最可怕的结果:既然我们不知道上帝是否服从我们的规范,所以,我们也就不能依靠和信任他。我们可以依靠和信赖的是这样的上帝,他和我们一样也服

---

① Harnack,3,525,526.

从一般的法则——这样的上帝是经过检验而且获得过我们的赞许的。我们无法信赖一个神秘的、无法理喻的、覆盖着一层阴云的上帝：可万一他向我们索求什么与我们有关善与恶的概念背道而驰的东西呢？万一索求与我们有关最高理性的概念背道而驰的东西呢？哈纳克首先想要判断，而且他深信自己完全有能力做到这一点，上帝究竟应该是什么样的。可随后，万一上帝真的就是他所应该是的那样，按照他的理解哈纳克便会同意承认他并且服从他。让我们在片刻之间做一个与之相反的假设，让我们假设，上帝也能给哈纳克下指示，并且教会他什么应该什么不应该，什么好什么不好——哈纳克倒并未走到这一步。而这也就意味着站在"善与恶的彼岸"，这也就意味着追随尼采的榜样，认为尼采并非一个无神论者，而是一个虔诚的信徒。你们可不要勾引哈纳克走这步。他心平气和而又坚决果断地拒绝了教会权威，他慷慨激昂地从天主教教父手中夺得了他的钥匙的统治，但信仰一个并不接受来自人的道德律令的上帝，哈纳克可不会干。首先应该问一句我们应该信仰谁。哈纳克继苏格拉底之后从教会那里夺走的钥匙的权力，他交给了理性并只交给理性。而且甚至就连路德的例子也无法使他动摇，正如我们所记得的，他情愿认为自己是个先知。

XVIII

和托马斯·阿奎那和梵蒂冈教会一样，哈纳克深信在宗教真理和理性真理之间，是不可能存在矛盾的，深信他的道德原则是最高标准，甚至就连造物主的权力也应该用这样一个标准来毫无差错地衡量。无论现在还是以后,我们都不会对哈纳克这种觊觎的企图的合法性进行检验。我觉得任何人只要肯于花费功夫仔细阅读和思考我在前几章里所提供的材料,自然会清楚地看到,这位当代德国自由派神学家信仰的来源究竟是什么了。但哈纳克并非是孤立的一个人而已。就其信念和前提而言,哈纳克是一个集合名词。哈纳克即所有人,甚至不是今天的所有人,而是,如果你们不介意我的说法的话,他就是所有人,"所有人"先生,正如路德所说的那样,即所有时代和所有民族的所有人的"所有人"先生。用理论对他进行反驳是徒劳无益的,因为正如我们已经能够确信的那样,在一定范围之外,理论观点也会丧失其全部权力和全部魅力的。我们所能做的就只有一件事:那就是表明,有这么一些人,他们相信"所有人永远并到处都相信"的东西——这种观念非但是错误的,而且更是一种可怕而又致命的迷误。① 我们知道,亚里士多德和托马斯·阿奎那,亦即所有官方的天主教会,以及和他们站在一起的清教徒,自由派神学家哈纳克,和当代科学方法论的代表人物一样,最害怕的是割断把可见和已知,或是像人们通常所说的,把事物的自然秩序与终极之谜联系起来的那条线索。对于托马斯·阿奎那来说,下述观点——如在自然中所见(si cut in naturalibus videtur)是具有决定性意义的和终极性意义的观点。换言之,日常生活中的、永远都在不断重复着的、任何人都会对此有所体验的经验,是按照我们的方式统治整个宇宙的不变的理性

---

① 天主教会认为"所有人永远并到处都相信的东西才是真理"(Kattenbusch, *Die romidsche Kirche*, PRE 17, 104)。

秩序的一个保障,也是终极本质和永恒的秘密,虽然它不为我们所知,却与我们业已掌握的真理完全协调,完美和谐。也就是说,用经院哲学的术语说,上帝以其绝对权能,不可能不对在其所创造的世上,将业已确立的定旨权能向除了他以外没有发现任何其他意外之事的人显现。我们是如此之深入地洞悉了造物主的终极目标,以致我们可以满怀信心地猜测到在未来生活中等待着我们的究竟是什么。真理和正义到处都是一模一样的,而人在其短暂的一生中,也可以——如果他愿意的话——精确地知道,为了获得拯救,他必须怎么做。我们已经知道,在所有此类论述中向心力是如何得以表现的,对此,我们已经有幸谈到过。人其实并不愿意向上帝飞升,而是想要上帝朝自己下降,想要上帝能成为我们贫弱而又有限的智力所能想象的那样。害怕我们这种资产阶级安详宁静的生活方式遭到破坏,我们会小心翼翼地把自己和所有新的和未知的东西隔离开来。那里还会对我们提出那些要求呢——最好还是由我们自己来要求的好:我们已经知道什么好什么不好,我们已经知道终极真理究竟该是什么样的了。毫不奇怪的是,邓斯·司各特和奥卡姆想要打消人们对于理性主义神学的信任的企图,竟然会引起并且仍然在持续地引起如此激烈的反对自己的声浪。上帝作为不受任何——甚至是我们的理性——限制的自由,人难道也可以如此真挚如此充满信赖地思考吗?头脑正常的神学家和头脑正常的哲学家,毫不犹豫地断定,这是一件龌龊的勾当。他们纷纷说这不可能,说在这个世界上的某个地方,有个人,据说还是个高级生物,竟然在和我们的理性和我们的良心作对。由此可见,我们有权断定:所有与生活在我们身上的真理和善的理想不相协调的东西,都属于非现实的领域,非存在的领域,因此,我们人和我们的造物主,都必须同等地认可一定的规范。当然,既然在人身上有着这样的信念,既然人们是如此深刻地相信他们所选择的理想是唯一获得拯救的出路,那么,像邓斯·司各特和奥卡姆的体系那样的体系,当然会引起极其强烈的愤怒之情。他们甚至觉得有人在抢劫他们,在劫夺他们最宝贵的财富。谁做力所能及的事情,谁就必定会得到上帝的奖赏。——上帝无权拒绝给那样一些人以奖赏,这些人所做的一切,都是其力所能及的,中世纪神学如是说,而这几乎是在逐字逐句地重复着苏格拉底的原话。而奥卡姆写道:"任何人都无法从自然那里领受永恒的生命,即使其拥有从上帝那里得来的无论怎么样的才华。人只有在那样的条件下才配拥有永恒的生命和那样的才华,即这是上帝自由而又仁慈的吩咐。任何东西都无法迫使上帝给什么人以永恒的生命。"①

学者司各特如是断言,而奥卡姆则说:任何方式都无法,亦即人不能凭借任何道德功勋迫使上帝给他以永恒的生命。上帝拯救的只是他愿意拯救的人,奥卡姆则更信赖自由的、与上帝的意志没有任何关联的道德人本身的崇高判断,无论其为苏格拉底还是托马斯·阿奎那。这就可以理解,奥卡姆对于想要成为"科学",成为叛逆顽童(enfant terrible)的神学和哲学而言,究竟是什么了。因此我们也就可以理解,天主教徒为什么会把他的理念强加在清教徒头上,而清教徒又把它强加在天主教徒头上的缘故了。要知道用哈纳克的话说,这两种人都在寻求着我们"可以对之信赖"的上

---

① Ockam, in Sent. dist. 17, qu. 1 L. XIV. PRE 274—Ockam von R. Seeberg.

帝，——可我们又如何信赖上帝呢，如果按照奥卡姆的说法，则上帝：对我们有关正义的肤浅的概念根本就不屑一顾——他或许会根本否定那些将其一生都用来努力取悦于他的人，而竟然会接纳那些从来都不曾想到过他的人呢？可是，对于奥卡姆来说，对于这样一个一般性论断，他已经感到很满足了。这个无敌博士（doctor subtilissimus）似乎已经把自己一生的目标设定为把那些史上最杰出的人士历经数百年努力而积攒起来的珍宝，全都抛弃掉或是尽量贬低其价值。他对人类理性和良心的所有企图都进行了争论。他对于天主教神学业已确立的传统毫不顾忌，甚至不怕说出这样一种判断：我们无法明确地证实唯一的上帝的存在。此外还有：我们不能以自然而然的方式证实愿望是除了上帝以外任何人都不可能实现和安抚的。最后还有：我们不能令人满意地证实上帝是终极原因。关于他，他的学生奥卡姆如是说：他居然敢于假设而且丝毫不以为这有什么不合适的，即创造的意志可以去仇恨上帝，而不至于堕入罪恶，因为上帝可以下命令。[①]

而如果还需要有更加具有挑战性的、来自经院哲学衰落时代曾经十分流行的表述法，我们可以援引以下这些格言：上帝可以命令理性生物仇恨上帝，而这一罪过将会是一个比爱戴上帝更大的功勋，因为这一生物从此会十分听话，因为他其实是在与自身的倾向作对。[②]

所有这些格言就好像是精选出来的，似乎都是意在从人身上

[①] Denifle,2:304,305,306.

[②] Denifle,2:306.

剥夺其"对上帝可以信赖"的信心和希望,也就是说,我们可以猜测,最高意志在把我们往哪儿指,或是指引我们深入洞悉造物主的秘密构思。他(奥卡姆)严厉地,甚至是粗野地、嘲笑地摒弃神学家想要解释化身之谜的所有企图:"作为信仰的对象,上帝接受了人的本性,而如果上帝也接受了驴的本性或是石头抑或树木的本性,这也丝毫不会有任何矛盾之处。"①

你们已经看到,奥卡姆离开坎特伯雷的安瑟尔谟甚至离开大格里高利有多么远了。② 大格里高利同样认为自己知道上帝在把自己的儿子派到地球上来时的意图是什么。当亚当犯了过失后,大教皇说,上帝诅咒了人,把人交给了撒旦永远统治。从那以来,人就不再属于上帝了,而是成了魔鬼的所有物。随后上帝又怜悯起人来,可他无法把人从撒旦那里夺回来,——上帝无权违背自己的诺言,即使是对撒旦。于是上帝想了这样一个办法:他派自己的儿子到大地上来,扮作人的形象。撒旦未能从人的外表形象下认出上帝来,就好像鱼认不出鱼虫后面的钩一样。于是他扑向基督,并判决了他耻辱的死刑。撒旦以此提高了自己的权力:他可以杀死人,却无权杀死上帝。这样一来,上帝抓住这个咬了钩的狡猾的魔鬼,从而得以摆脱自己所许的诺言的约束,从而得以把一度被迫与自己分离的后代亚当招回到自己身边。大格里高利就是如此解释化身之谜的。而他的这一解释很令人满意:或许连他也认为自己的"解释"比上文引用过的德尔图良的话里所包含的解释更加

---

① Ockam, Sentilog, concl. 6.—Werner, Scholastik, 2, 356.
② 奥卡姆的描述:沃纳、托马斯·阿奎那,3,120。

"理智"吧。甚至不光他本人,就连哈纳克也必须承认,无论对他来说大格里高利的解释如何不可接受,里面毕竟还多多少少有些许理性的火花。甚至可以说不止于火花而已——从纯粹的形式逻辑方面看,他的解释是无可指摘的。而德尔图良的话语散发着一种真正的疯狂的气息,这种疯狂的气质情愿把彻底的未知和密不透光的黑暗当作终极目标。上帝派遣了亚伯拉罕,于是他出发了,连自己也不知道去往哪里。德尔图良是如此,奥卡姆亦复如是。他鄙视自己的理性,他感觉到假如什么地方有他所需要和寻求的东西,那这地方也绝不会是理性将要带他去的地方。他在寻找启示,而使他高兴的是,启示所带给他的,并非他所寻求的和理性所想望的东西。在对教会教条做过一番仔细的研究后,他确信这些教条绝对不会和他理智的期待相协调,但他对此并不感到困惑和害怕。抑或他既害怕也困惑,但他绝不愿把自己的困惑和害怕阐释为对启示真理的反驳。对于我们具有局限性的理性而言,无论这种真理有多么可怕,我们都应该接受之。我们的任务不是用尘世来检验神性,而是相反,是早在我们在尘世生活时,就要学会思考别样的生活,这种生活与我们此时此世的生活是那么的不同,以至如果按照我们自己的尺度来衡量的话,这种生活与其说像生活,倒不如说像死亡。而且,在这件事上,理性对其颠扑不破性的信仰,对其无所不包性的信仰,反倒是一个最大的障碍。与此相应,我们的全部力量都应当不是用来为我们的认识辩护,而是颠覆这些认识赖以建基的那个基础。而这也就是为什么奥卡姆的批判具有一种不可遏止的力量,冲破了常识所能允许的一切范围和界限。而这也就是为什么奥卡姆会如此努力而又顽强地证明,启示真理与理性真理处于不可调和的矛盾之中。教条主义的论点是无法得到证实的,因为其来源不是理性,而是信仰:任何自然思考都无法证实几位神祇人物的存在,因此,说有过几个人物,其中只有一个父亲和另一个儿子,说儿子的确是父亲所生的,云云,只是信仰的证言罢了。[1]

我认为对于我们的目标而言,我们就邓斯·司各特和奥卡姆所说过的一切,都已经足够了。只是我们切不要以为奥卡姆的思想是某种全新的思想,是在他那学术型大脑里最初产生的,而又与全部历史发展毫无关系的思想。无怪乎早在基督教产生后的最初几个世纪里,德尔图良就力求在其对于基督的诞生、死亡和复活的阐释中,创造一种既不理会苏格拉底也与亚里士多德无关的认识论。在天主教里,这种倾向从未消失,并且正如我们所知,它在12世纪伟大的神秘论者身上也有所表现,而且他或许至今仍然存活在天主教中,只不过官方天主教善于以亚里士多德和托马斯·阿奎那为依据,将其与官方神学的戒律对立起来而已。我们可以在早期神秘论者那里,看到这样一些说法,如果我们认真思索和深思一下这些说法,便会发现,此类说法中包含着和以上所说同样的一个观点,即认为我们的理性与信仰之间,有一种不可调和的矛盾,而正是这种矛盾,使奥卡姆的哲学应运而生。姑且让我们以伪狄奥尼修的说法作结:"所有这些……都不能显现奇迹,都不是凭本质凌驾于一切事物的超绝神性。"[2]

---

[1] Ockam, Sentilog. I, dist. 9, qu. I,—Werner, Scholastik, 2, 356.
[2] *De Divinis Nominibus*, 1:3.

这可以写也可以说,但未必有谁敢于断言,在我所引的这段话后面,或许会隐藏着(我甚至都不知道该如何将这段话译为俄语!)与我们的理性认识的某种关联。如果说这是一束光,那这也是一种无法问津之光,任何人都不曾见过,也不可能见到。也就是说,如果不用比喻的说法,这也正是那样一种黑暗,那样一种神秘的夜晚(nox mystica),普通哲学以及作为其相关概念的正常的天主教神学,平常对之恐惧之极,可以说是避之唯恐不及,而且哲学通常将其用于终极的和不可颠覆的驳论。而这也就是那个隐蔽的上帝,就是那个哈纳克曾经写到过的那个不可信任的上帝,也正因为此应该被否认的那个上帝。不过,还是可以通过未知来获得超理性的知识。① 换句话说,理性每当它心血来潮想要在人的终极探索中指引人时,都扮演了障碍的角色,并且也只能扮演障碍的角色。我们必须忘掉一切我们所已经知道的东西,必须忘记还有知识二字,如果你真的想要走上通向上帝之路。而这就是学术的无知,是库萨的尼古拉②,一度曾经大力歌颂过的。当然,我们只是不必要把这种无知与当代哲学中的我们不知道或是我们将来也不知道混淆起来而已。尽管有着所有这些把许多人引入可以理解的困惑中去的外在相似性,实证主义者和季奥尼西·阿列昂帕季特的这类表述法其间的相似性,还是像白天与黑夜一样差异明显。

---

① *De Mystica Theologia*,1:3.
② 库萨的尼古拉(1401—1464),法国哲学家、唯名主义代表人物。在巴黎任教。批判繁琐的亚里士多德主义,维护古代原子论原理。1346年被罗马教廷判罪。——译者注

杜布瓦·雷蒙①的我们不知道意味着终结,而季奥尼西·阿列昂帕季特的无知则意味着开端。而关于奥卡姆则必须说同样的话。正如沃纳所说,他"以其对于道德过失和与其相应的惩罚或忏悔之间的任何理想的内在关联的坚决否认和排除,把司各特有关道德秩序的偶然性的学说发展到了最极端的界限,而这一学说是建立在绝对的神祇意志(亦即建立在任性之上的),其法则在于将有关爱上帝高于一切②的训诫——则他们还根本就不懂得内在必然性问题"③。而要知道,正如我们所记得的,认识的可能性自身早在古希腊人那里就已经取决于存在着这一内在必然性的制约,它决定着把各种繁复多样的创世因素纠结和联系起来的方式。与奥卡姆和神秘论者相反,坎特伯雷的安瑟尔谟恰好掌握了这种古希腊人的观点。清教徒谈论天主教的雅典化时,他们的说法是对的。在亚里士多德哲学里得到最完美表现的古希腊人的精神,即精神稳健到夸大的地步向欧洲思想界的所有运动伸出了其权威的手。可是,当清教徒认为他们自己已经避免了雅典化时,他们却错了,他们那种竭力想要回到纯粹的犹太主义的企图,按照其在旧约和新约中所表现的情况看,实际上会把他们在宗教探索领域里引导到或多或少比较严肃的结果上去。边缘既使清教徒也使天主教徒

---

① 杜布瓦·雷蒙(1818—1896),德国生理学家、哲学家、彼得堡科学院国外通讯院士(1892)。他是电生理学奠基人,确立了反映肌肉神经中生物电现象的许多规律,提出分子生物电位学说,为机械唯物论和不可知论的代表人物。——译者注

② 为什么沃纳会允许这样的例外——这我并不十分清楚。我们记得奥卡姆假设道,既然上帝要我们仇恨他的话,那么,执行这一莫名其妙的遗训的人,就要比那些不顾这一遗训而继续爱上帝高于一切的人要正确得多。

③ Werner, 2, 319.

感到害怕。使徒保罗书信无论对于鹿特丹的伊拉斯谟①,还是对于路德所说的"受约束的意志"(servo arbitrio)的现代注释家来说,都同样是不可接受的。清教现代自由派神学的奠基人里奇尔(Albert Ritschl)对于路德著作的反响,说它们是"失败之作"(ungluckliches machwerk)。与此相应,奥卡姆及其哲学企图推翻亚里士多德为人类探索划定疆界的做法,同样也引起哈纳克和沃纳,亦即像杰尼弗和维斯这样的天主教徒的愤怒。且看哈纳克是如何评论的吧:"奥卡姆主义的历史结论教会我们,思考着的人类永远都不会同意长久地接受一种仅仅建基于启示之上的宗教,而是会割断将启示与一般世界观联系起来的一切线索的。这种启示从奥卡姆或是反向回到托马斯·阿奎那,或是向前走向社会主义。可是,难道宗教史竟然曾经给探索中的思想提供过如柏拉图、奥古斯丁和托马斯·阿奎那所提供的那种帮助吗?没有绝对者当然是不可能的:但对其可以这样来加以理解,即把它当作一种体验,而非采用思辨的方法来获得。"②

如果绝对者果真是一种体验的话,那它就不包含把两种完全相互对立的概念结合起来的特性——或许哈纳克竟然得以解决这个摆在其面前的两难选择——,离开奥卡姆但也不和托马斯·阿奎那联合。然而,体验之所以是体验,正是因为它不能被纳入对于绝对者乃是一种必然的逻辑形式,我们所相信的教条无处不在,应

---

① 伊拉斯谟(1469—1536),尼德兰文艺复兴时期的人文主义者、语文学家、作家。写有讽刺作品《愚人颂》。他在宗教改革时期起过很大作用,但是他本人并未接受改革的思想,反对宗教狂热。——译者注

② Harnack,3,646.

得到承认。没有教条的帮助,要想建立实证宗教,就只有在启示的基础上才有可能。不然的话,则穆罕默德信徒、佛教徒,亦即甚至就连偶像崇拜者,就其与哈纳克之体验的相像而言,也是具有同等地位的了。既然我们已经谈到历史,如果还是以哈纳克本人的《教义史》为例的话,则人类千年发展史上最光辉灿烂的一个事实,其发展中的一个环节就是现代自由派清教神学害怕用体验来取代绝对者的地位。可这也是可以理解的。既然邓斯·司各特和奥卡姆的关于对上帝不能强迫的理念竟然使形形色色观点信仰各异的宗教理论家如此恐惧,那么,他们又怎么会允许有这样一个思想,即不是上帝,而是人以其软弱性和局限性而不得不以或许完全是偶然和即时的"任性"为依据呢?既如此,怎么可以把体验称为绝对者呢?我们还记得哈纳克从前说过的话——信仰没有权威是不可能的。这是他的一个与天主教共同拥有的公然的真挚的想法。这一思想也在将如此不合拍的话语的矛盾组合中得到了鲜明表现。哈纳克似乎觉得,绝对者归根结底是会把体验完全给吞噬的,而这样一来,也就可以沿着一条符合现代要求的缩短了的捷径再次回到托马斯·阿奎那了。而我认为这不是夸张,如果我会说哈纳克反对奥卡姆的观点,自有其来源,这和沃纳的驳论是一样的。沃纳以古旧的方式说,奥卡姆的"错误"在于"完全缺乏理想的世界观……关于道德秩序的思想自身有其自己的法则,而它会用公平的规则和法则去解决一切问题"。[1] 于是,把生活的内在内容看作似乎是理性思维所无法理解的奥卡姆,难道对此问题还会有别的观点吗?

---

[1] Werner,2:320.

对他来说,教会有关拯救的学说,他是以其特有的方式加以理解的,而这种学说完全可以取代道德秩序形而上学,它是他道德思维的唯一和排他的支柱。

我认为——正如我已经说过的那样——沃纳以最好的方式表达了哈纳克的思想(当然也表达了他自己的思想),这比哈纳克本人的表达法还要出色。他们两个人都认为奥卡姆"思维"的基本缺陷是,他缺乏自觉或不自觉地将他们两个人都吸引到托马斯·阿奎那的那些因素。托马斯·阿奎那知道而奥卡姆却不知道道德秩序形而上学。而这就意味着——我认为——在上述说明之后,人们再也不会要求我做出任何新的解释了——托马斯·阿奎那害怕或不敢于假设一个任性的上帝,因而让其服从亚里士多德原理的监督;而奥卡姆却又害怕亚里士多德的任性,于是去迎接完全彻底的未知——或许心里还揣着几分担心和害怕,但也不乏只有少数几个人才清楚的得意洋洋。他们当中究竟谁对,是托马斯·阿奎那对,还是天主教和坚决果断地把自己全部完整的钥匙的权力交给亚里士多德的哈纳克对,抑或是把自己的全部灵魂全都毫无保留地献给造物主的奥卡姆对呢。换句话说,是不是只有当你同意与我们的生活中通常会有的那些同路人、领路人和理性割裂时,我们才能找到上帝,抑或理性甚至对于个别的、跨越边界以外的漫游也是必不可少的呢?

手稿上卷以下七章的内容以稍加补充和修订的方式,业已收入舍斯托夫文集中译本第 8 卷《在约伯的天平上》,标题是"最后审判时刻(托尔斯泰的后期作品)"。

下卷 路德与教会

I

陀思妥耶夫斯基的"论宗教大法官",根据其构思,应该是对于天主教的无情批判。我非常怀疑陀思妥耶夫斯基是否有可能和有空闲彻底研究过去和今天的天主教。他当然知道并且也很熟悉那些好弄权势、残忍而又自私的教皇,也了解赎罪券,也了解那些为达目的而不择手段的耶稣会士和宗教审判的故事——这些事情人人都知道。他也知道人所共知的那些关于宗教改革、关于起而反抗天主教的路德的故事。可是,无论对路德还是对天主教,他都同样仇恨,主要是因为他对一切来自欧洲的东西,都评价很低,它们都只能引起他的怀疑。

在"传说"中发展关于天主教的内在意义和使命的理念时,如果我们深入思考一下这个理念,便会发现它实际上也包括整个欧洲的精神生活——整个欧洲的精神生活全都展现在陀思妥耶夫斯基眼前。欧洲最主要的罪过就是无信仰。而且无论我们西方的这位邻居做什么,也无论他们的创造表现在何种领域,到处都打上了无信仰的该隐的烙印。

欧洲基督教并不比欧洲科学更好。正如科学在欧洲仅只信任自己,即人类理性一样,欧洲宗教也只信任人自己所能理解的东西、所能做到的事情。在这个意义上,"关于论宗教大法官"甚至可以比表面上初次看上去说明的东西更多得多。传说对长达两千年的欧洲历史做了一个总结。你们的确做了许许多多的事情——陀思妥耶夫斯基对其西方的邻居这样说道,可是,你们却不得不为了自己所取得的成就,而支付可怕的代价。而你们自己也知道并且不可能不知道,你们向你们长达两千年的文明祭坛奉献了怎样的牺牲品,你们当中最优秀、最富于洞察力的人士,不得不在他们所承受的巨大责任的重负下在痛苦中辗转和挣扎。大法官是欧洲最具有人性和具有最重大意义的一切的化身,这一切即使是面对他——在他面前一般人们是无所隐瞒的——也应该予以承认的福音对于欧洲人来说,从东方传过来的福音说,那个他在统治着这个世界,他高距于人和他的理性之上——,是个不可接受的福音。对于西方人来说,来自东方的光明是密不透光的黑暗。根据历史原因人们不能公然摒弃预言的真理——于是天主教剩下的出路就只有一个——即逐渐地,在几个世纪的过程中,用人类可以理解的话语来取代神秘的神祇的语言。天主教做了这件事——而在那个本应矗立着真理的地方,却被置换上了人人可以见到、可以理解的天主教教会。大法官直截了当而又坦诚直率地对他那位神秘的客人说:"我们拥护的不是你,而是他,也就是你那个永恒的不同戴天的敌人。这个恶魔,这个反基督,他是我们真正的领袖和主人。我们能够理解他,我们可以为他服务,因为他在和那些弱者、无助的人们说话时,用的是他们都能听得懂的、通俗易懂的、理性的语言。而你对我们提出的要求,即让理性服从信仰,这我们无法履行。对我们人来说,理性过去是将来也仍然是光明的来源,而什么地方理性的统治不再生效,便会是永恒的、密不透光的黑暗,而这是人们所能设想的最可怕的事情。而你想要让我们去的那个地方,想要让我们以为那里是光明的所在,我们过去不去,今后也永远不会去的。我们神圣的天主教会,会纠正你的事业。她会提供给人们以他们所需要的东西。她会给人们带来稳固和坚定的信心,而非你的自由——她会给提供建基于坚定的永恒不变的权威之上的秩序。她会展现秘密——但并不要求人们问津那些秘密。她许诺奇迹——人们便会亲眼看到这些奇迹,虽然将不会有什么奇迹。因为人群就是观众而非演员——他们是优选者,他们很早就关切一件事,那就是让奇迹和秘密一样,永远都远离他们。任何人都不会好奇地观看和检验,任何人都不会探求秘密。我们的权威和我们的不可颠扑性会以另外的方式来辩护。根据果实可以对树木进行评判。而我们为人类提供的,却是他们最需要的东西——我们为他们提供了牢固不变的秩序——,在他的理解中,这种秩序是与最伟大的终极真理等同的。你想要无限的自由,你想要让人成为神祇——而我们却离开了你。你的敌人向我们提供了有限的理性——因为理性是不可能没有局限的——,于是我们接受了他的赠礼,将其当作恩赐,而否定了你。我们拥护他,而非拥护你。"

关于天主教会,陀思妥耶夫斯基在"论宗教大法官"中就是这么说的。我不知道,天主教世界究竟是否对这位俄国作家的严厉谴责做出回应了。在那些我有幸拜读过的浩如烟海的天主教文献和神学著作里,一次也没有提到过他的名字。而我认为这并非单纯的偶然。要知道陀思妥耶夫斯基对天主教提出的谴责,从前有一次——当然这事已经过去很久了——有人曾经向他提出过,而且其力度远比这次更大,信念也远比这次更加坚定。在陀思妥耶夫斯基以前的三个半世纪,路德就曾经称教皇是反基督,而称天主教是反基督的。

正如我先前已经指出过的,我们有全部理由认为陀思妥耶夫斯基对于路德其人以及路德其事所知极其贫乏。更不可思议的是,不仅在俄国,而且在德国这个归根结底也是路德宗的故乡和一个古典国度里,如果把神学专家和学者刨除,对于路德其人其事,知道的人寥若晨星。不但如此,我相信,如果你向一位虔诚的路德教信徒出示一本路德最有名的著作,喏,比方说《论意志的约束》(De servo arbitrio)吧,他肯定会被吓一个跟头的。我担心就连陀思妥耶夫斯基本人当他在《论宗教大法官》中一字不差地重复着路德心中一直怀揣的思想——那时的路德刚刚就使徒保罗的致罗马书做过演讲,当时的他不过是一个无名的僧侣,就连陀思妥耶夫斯基本人,如果你向他出示《论意志的约束》或者是《论巴比伦对教会的约束》,他也肯定宁愿拥护天主教,也不愿拥护路德。换句话说,我觉得,陀思妥耶夫斯基未必能够承受得住向路德启示的真理。我们当然无从判断,陀思妥耶夫斯基的精神发展过程与在他之前的路德其人其事有过什么联系。路德的思想尽管是致力于宗教改革的,但正如我们下文所知,其思想也总是在竭力适应普通日常生活的需要,而为了达到这个目的,人们对这些思想进行过手术,这种手术要按照陀思妥耶夫斯基的说法,天主教曾经对基督的功勋做过这种手术,但是毕竟,路德的思想对于人类来说还不是不留痕迹的,于是,传过万千岁月,它们终于渗透到有着高度精神敏锐感的个别人的心田里来了。或许可以这么说吧,如果没有路德,也许陀思妥耶夫斯基无法如此深入洞悉天主教的终极之谜,也就是说,或许他根本不会想到要在人类灵魂最深刻最隐秘的这个谜中寻找无信仰的原因。但是,无论如何,是继路德之后也罢,还是完全独立地(我不排除这样的可能性,而如果这个假设是成立的,这对我们的开端是十分有意义和教益的),陀思妥耶夫斯基终于开始着手对天主教进行评价了——而我们也理应面对这样一个令人感到震惊的、几乎是不可思议的事实:在那个数千年以来一直被所有人当作是信仰最强大最可靠的堡垒的地方,竟然竟会是最可怕而又最危险的无信仰的避难所。人类并未接受公然的无信仰,而人类的敌人——而这预言必将实现——欺骗了人,他狡猾地用袈裟把真正的虔诚掩盖在下面。"唯一的,神圣的,真正的教会"(Una, sancta, vera ecclesia),数千年以来,那个教会一直都在预告——而且至今也仍然在预告,离开教会就无法得到拯救,——"教会之外无人得救"(extra ecclesiam nemo salvatur)——实际上却一直在把数千万、数亿万好轻信的人直截了当地引向死亡。路德是这样说的,而在路德之后又过了350年之后,陀思妥耶夫斯基也同样这般告诉我们。我们生活于其中的这个世界竟然是如此之可怕,如果如此令人震惊而又不可思议的骗局也可以发生的话?

II

我说过,在《论宗教大法官》中,陀思妥耶夫斯基只不过是在重复早在他之前路德已经说过的话而已。与广泛流行的一种观点相反,路德与捷特采尔的那场斗争,压根不是起源于他与之在赎罪券问题上所发生的冲突。这场冲突发生于1517年(路德关于赎罪券的论纲是1517年10月31日张挂出来的),而实际上早就使路德脱离罗马的内心转折,发生的要比这早得多。著名天主教学者多米尼加的僧侣亨利·杰尼弗尔只是不久前,即1904年,才从梵蒂冈档案馆里取出在从未在任何地方公布过的路德的论文《在罗马讲辞》(Vorlesung über den Römerbrief),并将此文作为其不久前引起很大轰动的有关路德的研究专著的基础。这些演讲撰写于1515—1516年间,也就是说,早在与捷特采尔的冲突发生以前——但在此演讲中,已经出现了即便不是全部,也几乎是那时全部业已积累在这位青年僧侣灵魂里的思想(当时的路德年仅33岁)。如今这部《讲辞》已经正式出版,人人可以读到,但1906年时,像鲁夫斯这样的德国大历史学家,也只能通过杰尼弗尔所做的摘录,来利用这部著作。于是,就这样,在这部《讲辞》里,我要说,我们已经可以找到所有的爆炸性材料,它们显然早已就集聚在路德灵魂里,在那里期待着随便什么样的外部推动力,好把潜藏在其中的破坏性(或是创造性)的力量给释放出来。在给罗马书所做的注释中,路德根本就未曾涉及无论是教皇还是天主教。相反,他是作为一个教会真正的儿子出场的,他似乎觉得,他所宣告的,仅仅只是他本人从天主教那里接受来的东西而已。这倒不是因为他没有发现他那个时代神学界那些乌七八糟的生活乱象。所有这些生活乱象,无论对他还是对于任何一个目光敏锐的人来说,都不是什么秘密,那就是在15世纪末16世纪初的教会生活所处的水平,不仅不能与基督教看齐,甚至也远远低于即使是最无声无臭的多神教的理想。这种情况当然使所有天主教忠实的儿女感到困惑和伤心,并引发了他们的斗争和抗议。可这斗争不是在反对教会,而是在拥护教会——反对的则是那些不称职的、玷污了自己崇高教职的人士。天主教神学家直到今天还在就如下理由，即才华卓著的路德没有把自己的才能用于揭露他那个时代神学界的种种溃疡和脓包，而表达其深深的惋惜之情。如果路德在这个方面展开其斗争的话，教会兴许会站在他那边，还会弘扬他的纪念日，如同教会曾经纪念其他那些忠诚于教会的儿女一样。牧师和僧侣忘记了自己神性的使命，而投身于世俗的操劳和琐碎的情欲，而教会自己也懂得，必须做出非凡的努力，才能把堕落到如此地步的神学界重新提升到应有的高度。这个时代要求天主教信徒中最优秀的代表人物付出紧张的脑力劳动和意志力予以解决的问题和难题，还有很多很多。

大家全都认识到教会生活需要进行根本改造，许许多多迫切需要解决的纯粹神学性质的问题和难题都摆在了面前。

可是路德却对所有这一切问题不屑一顾。他不愿意纠正走上邪路的僧侣，让他们步入真理之大道通衢，他也不为个别的神学问题而操心。当时的他担任自己那个修会的教授或是修道院的高级督查，不得不做演讲，或是督促他那些无法无天的教民——而他作为一个真正的僧侣，尽心尽责地诚实地履行着自己身上所肩负的责任。可是，他的思想却远离开了他每日每时的工作。他的确有自己担忧的问题，他所操心的这些问题，无论他愿意与否，他都为之付出了自己全部的最好的心力，这些问题剥夺了他的睡眠和心灵的安宁，后来他为之虔诚思考，可这些思考可以说与他日常履行的工作职务毫无共同之处。甚至可以说与之相反——他对自己身上所承担的誓愿履行得越是诚恳忠笃，自己内心的忧思便会更加严重。我们甚至可以说，在他身上，在其僧侣的教职和发生在其灵魂中的再生之间,毫无疑问有着深刻的内在关联。如果我们把以下将要阐述的内容稍稍提前一点的话,我们暂时会就摆在路德面前的任务稍稍谈几句,大家或许也就可以明白一二了。

路德是个僧侣和天主教信徒。因而他深信每个人终有一天会被呈现在铁面无私公正的法官面前,由他来宣读其最后判决。等待着我们当中每个人的,或是永恒的欢乐,或是永恒的死亡。正如我们所知,路德对一切都表示怀疑。他不害怕与奥卡姆一起在对社会公认的道德、哲学和神学前提的批判中,一直走到最极端的地步。他不害怕怀疑教皇本人,怀疑整个天主教会都是反基督的仆人。可他从未想过这样一个问题,即或许他有关最后的审判的观念原本就是错误的呢。或许任何人任何地方任何时候,都不会有针对任何人的审判。如今这个时代的人们如此易于放任自己所做的、在人们眼里显得是如此之自然甚至是颠扑不破的假设,对于路德来说,是绝对不可以接受的。路德信心满怀地议论着最后的审判,和如今某个实证主义者或唯物主义者信心满怀地为其全部思考或现象的自然关联提供发展原则为前提时一样,甚至比那些宗教狂热分子和狂怒分子更信心满怀地发表着此类议论。对他来说,等待着一些人的,果真是死亡,而等待着另外一些人的,却是永恒的生命,这根本不是什么问题。他一再追问自己的就只有一个问题——人如何才能得到拯救,如何才能避免永恒的死亡。而且,如果路德,如果路德的事业和生命,在我们眼里开始具有了如此非同寻常而又独特特殊的意义的话,那么,这也仅仅是因为他当时不得不直接面对这些严厉的问题。我不能说是路德伟大的个性使这个问题变得如此宏大,抑或相反,是路德的身躯长到了如此伟岸地步，以至到了不得不直接面对如此巨大如此可怕的任务的地步。或许嗣后的叙述会多少给我们以解释和说明的。此刻我只想指出一点：在我先前所分析过的所有的托尔斯泰的作品，在《疯人日记》《谢尔盖神父》《光明在黑暗中也闪光》《伊万·伊里奇之死》《主人与雇工》中，我们能够发现和路德笔下同样的内容。而我之所以重新研究托尔斯泰，主要就是为了通过他的用所有人都能读懂的现代语言写成的作品，架设一道通向中世纪末期和路德，然后再通过路德部分也通过圣奥古斯丁，抵达最杰出而又问题最多的预言家福音书里的神赐和使徒保罗的桥梁。托尔斯泰不但不是什么神学家，而且，众所周知，托尔斯泰是神学最不共戴天的敌人。他从来没有读过路德的著作，可是，如果他碰巧见到了路德的著作，他也许会怀着厌恶和愤怒而将其全部否定的。要知道路德从使徒保罗那里拿走的，恰好是那个有关靠信仰来拯救的学说，而托尔斯泰曾以其所特有的毫不留情的冷酷，对其进行了谴责，说这是一种没有道德和亵渎神圣的学说。而路德不但从伟大的使徒保罗那里接受了这一学说，他还认为，有必要以其所具有的全部力量和决心——而他既不缺力量也不缺决心——特意强调予以指出的，正好就是使徒学说中，对健全理性和我们的道德圣地侮辱最厉害的地方（罗马书第3章第28节）。他认为这一节是打开全部福音书的一把钥匙。在这段话里，也和在所有其他情况下一样，这一点我们下文会看到——我们发现了折磨着他的那个问题的一个答案。他如此之信心满怀，认为在此潜藏着一个福音书启示的最伟大的谜，而且他对此是如此深信不疑，相信在基督教历史存在的15个世纪中，他一个人居然最终完全彻底地洞悉这一秘密，以致后来他竟然放任自己在翻译时做出重大改动——而且就实质而言这改动是十分重大的,而这居然是一句即使不这样也已经令人类的意识感到十分费解的诗呀。

在古希腊原文中是这样的:λογιζόμεθα γὰρ δικαιοῦσθαι πίστει ἄνθρωπον χωρὶς ἔργων νόμου. 亦即我们得出的结论是,人在没有法则干涉的情况下单单凭借信仰来为自己辩护。路德在翻译时做了一个补充:δικαιοῦσθαι πίστει ἄνθρωπον(人凭借信仰而自立),给翻成:justificare hominem sola fide,亦即只需凭借信仰。而当有人向他指出,说他自作主张地篡改了《圣经》的原文时,他竟然会以更加自作主张的态度张扬地宣称:"我多么想多么想下令,让意志永远都高于理性。"① 但与此同时,他对自己的胆大妄为稍稍有所收敛。使徒雅各布书,很早以前就一直属于圣经,而他却声称其为伪经——主要因为其中包含一些话语,常常被他的论敌引用以反对他对辩护的理解——"信仰实是僵死的"②。人靠信仰,只能靠信仰,而且也只有信仰能使人得到拯救——这就是路德从反基督的天主教会那里所获得的福音。

和陀思妥耶夫斯基一样,路德深信天主教会十分清楚地懂得,福音书所带来的福音,完完整整地包含在这段话里。可是,天主教会却不愿意接受上帝的这一真理。天主教会并非拥护上帝,而是拥护上帝永恒的敌人。而且,为了不让人类获得拯救,天主教会以人的学说取代了上帝的神性学说,用事业取代了信仰的位置,并要

---

① Grisard 3,438 - 439.
② 《雅各布书》,第 2 章第 17、24、36 节。

人类相信他们可以凭借自己的力量寻找永恒的生活。这是天主教会的一个可怕的罪恶——而为了把人从反基督的锁链中解放出来,路德毅然决然地决定举起世上最重的东西,起而反抗教会,向教皇宣告圣战。

不用说,如果呈现在托尔斯泰眼前的路德的学说就是这个样子的话,这该会使他愤怒填膺的,犹如尼采有关"在善恶的彼岸"学说曾经使他愤怒一样。不但如此,托尔斯泰兴许都不会理解,天主教徒当时起而反抗路德究竟因为什么,天主教里究竟是什么东西令路德感到受到了侮辱。难道天主教会什么时候反对过使徒保罗书吗?我们继而问,难道不是天主教会自己把有关救赎的教条当作自己最基本的教条吗?难道不是天主教会在教导人们,人应该凭借自己的力量得到救赎,而且神之子不也正是为了把人从毁灭中拯救出来才来到地上而化身的吗?要知道"自立"(justificatio)早在路德之前1000年就已经被提出来了,而在圣奥古斯丁与贝拉基的那场有名的论战中,教会毫不犹豫地站在前者一边,谴责贝拉基主义,将其当作异端邪说,原因正是因为贝拉基主义虽然并不反对神赐,却只对其表示有限度的承认,而对个人自我完善的功勋给予了高度重视。所有这一切都是确实无疑的,而且我们还会回到这些问题上来。可也正是为了不让忘记或是从来就不懂得神学术语学的当代读者大概会以为,在路德叛教的最大悲剧得以上演的那一领域里,所有这些千奇百怪而又古老陈腐的理念,对我们来说失去了任何意义,而且我还要马上就说,尽管在外表上它们绝不相似,但托尔斯泰和路德所说和所做的,其实是一回事。路德身穿袈裟,摩顶放踵——而托尔斯泰则穿着农民穿的无领上衣和靴子,留着大胡子和长发。而他们的外部差别是如此之大,以至无论前者还是后者,都不曾怀疑或想到,他们两人在精神上相互之间竟然是那么相近。可事情就是如此。托尔斯泰和路德一样,否认事实。不光伊万·伊里奇和勃列胡诺夫,只是当他们突然之间受到某种促动,被某种不知从何而来的力量推动,只是当他们以自身的力量,徒劳无益地、万分痛苦地竭力想要从一种可怕的处境中挣脱出来时,只是当他们投身于命运,而且已经开始前往他们本心并不愿意去的地方,当他们紧紧抓住的并非足以支撑自己的东西——甚至就连谢尔盖神父这样一个大名鼎鼎的将自己的全部生命都献给了服务于邻人,不积攒本应使他有可以抓牢的东西的、在可怕的最后关头可以成为自己的依靠的任何钱财的伟大的苦修者——时,才得到了拯救。托尔斯泰笔下的人物深信事业不能给人带来任何益处——在神的正义面前,伊万·伊里奇、勃列胡诺夫以及谢尔盖神父都是平等的。而比这更糟的是,事业非但是凶恶的,甚至就连好的事业也注定要使人经受最严酷的考验。甚至就连好的事业也比坏的事业更加约束人。人们可以很容易地摒弃坏的事业,摒弃好的事业却很难,对于有些人来说甚至是不可能的。他们把人固定在土地上,而人却想把此类事业当作其存在的永恒意义之所在。他不可能摆脱他们,为此人在与他所不了解的东西斗争不已,直到一种反对其意志的异己的力量,把人拖进一个对他而言全新的因而也是可怕的和充满了不必要痛苦的领域里去。

托尔斯泰以上流社会的语言向我们讲述的,就是这样一个故事。其实关于这一点路德也早已给我们讲述过,只不过他所采用的,是我们不习惯而且离我们相当遥远的术语和形象,以致初看上去,还会以为他说的完全是另一回事。

或许在此补充一句是适时和必要的——以便打消(或相反:加强)读者心中的怀疑心,教会他这样一个思想:人的外观,亦即人用以包装自己思想的理论本身,往往并不具有任何意义,而现在我们要说的是,不光托尔斯泰,而且就连尼采也曾生活在那样一个命运曾把路德抛进去的领域里。而这一点更使人惊奇。托尔斯泰即使否定教会,至少仍然认为自己是一个基督徒,并对《圣经》肃然起敬。尼采则与之相反。他属于最不妥协的、简直是最疯狂的教会的敌人之列,而且还正就是基督教会的敌人之列。他对福音书的批判非常之猛烈,非常之亵渎,比托尔斯泰关于教会的说法要激烈得多。不但如此——这一点此刻听起来像是一个悖论,而嗣后的叙述会证实我的说法——,甚至就连尼采"在善恶的彼岸"这种说法,以及路德从使徒保罗那里拿来的"人凭借信仰方能自立",实际上说的也是同一件事。只不过路德要比尼采更大胆也更彻底罢了。

的确,路德是个僧侣,是个无名的僧侣,一个孤独自处,只有在自己的隐修室里才显得大胆的僧侣。当命运将他从隐修室里拖将出来,并吩咐他创造历史时,他却丧失了勇气。他和所有人一样或几乎和所有人一样去创造了历史。正因为此,天主教徒才会说,路德主义优于路德。这是真的。路德主义缺乏胆量——而且它也不敢于尝试!——跟着使徒保罗走吧!

可在此我们要谈谈路德。他大胆了一次,甚至胆大包天了一次,像托尔斯泰笔下的勃列胡诺夫或谢尔盖神父一样。真正的最高的勇敢精神只有在孤独的隐修室所提供的那种充满奇思异想的环境下才能产生，而这就是托尔斯泰曾经给我们讲述过的那种孤独，这种孤独不仅在地底下，而且就是在海底上也找不到。

我还想说一句话。一位研究路德的天主教传记的犹太教徒格利扎尔指出，路德的学说令人想起尼采的"在善恶的彼岸"说。对于一个具有犹太教心灵的人来说，可以理解这该会是一个多么重要的发现呀。可是，格利扎尔毕竟还是不敢采用这一思想来贯穿其整部研究著作。难道一个对于"宗教改革家"充满了刻骨仇恨的人，竟然对他产生了怜悯心了吗？还是这位聪明而又狡猾的犹太教徒担心这样做会成为对尼采的辩护呢？

III

距路德千年以前，在当时已经被公认的教会范围里，就首次爆发了一场关于信仰之意义的大论战。论战的一方是极乐的奥古斯丁，另一方则是贝拉基及其同盟者策尔谢吉和来自阿克拉乌尔的尤瑞安。天主教徒和清教徒在这样一个信念上达成了一致：即争论的双方的真挚是不容怀疑的。圣奥古斯丁说的都是他所深信不疑的，而贝拉基实际上也情愿用自己的生命来捍卫其思想。但这两个人都曾是教会忠实的儿子——他们二人都觉得他们绝非革新家，也不是什么幻想家，他们觉得他们所捍卫的，也不是什么自己的，而是从前人那里继承来的一笔遗产。[①] 从外表看，此二人的来

---

① 罗伊特（Reuter）说贝拉基和采尔谢蒂："他们都曾有一种服从教会的习惯。而且他们作为两个好的天主教徒也显然都遵循着天主教会的保守传统，我们在他们那里找不到一丝一毫异端邪说倾向的痕迹。"

源都是同一个,正如5世纪之初所有的天主教徒一样。这些教徒读圣经并且在圣经中为自己寻求辩护。可尽管如此,虽然他们都有寻求真理的愿望,但又都害怕在信徒中间引发分裂——他们相互之间怎么也谈不拢。争论和解释旷日持久,无日止息,大大小小的书籍写了不计其数,却于事无补。贝拉基和他的同伴固执己见,圣奥古斯丁也决不动摇。教会众所周知谴责了贝拉基,支持了圣奥古斯丁,要求所有天主教徒信守凭借信仰拯救的学说。可是,被审判者却搞不懂对他们宣读的判决究竟是什么意思。他们似乎觉得他们是在起而捍卫真理,神祇的真理——可他们为什么无力去战胜明显的谬误呢?为什么人人尊敬和爱戴的极乐的奥古斯丁竟然会看不出在他们眼里是自明真理的东西呢?带着这个问题他们开始探索并随后走进这场大论战的核心。

而无论清教徒哈纳克还是天主教徒杜申,都异口同声地断言,圣奥古斯丁和贝拉基之间的相互不理解根植于其个人经验的异同。

"那里的人性格火爆,为真理同时也为了力量和极乐而斗争,对这样的人而言,唱圣诗者和使徒保罗允许他用新柏拉图主义的崇高理念解决其内心生活中的谜,同时对于一个活的上帝的认识也征服了他。这时这个僧侣和阉人,两人身上没有丝毫内心斗争的痕迹,两人都被美德所鼓舞,两人都充满了想要从道德上振兴萎靡不振的基督教,让它重新凝聚意志力,走向完善的修道生活,两个人都对古希腊长老的学说非常熟稔,想要打通与东方的交往,并理解对圣经的阐释。但他们非常尊敬斯多葛派亚里士多德的通俗哲学(认识论、心理学、伦理学和辩证法),在西方受过教育的基督徒中拥有许多信徒,而他们只是由于这样一种感觉,即上帝之手既然以十分强大的力量为他们所掌握了,那么,自身的经验就有赖于对于人类软弱无力和神力的广大无边的深刻感觉。"①

杜申也同样强调这一点。他和哈纳克一样,认为奥古斯丁和贝拉基发生分歧的原因,在于他们过去的内心经验绝然不同。"奥古斯丁通过罪恶走向美德,只凭借被强力的上帝之手掌控的感觉从自己的迷失中走出,他须以自己对于人类的虚弱和上帝的帮助的深刻的感觉的经验来获得。"②

圣奥古斯丁的内心经验,贝拉基却压根不曾有过。贝拉基不懂得什么是痛苦的内心斗争,也不懂得圣奥古斯丁何以会在《忏悔录》里,屡屡讲述自己身上绝望和怀疑感一阵阵发作的情形。他的过去一平如砥。他从童年起就是个基督徒,这一点和圣奥古斯丁不一样,后者直到成年才接受洗礼。贝拉基也不像圣奥古斯丁那样,懂得那种突如其来的、美妙奇异的精神澄明之境,但他也不懂得何谓堕落。在走向信仰和美德的路上,他幸运地错过了罪恶和无信仰在那里筑巢的领域。似乎先天地,一切优点都在纯粹而又强大的贝拉基一边。他坚定不移地沿着一条直线奔向自己的崇高目标——难道这还算不上是一件伟大的功勋吗?可他的道路并不平坦,而是一条充满了损失和艰难的路。难道这一切没有至少为他的道德成就提供保障?难道这一切没有为他有权认为自己的正义性而满足,有权认为自己优越于只会在晚年忏悔的影响下才开

---

① Harnack,3:168.

② Duchesne, *Histoire Ancienne de l'Eglise*,3:203.

始听从上帝的吩咐的人们而提供保障吗？难道命定不是由他这个义人，而是会责成一个迷途的羔羊洞悉并向世界宣告真理吗？无论您如何解决这些问题，也无论您的喜好之情如何始终吸引你走向义人贝拉基——历史，正如我已经说过的那样，它对这场论战的解决方式，是于圣奥古斯丁有利的。天主教会——当然对于其权威，会有好多人，而且也包括当代思想界的代表人物不同意的，而我已经举出两位杰出学者的名字了——会毫不犹豫地，甚至欢天喜地地把自己权威的声音与历史的法庭结合在一起。

以下就是哈纳克对贝拉基论战之实质的一个表述："有两种基本的思维方式：美德、神赐、道德还是宗教，人原始的尚未来得及消耗的内心倾向还是耶稣·基督的力量？"[①]极乐的圣奥古斯丁认为，人只有在神赐中，在超自然中，在奇异的基督的力量中，在宗教中，才有可能获得拯救，而贝拉基把自己的全部希望寄托在道德问题、美德问题上，扎根在自然中的人类本质的问题上。对此一无所知的人兴许会好奇地问一句：难道这里也会有或是可能有什么矛盾抵牾之处吗？难道宗教和道德是相互仇恨的吗？难道贝拉基不也是一个宗教信徒吗？哈纳克怎么会想要如此表述贝拉基论战的实质问题呢？可是，哈纳克毫无疑问是对的。看起来我也并没错，如果我说哈纳克未必清楚这样提出问题必然会导致什么样的结果，和杜申一样，他未必看得见从他所提出的对于圣奥古斯丁神赐观的心理解释中，自然而然会得出什么结论。如果说只有通过罪恶才能走向真正的宗教，并且如果一个没有犯过罪的人你很难使

---

① Harnack, 3:166.

其有所信仰,那么,由此可见,罪孽是信仰的必要条件。而由于按照哈纳克及其终生的对手天主教徒的信念,信仰是一种最高价值,也就是说,对于信仰的必要条件罪孽,同样也应当给以最高评价。相反,把不幸的贝拉基引向迷途的那一美德,则应该被我们所否定。无论这看起来有多么奇特和无意义,整个贝拉基论战毫无疑问像环绕着一个中轴似的,环绕着有关罪恶的概念在旋转。因此,说什么贝拉基否定了有关神赐的学说是不正确和不准确的。他说:"通过自己的学说和自己的启示,上帝时而向我们敞开自己心灵的眼睛,时而又向我们展现未来,使我们不被今天的事情所占据,时而又展现魔鬼的阴谋诡计,时而又用对天国神赐的永不泯灭的才华和多样性来对我们进行启蒙……"你是否觉得说这话的人是在否定神赐呢?[1][2]

接下来,从有关上帝应当是正义的这一理念——而人们是知道的,什么是正义和非正义——出发,我们可以理解上帝法庭的本质,他断言:"的确,谁善于利用意志自由,谁就将受到奖赏,配享有上帝的神赐并保存其训诫。"

而实际上,如果我们有关上帝的概念还会有什么价值的话,那么,用苏格拉底自己的话说,上帝是一种无论对于死人还是不朽之人都存在的规范——还有什么能比贝拉基的议论更加公正的吗?抑或,当他说:"就这样,上帝预先就知道未来经过其自由意志的判断以后,谁将会是神圣的和无罪的,因此而选择了那样一些人,这

---

[1] Tixeront,2:445.
[2] "什么也不可能像圣经那样证实不可能用正义来辩护。"(Harnack,3:197)

些人早在传世之前就在其前知中预先知道他们将会是什么人。因此,上帝是在他们尚未成为那种人时选择的他们,他把那些预先就知道将会是未来圣徒和无罪之人的人,选作自己的儿子。无论如何,他没有这么做,而是预见到了他们未来的样子,但也不是他让他们成为这个样子的。"[1]

如果我们把所有这一切议论呈现在苏格拉底的眼前,他会认为在某种程度上,这些议论所依据的根据是匪夷所思的,但在彻底性上无疑是深刻的、崇高的与道德的。而托尔斯泰大概也会在保留一些不太重要和无足轻重的条件的情况下接受这些议论。因为如果说上帝是无所不在和无比正义的,如果我们也使用无所不知和正义的话语,我们对于我们所知也就自然会有所知了,贝拉基也就绝对不应该受到指责。他同样也在宣扬一些在柏拉图的《斐多篇》里有关永恒正义和铁面无私的、迄今以来都一直令所有读者感到震惊的法庭。抑或就是我们这些当代人迷路了,屈服在多神教的美德之下——"多神教的美德实质上只是豪华的罪恶而已。"可是,让我们且看一看,对于贝拉基分子的谴责究竟是什么吧。下面就是九大论纲,摘自采尔谢利,及其他与贝拉基同一思想者的著作:

> 被造成凡人的亚当一定得死,无论他有罪还是无罪。
> 因为亚当的罪毁灭的是他一个人,而非全人类。
> 因为这样一来法律就可以像《圣经》一样被引进王国。

---

[1] Tixeront, 2:446.

因为先于基督而来的人全都是无罪的。

因为孩子诞生时的状态,和亚当在犯下过失以前的状态是一样的。

因为全体人类的死亡不是由于亚当的犯罪和过失,正如他不会因为基督的复活而复活一样。

人主要他愿意也可以成为无罪的。

孩子们尽管未受过洗礼,也拥有永恒的生命。

如果受过洗礼的富人不摒弃自己的一切财富,即使他觉得自己是在做一件好事,可这好事不是他所责成他们做的,那他们也无法走进神的国度。[①]

现在,根据上述所引贝拉基的论点我们已经可以在某种程度上看出,究竟是什么促使奥古斯丁远离这一学说的。而且,与此同时,我们也搞清楚了,为什么杜申和哈纳克满怀信心地认为圣奥古斯丁有一个罪犯的心理动机。

可是我们必须把话说在前面,即无论圣奥古斯丁还是贝拉基的理念,都根本不是他们本人首次说出来的。天主教会很早以前就懂得他们所说的道理。在贝拉基论战中,这些观点只不过是初次被表达得如此淋漓尽致,以致所有人都可以一眼看出其永恒的不可调和性。

实话说,作为学说来源本身的贝拉基相信,人可以是无罪的,而且如果他愿意的话,则遵循上帝的训诫是一件很容易的

---

① Augustin, *De gestis Pelagii*; Tixeront, 2:447.

事。① ——人如果愿意的话,也可以是无罪的。为什么贝拉基会如此信任这一点呢,我不相信有什么人竟然可以对这样的问题,能够给予一个令人满意的回答。但有一点显然是毫无疑问的——而对此即使是哈纳克也是会同意的——,那就是贝拉基和采尔谢利并不觉得自己是罪人。这从他们那方面来说没有什么虚伪或法利赛人式的伪善。甚至与此相反——在"容易"(facil)这个词里(这个词并非到处都可以见到),似乎可以听得出某种谦虚或是恭顺。在贝拉基(当然不是在采尔谢利的)嘴里,这种品质被夸大了,甚至夸大到很严重的地步。从有关他的现存文献中可以看出,甚至就连他的敌人——而他有过许多这样的敌人——也不得不对其生平提供良好的反映。② 在他那里,言与行,名与实,是一致的。而既然如此,既然他实际上并未背离上帝的训诫,那么对他来说,生活不是一件轻松的事。至于说他以如此固执的方式一再重申的所谓人可以是无罪的,只是向我们表明,或许在他的意识里,面对上帝的纯洁和正直是其主要甚至是唯一的生活安慰。因为任何善恶而可以对我们大骂或是赞扬的善事和恶事,都不是从我们开始的,却是由我们结束的。我们敏于感受这样或那样的事,但并非生来就和他们一起。③ 为了恶和善我们配享受批评或赞扬——对此难道还会有什么怀疑吗?而如果是这样的话,如果为了我们所做的事,

---

① Harnack,3:178.
② 圣奥古斯丁谈及他说:"我听见人们说到贝拉基时都怀着极大的敬意。"(Harnack,3:172)而哈纳克说:"贝拉基的神圣性和严峻性屡屡得到首先是圣奥古斯丁的证实。"(Harnack,3:169)
③ Loofs, *Leitfaden zum Studium der Dogmengeschichte*, 427.

我们配受到赞扬或批评的话,那么,假设我们这样做而不那样做不是出于我们的意志,也非出于我们的可能性,那就是不可思议的。而更不可思议的是,我们根本无权为应得的赞扬而感到满意,或是对批评漠然置之。抑或因为这是人的事,人的生命根本不适合对其进行道德评价？所有人都同样配受赞扬和同等地只配受到批评？可您知道这意味着什么吗？您是否知道您已经走到那样一个可怕的公式前了,对这个公式,当然了,即使是哈纳克和杜申在起而为了宗教而反对贝拉基时,也从来都不接受甚至永远也不会接受这个公式吗？而要知道这也就正是所谓的"在善恶的彼岸"。贝拉基则与苏格拉底一样,总是觉得要抹煞善与恶之间的区别,抹煞配受赞扬和配受批评之间的差别,也就意味着要消灭宗教和上帝本身。所有人都同样好,所有人都同样正确。而被送上最后审判庭的阿尼特和美利都,也会或者像苏格拉底和柏拉图那样纯洁,或者便像他们那样被玷污。而尼禄和卡利古拉和被他们送入狮子口中的毫无惧色的基督徒比,岂非没有任何优越之处？

须知对于好人来说,这个生活的唯一优越之处在于对自己那种好性的意识——人们却想要剥夺这种意识。有人想要人以为他所付出的全部劳动都是白费心力,以为人类最遥远的始祖亚当的、根据继承权而传承给他的罪孽,就其自身的天性而言,他已经感染上了一种十分可怕的疾病,他已经没有力气同这种疾病做斗争了。而至于说如果他注定会得到拯救,那么,这拯救既非出自他自己的意志,也非取决于他自己的努力。他为了遵循上帝的训诫而付出的全部劳动,都是徒劳的。

除此之外,意识剥夺了人正义的道德支柱,而有关人的拯救非取决于他本人的学说,则更会导致如此可怕的后果。贝拉基说:"当我谈起道德问题和神圣生活本质的问题时,我首先把包含在人类天性中的能力问题放在首位并表明,为了使人的灵魂对于美德的追求不致由于人认为自己并不适合于它而减弱,同时也为了人不致认为自己身上并未包含这种能力。"① 而要知道,这是对的:如果人的任务是道德的完善,那么,他最先需要知道的,就是他有力量完成这一任务,如若不然,当然他的双手会垂下,结果他非但不会与敌对的诱惑做斗争,反而会屈服于这些诱惑。正因为此,贝拉基和他的同盟会如此执拗地侈谈什么意志自由问题——自由不是别的,就是灵魂豪无羁绊的活动。他们的全部学说实话说就是两个原则,一是苏格拉底所说过,而后来又被他的所有门徒——柏拉图、亚里士多德、斯多葛学派保存下来的,最后还保存在新柏拉图主义中的一个原则——善的标准高于上帝,而非相反。与此相应,第二个原则就是关于意志自由的原则。上帝给人以独立的意志自由,在于人可以接受罪孽或远离罪孽。② 贝拉基主义的承宣官——尤瑞安——用如此简洁的语言忠实而又准确地表述了他自己作为其表达者的那个流派的基本思想。而哈纳克也如是说:"在尤瑞安的上述引文里包含着解开其全部思维结构的一把钥匙:被自由地创造出来的人在自身活动的领域里是完全独立于上帝的。上帝仅仅在最后(即在法庭上)才出现。"可是,哈纳克只在一点上是对的,即他正确地看出尤瑞安的观点其实是打开贝拉基体系的

---

① Harnack, 3:171.
② Tixeront, 2:438.

一把钥匙。可我们绝对不会同意贝拉基派想要摆脱以及脱离上帝这种说法。以我之见,这是对其全部学说的一种彻底的和没有必要的扭曲。而当哈纳克和其他所有历史学家、清教徒和天主教徒一起,说什么贝拉基分子的理性主义化问题时,要远比这更加正确。然而这根本就不等于说理性主义绝不排斥宗教信仰。一个人可以信仰上帝,爱上帝,与此同时,心里也以为上帝为我们在理性中启示了最高真理。甚至不止于此,热爱和尊重那个在其理性中显现的上帝,这是天底下最自然的事情了,因为最隐秘的东西并不吸引人,而是令人害怕。

而我此刻想马上问哈纳克及其持相同见解者这样一个问题——不妨让他们手扪胸口回答这个问题:他们是否愿意相信一种神秘而又未知的东西呢?我们都记得,哈纳克曾经信心满怀地说过:鄙视健全理性是不可能不受到惩罚的。我们还知道勒南也和他一起申述过同样的论点。甚至就连公然宣扬奇迹之可能性的天主教,对非理性主义的恐惧,也丝毫不亚于通常的实证主义者。天主教把那些敢于承认信仰与理性不可调和的人都革出教门。信仰比理性知道的东西更多,信仰是超理性的,而非反理性的。这不仅是天主教的教条,而且几乎也是全人类的教条。甚至或许带有限定性的"几乎"也满可以去掉。也就是说,我想说的是,那些只有在某些精神极端奋发的偶然时刻才敢于反驳理性,才敢于做出如此大胆之举的人,是为数极少的。而且,从这种前往某些未知领域的跨界漫游中,他们通常并不能随身带来多少有益于日常生活的东西。他们都还记得自己曾经到过一个地方,那里的一切制度都和我们的日常生活绝然不同。可是,他们根本无法对他人甚至对自己讲清楚，他们在异样存在时的所见和所感。当然，对此很少有人肯于承认。很少有人会有如此勇气，因为他们是在瞬息之间洞悟到此类"异在"的，而在他们洞悟的那个时刻，被评价物作为最高唯一的单个体，并不拥有那样一些特性，使人有可能将其记录下来，时时握在手中，使之对他人产生十分强烈的印象，很少有人会相信那些忽而出现又瞬息消失的东西。大家全都习惯于认为一切具有价值的东西的价值，就在于其常在的有用性和适用性，甚至哪怕是一般有用性或一般适用性也罢。那些不是所有人永远都需要的，未能获得人们普遍承认和同情的，仅此一点，就足以认定其"主观性质"，也就是说，认定其次要性质。而如果这种主观性甚至就连对于其向之展现的那些人也不具有支配力的话，那么，我们难道可以从中发现某种最高价值或一般说某种价值吗？我们会因而鄙视它们吗？当人们面对这样一种两难处境时，他们甚至几乎毫不犹豫。他们宁愿把自己的启示扭曲、丑化到无法认出的地步，也不愿意拒绝将其纳入一个框架的权力，这种框架按照人类接受的一般条件说，是优点的必要条件，虽非什么价值，但更非精神幻觉的现实。天主教徒批判贝拉基主义，说他们是想要把理性因素纳入宗教的一次失败的尝试，而哈纳克和天主教徒和他们的批判一起，本应引起人们说他们不诚实的指责——如果我们可以因其批判而要他们担负责任的话。可是实际上在这个问题上，他们个人并无任何过错。他们所讲述的是一个无穷无尽的长达千年之久的传统。从前是这样，现在如此，将来也仍复如是。理性将仍然会是统治人的主人——因为无论人们多少次想要起来反抗它，离开了理性，人就犹如离开了空气，不可能存活下来。天主教否认了贝拉基主义，可是，天主教是以贝拉基的思想为营养源的。哈纳克为圣奥古斯丁和路德而高兴得欢天喜地，但在这个世界上却最害怕的，是使健全的理性受到侮辱。在圣奥古斯丁的著作中保留着贝拉基给寡妇利瓦尼娅的一封信。这封信究竟是否出自贝拉基之手，尚有疑问，但哈纳克对这封信的态度非常值得注意而且还富于教益，这一点是确切无疑的。贝拉基写道："只有那样一些人才配一亲上帝的芳泽并在良好的意识中向他倾诉祈祷辞，而此人会说：你知道吗，天主，伸向你的那些手臂中，有多少手臂由于不洁、不义和兽性的掠夺而变得神圣、无辜和纯洁呀，有多少由于非真而变得正义而又自由的嘴唇，在向你献出祈祷辞，以便你能够原谅他们。"[1]这也就是说，只有那个为自己准备了向上帝倾诉的可能性的人，才会出自真挚内心地祈祷，而此人会说他没有做过不义之事，也没有抢劫过，更不曾有意识地撒过谎。哈纳克在引述了这段话以后，评论道："一个人身兼法利赛人和犹地亚的收税人。"

我要再次提醒人们，不要忘了苏格拉底和柏拉图有关升华和净化的学说。要知道贝拉基所说的一切——如果上文援引的那封信的确出自其手笔的话——，苏格拉底和柏拉图在《斐多篇》里也完全有可能会说。只有时刻宁愿接受无论怎样的不公，也不愿自己亲手去做什么坏事的义人的纯洁的祈祷辞，而且也只有这样的祈祷辞，才能上达天庭。不但如此，要知道就连净化本身，就连想要为了善而拒绝恶的愿心本身，也是走向上帝的唯一道路。祈祷辞只不过是美德生活在话语中的延续罢了。须知苏格拉底和柏拉

---

[1] Harnack,3:175.

图哲学的本质正在于此。而哈纳克勇敢地用最具有侮辱性的话语来指称：他认为苏格拉底既是一个法利赛人，也是一个收税人。难道可以这么不受任何惩罚地侮辱健全的理性吗！哈纳克说不行。而对他自己来说他是正确的。我们接下来还会看到，一个并没有什么名气的清教牧师在著作中谴责哈纳克的《基督教的本质》，而其对后者的指责，也正是他本人在指责贝拉基时所说的。

为什么哈纳克不曾有过如此强烈得足以让他睁开眼睛看见所有客观'奇迹'的体验呢？或许他从未如此"病入膏肓"。或许他从未"站在地狱的边缘"，或许他从来就不曾彻底成为"任何一种什么东西"。只有那些人才能洞悉哈纳克所无法问津的神之赎罪的秘密，其中不仅有哈纳克的罪（由于"匆忙和无意识"而犯下的道德上的瑕疵），也有"血腥"的红罪，过失和恐惧，对于这些东西，即使是一个有教养的受人尊敬的老师（指哈纳克）也会陷入恐惧。[①] 他认为他的过失——无论看起来有多么奇怪——哈纳克却不懂得，或者可以说是不曾体验过什么是罪。哈纳克的罪过，按照同一位鲁普雷希特[②]的说法，哈纳克居然是如此"平淡"而又"实在"地理解基督教，以致和贝拉基一样，实在是太高尚了，或确切地说，在自己的生活中实在是罪过太少了。而这样的人是不可能成为宗教信徒的，他们永远也不会理解基督教所宣扬的赎罪的深刻秘密。十字架上的强盗也比具有美德的僧侣贝拉基和诚实的哲学家哈纳克更容易走向真正的信仰。

[①] Rupprecht, *Das Christentum*；Harnack, 33:59.
[②] 鲁普雷希特(1837—1907)，德国辩论神学家、信义宗牧师。——译者注

IV

读者已经看到了,贝拉基论战已经把我们引入了一个密不透风的密林。可要知道我们这只不过是刚刚触及它而已。迄今为止我们所谈的,仅仅是贝拉基本人的学说——而令我们感到诧异的,只是下列一点:植根于优秀的雅典哲学传统的这样一种学说,在它本应指望会遇到热烈而又欢快的礼遇的地方,却遭到了谴责。为什么我们不能假设,人可以履行神的遗训呢?而且人在履行神的遗训以后,也仍然可以是无罪的呢?抑或难道说贝拉基主义者的论点,即说什么亚当之罪就伤害了他自己一个人,而没有伤害到整个人类的说法错了吗?抑或,最后还有,难道他的学说不符合基督在福音书里的教导,即富人甚至包括基督徒如果不摒弃一切是进不了天国的吗?要知道这段话几乎是在逐字逐句地重复着基督对那个富有的青年说的话呀!究竟是什么使得圣奥古斯丁如此恼怒,促使他以一种如此不可遏止的激情至今持续不懈地追究贝拉基分子的责任,而且不让他们最终受到教会的谴责就誓不罢休,这究竟是怎么回事?

许多人都讲到雅典主义与犹太主义,多神教与基督教的对立问题。然而,这种对立性在哪里也不如在凭借信仰来拯救的教条中表现得那么强烈。如果天主教(或后来的清教)能够而且也想要将这种教条坚持不懈地和彻底完全地以某种方式贯穿生活的话,那么,在人类存在的两个时期之间,也就会永远出现一道不可能交通往来的深渊。哈纳克表述了如下意见,大阿法纳西[①]的学说和全宇宙尼西亚教会决议以更加决绝的方式把基督教思维与多神教思维割裂了开来(但这次按照哈纳克的观点,这是在与唯一的真理决裂)。"尼西亚教会核准了圣徒大阿法纳西的学说。"这么做最严峻的结果之一,就是直到如今都使得教条一劳永逸地脱离了清晰的思维和可以领会的概念,从而习惯于矛盾,即与理性不相协调的。从此以后与理性不相协调就开始被认为——尽管不是在尼西亚教会之后当下,但也很快就成为圣人的一个显著特征。而由于人们到处都在寻找秘密,每一种学说仅此一点就已显得似乎包含有秘密,即其处于与日常清晰性相矛盾的地位。包含在三位一体中的不可调和的矛盾引发了一系列新的矛盾,而且,随着人类思维的向前运行,这种矛盾会越来越多。[②] 毫无疑问,圣徒阿法纳西和尼西亚教会以其有关神的面容的三位一体的学说,在基督教教条史上发挥过非常巨大的作用。但我无法赞同哈纳克的下述说法,他认为这差不多就是第一次公然承认人类思维有产生矛盾的权力。首先,我认为谈论所谓官方的核准问题本身就是一种夸大。关于人类思维的一般法则的矛盾问题,是可以允许的——但任何人都不会将其上升到原则的地步。而且,断言什么矛盾只是在大阿法纳西关于历史战场的学说中才首次出现的说法,也是完全错误的。我们都还记得,古希腊哲学思维同样鲜能摆脱矛盾。至于

---

① 阿法纳西(?—1568年以后),1564—1566年俄国总主教。伊万雷帝的接受忏悔的牧师和圣母大教堂的大司祭。确定分出一部分土地归皇帝直辖的制度时,他正是俄国政府的名义首脑。——译者注

② Harnack,2:226.

赫拉克利特那就更不用说了吧，而他的的确确力求让矛盾成为差不多是人类思维的法则，但整个古典哲学如我们所记得的那样，是最不可能将诸多明显的矛盾从其体系中清除出去的。亚里士多德发现柏拉图有放任有明显荒谬之处存在的证据。而亚里士多德本人同样的罪过也丝毫不亚于柏拉图。从其自己的方面说，哈纳克唯一可以指责大阿法纳西及其继承者的地方，或许就在于他们居然放任自己出现新的矛盾，即尚未得到雅典传统核准的矛盾。然而，这距离有权认为东方教会教父的创作具有故意悖论的性质还相当遥远。在人类思维的边缘地带，从来没有也不可能有那样一种给人以抚慰的清晰性，而我们也完全合法地习惯于把这种清晰性当作真理的标准，没有这种清晰性标准，我们通常的、日常的存在就是不可思议的了。我要说的比这还要多。在大阿法纳西面对阿里乌派捍卫其观点时所采用的证据和理由中，令人明显感到他对雅典证明真理的方法过分信赖。大阿法纳西并不敢于提出自己有关基督与教父三位一体的教条，也并未提出一些理性可以领会的意见来证实自己的观点。从纯粹逻辑方面看——而此刻我们在此所感兴趣的恰好正是这个方面——，我们在大阿法纳西那里，已经可以发现后来的坎特伯雷的安瑟尔谟为了讨论为什么上帝是人这个问题时所使用的全部要素。也就是说，大阿法纳西站在了与德尔图良所提出的观点直接对立的观点立场上了。他不仅并未否定所有人们已经习惯了的因为（quia），而且，与之相反，他甚至还恢复了他们曾经拥有的传统权力。简而言之，他的全部议论都可以归结为如下一点：如果基督正如阿利乌派所证实的那样，仅仅只是酷似（δμοινσιος）上帝，而非实质上与其平等的话，那么，由此可见,上帝本身的出现对人类来说就不可能具有决定性的意义。只有在那种情况下,即上帝是完整统一的,亦即,只有在那样一种情况下,即上帝自身可以接受尘世间人类的形象的情况下,人们才有权指望赋有"崇拜神祇"的能力。①

于是,圣徒阿法纳西的议论也自有其基础。很清楚,他甚至想都没有想过把这一观点上升为原则。须知一切正好相反,这里倒是讨论一下理性主义,讨论一下哈纳克所幻想的要把那种"清晰性"提升成为原则的学说,反倒很合适。在三位一体的上帝和单纯整一的上帝观中所存在的矛盾,甚至从雅典逻辑的观点看,也是合法的,因为后一个作为万物本原之本原的原则,任何一位哲学家都还无法在一种摆脱了矛盾的自由形态下对其加以呈现。而这种要求要知道还没有被人提出来过。如果大阿法纳西是和德尔图良那样讨论这个问题的话,就另当别论了。而且,就连德尔图良本人,尽管他有一次居然得以把自己那个轰动全世界的悖论全都说出来,却从来没有勇气甚至愿望将其作为经常的指导者随身带着它走入生活。一个在基督现身之后也仍然相信预言之可能性的孟他努学者,从前是现在也依然是权威与理性的崇拜者。

所以,当哈纳克和他的同道者大谈天主教的希腊化,亦即让天主教服从于希腊化传统时,他们是比较正确的,如果把他们和那些

---

① 参阅《圣徒大阿法纳西教父行传》第 3 卷,第 257 页(莫斯科神学院出版社):"神子之所以变身为人类之子,正是为了让人类之子,亦即亚当的子孙能够成为神之子。因为话语是不可以被抹平的,也是不言而喻的,不可领会的,是从最高的天父那里来的,是从圣母她女玛丽亚那里诞生的,以便让最初诞生的能够有第二次从上帝那里而来的幸运。"

企图挣脱古代逻辑学和方法论预先划定的边界的人相比的话。所有诸如此类的企图——而此类企图的数量很多——总是会一成不变地遇到来自教会方面最有影响力的代表人物的坚决反击。天主教因而完全自觉地获得了学说的统一,并且迄今为止依然对于那些不愿承认自己有永恒立法权的人,怀着不共戴天的仇恨。要知道多神教徒亚里士多德直到今天仍然是一个天主教会官方哲学家,这绝非偶然,正如教父的不可颠覆性教条的宣布也非偶然一样——虽然直到很晚的时期,即1871年的梵蒂冈教会时,才被宣布。天主教会之所以必须统一,正是因为统一是理性的条件,是逻辑的条件,在这个意义上,天主教会看起来要比那些从他们那里学习到坚韧和完全彻底的人更加坚韧、顽强和彻底。

无论亚里士多德如何相信自己的真理,无论柏拉图如何重视自己的哲学——他们二人毕竟从未想过要宣告其不可颠覆性原则。这是大胆狂妄的天主教所能从唯一真理原则中推导出来的最后一个结论。但无怪乎人们会认为天主教是对立面的统一。天主教发展的历史条件及其任务本身,是他们自己为自己提出来的,它们常常要求人们同时承认截然对立的观点。而对立面观点——在不可能会有其他别的形式的情况下——最后终于也适应了,而且,两种对立观点之间还能够和平共处。可是,我要重申的是,那些一度是事实上、法律上的东西,却受到了批判而不被认可。一个带有批评眼光的旁观者会看出矛盾所在——可是,天主教自身却在原则上只承认统一性。你们不妨看一看当代天主教神学家。他们仍在持续不断地宣扬其导师亚里士多德,甚至还包括苏格拉底。而您未必能在天主教徒中间找到如此善于调和矛盾的大师。他们已经把他们从希腊哲学家那里继承到的这门艺术——即以各种观点之间似乎相互制约的语气表达相互排斥的观点——淬炼到了炉火纯青的地步。一旦我们对于官方天主教教条有了一定认识,我们就很容易确认这一点。而且,从内在意义上说,他们是对的。因为他们的目的只有一个:确立陀思妥耶夫斯基早在"论宗教大法官"中说过的那种权威。换句话说,他们宣告彼得为尘世间的地方行政长官,并且赋予其完全的钥匙的统治权。对此天主教会是永远也不会忘记的,而且也正因为此,被它在其核心中保留下来的所有个别的矛盾,无论此类矛盾多么大,对它来说,却一点危险性也没有。甚至就连这样一种明显受到健全理性鄙视的观点,即哈纳克和勒南所万分惧怕的那种观点,对它而言,也不具有危险性。因为对于一种学说的完整阐释是受教皇统治的——教皇有权决定需要在多大程度上对生活施加影响,或是信仰宝库(depositum fidei)里的那些因素需要停留在无所作为的状态。在罗马帝国的废墟上产生的天主教会,继承并且保持了那样一些管理人类灵魂的方式方法,它们决定着统治权牢靠和不可动摇的力量所在。

或许这足以解释那样一种初看上去十分奇特的情况,即天主教并不忌惮恰好把那样一种学说,即显而易见最不可能适合于其所提任务的学说置于自己的保护伞下。允许有先知的孟他努学说,对它来说是不可接受的。可是,有关神祇的三种面容的三位一体学说,也丝毫不会撼动所建大厦的牢固性。而且甚至在贝拉基与圣徒奥古斯丁的论战中,天主教也毫不犹豫地站在后者一边——虽然,正如我们马上就会知道的,贝拉基主义曾经是并且永远都是天主教的灵魂。或许天主教只在某一点上不够具有洞察力。那就是它并未预见到经过在对贝拉基进行谴责的1000年以后,它曾经不遗余力予以支持的那个圣徒奥古斯丁,竟然把路德培养成了一个最可怕最无情的罗马教皇权力的敌人。

现在我们来观察一下这样一个具有悖论意味的现象。无论天主教徒还是清教徒都把圣奥古斯丁当作自己人。可要知道,而且他们都以同样的权力这样做。路德以同样的权力在其有关隐形教会和神赐的学说中,援引那样一些来源,这些来源,曾经并且至今一直是滋养最正统天主教教会神学的东西。路德根本没有必要去伪造一个奥古斯丁,正如天主教徒也没必要非得拒斥他不可。因为奥古斯丁本人就是一个虔诚的天主教徒,亦即他接受了那样一个最初和最基本的条件,没有那些条件,天主教是不可能存在下去的——而这条件就是,他把基督教和天主教会混为一谈了。

他断言如果不是亲手从教会那里获得,他是连《圣经》也不会相信的。① 既然说出了这样的观点,既然人们也已经公认了,用陀思妥耶夫斯基在"关于论宗教大法官"中的话说,即基督将其全部权力全都移交给了教会,所以,对于眼下处于其掌握下的一切,他已经既不可能对其追加也不可能删减些什么了——教会因此而可以心安理得了。教会的权威既然得到了承认,那么它也就可以操纵和管理人类了,而所凭借的方法,也正是陀思妥耶夫斯基笔下那位宗教大法官老头子所讲述的那些。

既然权威高居于《圣经》之上,那么,任何奇迹、任何秘密都无

---

① 他说:"是的,如果不是天主教会的权威促使我的话,我是连圣经也不会相信的。"(Harnack,3:79)

法破坏业已由这些权威所确立的秩序。甚至与此相反：对自己充满自信的权威甚至会焕发出并不属于他自身的奇光异彩，因为就其自身的毫无色彩的灰暗平淡而言，他或许不但不足以吸引人，反而会把许多人给吓跑。在这个意义上，圣奥古斯丁对于教会具有一种不可估量的意义。他善于——而在他之前任何人也做不到这一点——把人领到活生生的创世之谜中来。而且他竟然从人们那里得到了允许。现在，对于我们来说，圣奥古斯丁的著作或许已经不再那么具有魅力了。每次阅读他的著作时，我们总是在想，如果能更加严谨、更加严格、更加简洁一些就更好了。他身上艺术性太多——能令人听得出他以前当过修辞学教师。而圣奥古斯丁非常喜欢引用赞美诗这一点，使得他的这个特点更显得突出。我们当然不能向他要求他本身并不拥有的东西——而且大卫王的才华至今仍然是不可逾越的和独一无二的。可是，我仍然——不自觉地——想要让大卫，而非西塞罗和塞涅卡，成为那样一些人的典范，这些人不得不谈论伟大的生活之谜的问题。圣奥古斯丁之所以会最吸引我们，原因在于他还属于一个德尔图良所说的"基督徒是后天养成的，而非天生的"那样一个时代。他生下来就是个多神教徒，而他的转向和皈依基督教，已经是成年时期了，而这当然是一个超出了一般范畴的事件——如果您愿意的话，不妨称之为奇迹，是一个和萨夫尔皈依一样的奇迹。我想说的是，在人类生活平常和日常的事件方面，像你不可能永远停留在你出生和受教育的那个环境中一样的现象，是如此之不可思议和神秘费解，甚至可以说它们无疑破坏了原因和结果的自然关联。由此可见，一个人要能够牢牢地把握他与生俱来的那种生活方式。由此可见，我们一生下来就进入的那个环境,是我们赖以存在和发展的最有利的条件,无论我们听到人们说有些鱼处心积虑地想要奔到岸上去,或有人渴望生活在海底这样的事情,感到多么奇特。圣奥古斯丁的皈依(而且当然比萨夫尔在更大程度上)更带有如此这般的特点。正如他在《忏悔录》里所讲述的那样,在自然力量的环境下生活在他来说是不堪忍受的。"此类事已经把我的耳朵都灌满了。"①

一切看上去似乎是善良的、好的、崇高的和给人以安慰的东西——忽然变得凶恶无比,残忍暴戾,带有强烈的挑衅性和侮辱性。在人的灵魂里,忽然在没有任何可见原因的情况下,产生了一种痛苦的、简直能令人发疯的不安和骚乱。这倒不是因为圣奥古斯丁对什么好有很深的了解,知道我们该往哪儿走,因为他还对什么不好深有了解,而我们就应该回避那些不好的东西。然而,正如我们从《忏悔录》中所看到的那样,一切正好相反:他其实是想到处——在一切可以展开寻找的地方——寻找道路。他到过古代那些圣地,也就是说,他研究过一些著名哲学家的著作。他还当过摩尼教教徒。他就像一个失魂落魄的人,毫无计划地、不假思索地、毫无算计地左右摇摆,动摇不定,而对于他所有这些绝无算计的动摇不定的举止究竟能够导向何方,毫无任何预见力可言。甚至在他皈依的最后关头,他也几乎没有意识到,他的四方漫游就要走到尽头了,这在他最终皈依的前几年还是这样。后来他就是这样描述其最后阶段的紧张心情的:"我心绪不宁地走进这座花园,来到一个任何人都不会打搅我的地方,好让我能专心致志地思考我的

---

① Augustin, *Confessions*, 5, 6.

问题,而这场斗争的结局如何你当然知道得很清楚,我的上帝,可当时的我并没有意识到。我的气愤填膺对我来说具有拯救的意义,而致命的抑郁也对我的心情施加了强大的压力。我对自己不幸的处境有了清醒的认识,但没有看出这个处境对我来说是转到良好心境的一个必要阶段。"[1]

显然,这是一个唯一最具有决定性意义的关头,而且也是圣奥古斯丁一生中最重大的关头。至少在《忏悔录》以及其他著作里,没有一处文字讲到他有过第二次皈依的事情。而且,一般说,对于这里所说的那种精神转折,很少有人能够有力量经受两次以上。在圣奥古斯丁所讲述的那种内心剧烈的斗争中,最困难最可怕的,恰恰在于它的结局是他不可能预见的。后来圣奥古斯丁才会这样说:"你啊,天主,你知道,我的痛苦会把我带到哪里,而我却一无所知。"但是,这样的话,他也只有到了后来才能说,那时他已经可以回顾往昔,瞻望眼下,因而有可能对所有痛苦的体验进行一番总结。而当这一切尚未结束之际,圣奥古斯丁甚至就连想都不会想到,他所亲身经受的那些或是命运让他经受的那些考验,应该具有一定的意义。他知道此时此刻他所体验到的只有恐惧,可是,他却丝毫不怀疑不久的将来便会有如此伟大的奖赏在迎候他,那就是:我对自己不幸的处境有了清醒的认识,但没有看出这个处境对我来说是转到良好心境的一个必要阶段。

或许对于圣奥古斯丁的体验来说,这是一个非常值得注意的特点。一个人开始自觉地让自己经受考验——却不知道他这么做

---

[1] Augustin, *Confessions*, 8, 8.

究竟是为什么。他丧失了通常提醒他要避"恶"并全力保护自己免受"恶"的侵扰的嗅觉。迄今为止一直在指导着他沿着清晰而又明确的道路前行的理性，失去了对他的支配力。他依然只相信理性的理由，依然害怕恶而愿意并且习惯于认为自己善也不可能不认为自己善——可是他想的是一回事，不自觉地干的却是另外一回事。

我刚才已经提到过，圣奥古斯丁在一生中只有一次体验过这样的精神转折，并且还推出了一个推断，即很少有人能在一生中两次有过圣奥古斯丁那样的体验。然而，如果这是上天注定的——我认为第二次、第三次甚至第十次转折，其痛苦的程度丝毫不会亚于第一次。而且，一个人在第二次的时候还会被迫体验圣奥古斯丁式的名望，并重复圣奥古斯丁在《忏悔录》里上面所引述的一段结论里的话，即我对自己不幸的处境有了清醒的认识，但没有看出这个处境对我来说是转到良好心境的一个必要阶段。

这样的经验即使能够被重复，也绝对教不会人洞悉自己未知的未来。或更确切地说，这样的经验是不能进行概括的——而这兴许是它最令人惊异的一个特点，一个使其有别于所有其他经验的特点。

要知道还有一点也是毫无疑问的：如果什么人能——无论采用何种哪怕是最外在的手段——令圣奥古斯丁从其在花园里被迫体验到的那种恐惧中解脱出来，则圣奥古斯丁也会把此人当作他的恩人——只要他认出自己不幸处境。可是，如果后来有人提议要他把与他的花园密切相关的转到良好心境从其一生的篇章中删除，那么，即使让渡自己生命中的一切他也不会答应。这些痛苦既然已经过去了,就会比以前人们所体验过的所有欢乐都贵重。可是,我还要重申的是,这个圣奥古斯丁即使是为了世上任何东西,也不愿意让这些他曾经把它们当作如此珍贵的痛苦得以重演。

我只提出一个附加条件——但非常重要。我对自己不幸的处境有了清醒的认识,但没有看出这个处境对我来说是转到良好心境的一个必要阶段。——圣奥古斯丁如是说。这就意味着对于这些体验的内涵和意义,他心里是非常清楚的。关于嗣后新的体验的相对可能性和必要性问题,他却有着与之截然不同的判断。他愿意以为并且也真的以为在他眼前所展示的新的善已然是最终的和最好的至善。无论如何,他不允许有这样的想法,即生活什么时候还曾要求他重新检验其正确性,检验新的禁忌,而新的禁忌有与他在不得不拒绝多神教的理想时所体验过的艰难性交织在一起。

V

或许,正是因为圣奥古斯丁这样一种内心斗争需要他把自己全部精神力量最大限度地凝聚起来,他感到自己绝对无法在刚刚完成一件功勋以后又着手做一件新的事业,他产生了一个信念,即他业已抵达一个人所能问津的理解的极限了。他的忏悔录以对上帝的赞颂开始,也是以对上帝的赞颂终结的,而在他心目中,上帝是给人以永恒安慰的一种本质:"你亲自把他从睡梦中叫醒,要他在对你的颂扬中找到欢乐,因为你是为了自己才创造出我们的,所以，我们的心灵一天无法在你身上安顿下来，也就一天不得安宁。"①——第一章中如是说。最后一章说明了为什么创世的第七天没有夜晚，因为那时造物主在劳作之后歇息了，有一些简洁而又庄重地对于永恒栖息的颂歌。安宁的世界，礼拜六的世界，也是没有夜晚的世界。② 而这也就是那些还未来得及出生的人呼吸的对象，而变成了基督教徒……神赐福给第七天日，定为圣日，因为在这日，神歇了他一切创造的工，就安息了。（《创世记》，第 2 章第 3 节）你的话告诉我们说，你在第七日歇息了，歇了你一切创造的工，你创造的工是如此之美妙如此之神奇，虽然你在创造它们时候丝毫也不曾破坏你自己的安宁，和您一样，我们也创造了我们的工，这些工在我们这里之所以好，就因为它实质上是你恩赐的礼物，我们走进你的安宁，在你身上享受着永恒生活中的歇息和休憩。③

不用说，圣奥古斯丁在皈依基督教很久以前，就已启悟了永恒的、终极的和不变的安宁的理想。他从青年时代就已经非常熟悉的多神教哲学家，永远都把这一点当作自己的理想。在纯哲学方面，基督教并未给这位在希腊智慧培养下长大的哲学家的修辞学提供任何新意。相反，圣奥古斯丁直到晚年都始终不失为柏拉图的忠实学生。新柏拉图主义的基本主题是通过他渗透到西方-欧洲神学中的，正如东方教会神学是通过季奥尼西·阿列昂帕季特渗透的一样。可是，像普罗提诺所表述的那种纯粹的新柏拉图主义，以其内在的断裂性和破碎性，不仅很少能够满足圣奥古斯丁本

---

① 圣奥古斯丁：《忏悔录》，1，1。
② 同上书，13，35。
③ 同上书，13，36。

人,而且也很少能满足整个希腊和罗马把这一学说像一副沉重而又痛苦的十字架背负在身上的有教养的社会各界。而且要知道,与之相反的是,普罗提诺在自己的一生和自己的哲学中,也具现了那样一种颓废精神,而整个崩溃中的罗马帝国就正在必然地迎着它而奔跑不已。我们都还记得柏拉图哲学固有一种分裂的要素。那个把哲学本身定义为死亡和濒临死亡的练习的人,最不可能为人们提供一种坚实而又安宁的世界观了。可是,与此同时,我们都还记得,历史克服了柏拉图,甚至柏拉图本人也在很大程度上克服了自己。而亚里士多德却一下子把柏拉图学说中一切使人心灵不安和不稳定的因素根除净尽。而在普罗提诺学说中,它们却又复活了,并且加倍繁殖了,或许其力量比以前加大了十倍之多。虽然普罗提诺也担心自己会在某些问题上背离其神性的导师,因而在正式出场时,都是以柏拉图的继承者和学生的面目出现的,但是实际上他与其导师内在的相似之处,都仅仅在于他们都对一些不可理喻和无影无形的东西,有着一种不可遏止的企求和想望。如果说对于柏拉图来说理念是理论中的唯一现实,那么,对于普罗提诺来说,事实上只存在着一种东西,那就是在日常人类的观念中根本就什么都没有。

普罗提诺并未思考过理想国的问题,也不企求创立一种无所不包的科学。他的任务是探索新的存在。如同波菲利[①]所说的那样,普罗提诺在临终前说的最后一段话,就是说他还剩下一口气

---

① 波菲利(约公元233—约304),希腊唯心主义哲学家,新柏拉图主义的代表人物,普罗提诺的门徒。出版了普罗提诺的著作,注释过柏拉图和亚里士多德的著作。——译者注

了,他把他身上所留存的一点神气转移到万物身上所存留的神气里去了[①]——而这是对其一生事业及其全部"哲学"的一个总结。

的确,认为自己的责任就是从哲学家只把那些后来会获得科学证明的东西——亦即可以作为按照现存有关真理之标准衡量是"正面的"观点——所接受的拿来的哲学史家,一向就是这样做的,从这个方面说,普罗提诺的学说就更不可能被称为是正面的,虽然其学说中也有不少非常具有特点的东西。策勒尔说过:"这一点与古典思维的所有倾向形成了矛盾,绝对是对于东方思维方式的一种接近,当普罗提诺遵循菲洛的榜样,把哲学的最终目标确定为观照神性时,则在这种观照中思维的任何确定性和自我意识的任何明晰性都在一种神秘的狂喜中消失无形了。"[②]

策勒尔对于普罗提诺的评述当然是正确的,正如欧洲思想界即使处在发展的顶点时,也会在必须拒绝明确性和清晰性的必然性面前恐惧地止步不前。这个从亚里士多德那里继承而来的标准,或更确切地说,总是为欧洲人类的本性所永远固有的标准,在亚里士多德那里,获得了详尽无遗的表述,曾经被永远并且或许将来也会永远被当作是科学的卓越。哪里没有清晰性和明确性,哪里就显而易见不可能有真理存在——因为不明确性,即并非总是与其自身相等的真理,不是真理,因而不可能成为研究和认识的对象。

普罗提诺自己对此再清楚不过,他讲述到当灵魂不得不接近唯一者和无形式者,其所体验的恐惧和动摇时,说道:"更何况当灵

[①] Porphyre, *Vie de Plotin*, 2.
[②] Zeller, 6, 611.

魂开始接近缺乏形式的'物体'时,却无法拥抱这一'物体',因为它是不确定和不定型的:它身上什么都未被勾勒出来,甚至也可以说,它身上没有任何标记。这样一来灵魂便开始动摇和担心了,因为除此之外它不拥有任何东西。"①

他同样也知道,要让一个人在如此漫长的时间段里不间断地忍受这种状态是不可能的。一个人为了瞬间的迷狂和昙花一现的对于神性的问津所付出的代价是十分沉重的,是自身的软弱无力、疲惫困顿和疾病缠身。而最重要的,显然是——普罗提诺和他通过其才得以认识东方智慧的菲洛一样——,那一通过与闻神性才得以被认识的真理,就其实质而言,无论如何也不可能被逻辑所加工,也就是说,它不可能采取一种可以被普遍接受的形式,排除矛盾对立的判断的形式出现。谁与闻上帝,谁就会丧失其最基本的,最"神圣"的,用一句亚里士多德的语言说,属于一个作为政治动物的人的权力——如果你作为政治动物,更喜欢当代语言的话。也就是说,他的判断没有任何类型的核准,因而丧失了如此吸引人的并且被所有人所珍重的人称之为真理的那种特权。每个人都有同等权力将其与与之对立的东西并举——世上没有任何权威,可以使我们以之为借口来使争论者相互调和。

当普罗提诺在论述唯一者和终极者时,他的说法似乎是,在他有幸与闻的神性后面,似乎没有也不可能有什么东西——应用自己特有的经验范畴,按照他的学说,他对此根本没有任何授权,因此也就和经验没有任何共同之处。他假设经验有预测的功能,这

---

① Plotin,6:9-3.

在可见世界里是完全合理的和可以证实的，但毫无必要并且显然自作主张地划定了其无限性。这一点表明同样一种对于无限和无形式物的恐惧感，在这种恐惧感的影响之下，亚里士多德及其继承者制定并且在生活中贯彻了一种中庸理论。

和从前柏拉图一度应用其创造性的厄洛斯于不可动摇的理念-数字体系一样，普罗提诺也归根结底由于担心被驱逐出拥有全部公认的以真理名义说话之权力的理智者的理想国，而摒弃了迷狂。因为任何人都不敢保证，精神的这样一种半人半神的状态，一旦不服从理性的监督，便会永远时时不断地产生和自己类似的东西。而且，毫无疑问的是，如果柏拉图和普罗提诺不告诉我们他们没有权的话，则哲学史也无法将其合法化，将其名字列入科学的遵守教规者的名单。策勒尔就其自身而言，当然是对的。柏拉图和普罗提诺的历史意义不在于他们有幸体验和看见，而在于他们把自己特殊的、独特而又不可重复的经验扩展到了社会存在领域。而极度欢乐中的奥古斯丁，毫无疑问，直到其处于普罗提诺影响下的一生中的最后一天，都从普罗提诺那里获得已经被希腊化了的东方启示，不但如此，就连曾在亚洲和欧洲之间充当中介人的菲洛本人，也将全部力量致力于使犹太教和希腊化协调起来。菲洛为了给犹太教先知开辟一条历史道路，理应在有教养的古希腊人面前为对真理的东方式认识进行辩解。因此，他比所有人都更必须表明，圣经的"智慧"与科学的真理并不矛盾，正如古希腊智者著作中所表现的那种科学真理。他想要让一个懂得柏拉图和亚里士多德的古希腊人"明白"宗教赞美诗作者和先知的语言。而这从菲洛那方面说当然是一种不可容许的妥协和让步。而且，与此同时，他的任务实际上也并未完成。无论是摩西还是大卫王,也无论是艾萨克还是以西结,都无法对希腊化加以论证。这首先是因为圣经中的先知和赞美诗的歌者,从未寻求过也未能寻找到论证。他们预言的是有权者的真理。他们未能让任何人明白,但他们又从各个方面提问。他们未能对自己加以证实——他们只是亲自下判断而已。但若否定他们的企图,他们便只有保持沉默这一条路可走。他们从来就没有任何证据——而且实质上这样的证据也根本不可能有,因为尽管亚里士多德有其唯一可能使有关证据和范畴的理念本身成立的中庸理论,先知却永远都不知道什么是中庸。而且,如果谈到希腊化与犹太教的亲缘性,那么,恰恰需要我们把注意力凝聚在老的和新的柏拉图主义的要素上,因为这些因素对于科学认识而言是完全不可以接受的,因而直到今天也都是即使没有它也显得足够庞大的哲学史所担负的残余和不必要的配重物而已。而不受任何限制的迷狂和疯狂的、不懂得何谓边界的厄洛斯,却是犹太先知创作的来源。这样以众暴寡的纯粹的希腊化是永远都不能加以接受的。这样一来就必然会产生一个问题,即如何才能检验先知,如何才能保证冒充先知是真的真理宣布者和上帝的使者,而非魔鬼。

普罗提诺曾经寻找过权宜之计——为了自己。但他的回答显然无法使奥古斯丁满意。他正确地感觉到他所最需要的,恰好是信心,因为信心能够给折磨他的动摇一个终结,而哲学,尤其是普罗提诺的哲学,却无法给他提供信心。[1] 普罗提诺的哲学把所有

---

[1] 对于奥古斯丁来说,他对自己说下列话的时代已经过去了:"我确信应当信任学生,而非那些颐指气使的人。"(P.R.F 2,262)

破坏性因素都集聚在自己身上，并且经过了几个世纪的考验，最终销毁了建立任何信心的可能性。这种哲学暴露了自身在人类理性方面的无力和软弱，它让可怜巴巴软弱无力的人自己面对其渺小的力量。只要亚里士多德的精神在希腊化里还得以保持健康的生命本能，从而让人与痛苦的秘密和谜底保持相当的距离，哲学才能充当生活的指导者。可是，把对可见的经验世界的鄙视发展到就连斯多葛派和昔尼克派也不曾问津的极端和极致地步的普罗提诺，摧毁了把人类精神从不可遏止的急遽坠落的趋势中制动下来的一切障碍物。那个想要知道过去有什么，未来有什么，地下有什么，天上又有什么的人，是多么的不幸呀：民间智慧会告诫我们说，这样的人最好不要出生于世上才好。自身感染了足以销蚀希腊化的颓废思潮之毒药的普罗提诺，将其精神的疾患又传染给了圣奥古斯丁。向他展现的新知无法被纳入现有的科学体系。必须要么拒绝这种迷狂式的幻觉，要么拒绝哲学的真理范畴。

众所周知，普罗提诺本人和他最亲近的继承者，都曾在多神教信仰中寻找并且找到过避难所。但多神教已经很难使奥古斯丁满意了——他早已就超越了多神教时代。他不但摒除了多神教的弱点，而且连其优点也一并摒弃了。他与多神教的论战，构成了他哲学巨著《上帝之城》的绝大部分内容，而其著作的这部分，当然是在他转变信仰的好多年以后写的，却明显带有与其一度相信的东西斗争的痕迹，因而这部著作以不必要的粗鲁和不公正而使人震惊。圣奥古斯丁压根就不想对多神教表现出公正，因为他的任务不在于评价多神教，而是消灭、扼杀多神教。多神教是否具有奥古斯丁所列举的那些罪过，其实已经不很重要了。因为即便它不曾有过那样的罪过,反正已经被人这样判决过了,时过境迁,已经不可能求得宽恕了。它的罪过在于它像失去了盐味的盐一样,只能引起人们的厌恶而已。如果奥古斯丁必须做到公正的话,他本来会对多神教说出另外一番话,而且用的语气也会与此不同。今天看来,他的论战就其手法的激烈尖锐、抨击攻击的猛烈犀利来说,都与托尔斯泰的"教条神学批判"有着惊人的相似。有一点是奥古斯丁不能原谅多神教神祇的,那就是他们无力提供他们所许诺的东西,因而他对他们大肆嘲弄——对这些本来就已经不再活着的奥林匹克山上的神祇穷追猛打。他们为什么不能提供牢固性,他们为什么不指出唯一正确的道路呢?基督教年轻的灵启和松弛老朽的多神教信仰之间的比较,更是令他惊奇不已。"野蛮人起来赞美天空。而我和你却怀揣着全部冷漠的知识仔细观察血肉!难道我们羞于学习他们的榜样仅仅是因为他们比我们更早地改邪归正吗?然而,我们根本就不对他们亦步亦趋难道就不令我们感到羞涩了吗?"我还对他说了几句类似的话——但究竟说的是什么我忘了。因思维与情感的争斗而激动的我,最终把它放在了一边。被我的惊奇所震惊的他,只是看了我一眼,就陷于沉默。而果不其然,我当时的情绪的确很激动,因而我说的话和平常一点也不像。我精神的亢奋表现在额头、两颊、眼睛和脸色上,表现在嗓音的变化上,而非我当时所说的那些话本身。[①]

在这些既不懂柏拉图也不懂普罗提诺的野蛮人身上,恰好有着奥古斯丁在这个世上所最需要的东西。而且只有他们身上有这

---

① Augustin, *Confessions*, 8, 8.

种"无知",对此,奥古斯丁对之加以鄙视已经成为一种习惯,但它具有一个巨大的优点,那就是它对人并未形成约束。不懂得亚里士多德的人你还可以到处去寻找它:自由精神到处都在传扬。而奥古斯丁同时代那些学术界的同龄人,绝大多数像一个学者一样,无权前往按照科学的传统,从来就没有真理在那里栖身的地方。就连奥古斯丁也抛弃了虚假的虚荣心,追随那些按照他以前的观念,理应造访他自己那个阶级的演说家。可是,假使我们以为奥古斯丁在转变信仰以后,完全摒弃了自己以前的旧的精神宝库的话,那就错了。这位新柏拉图主义者走向基督教只是为了补充他们自己所缺失的东西而已。他在教会里寻找权威,寻找那些早在普罗提诺的学校里学习时就已向他显示的非同寻常的精神体验的支持。他写道:"你呀,天主呵,你是多么仁慈。你看出我堕落到了多么深的地步,因而用你那强有力的手指把我从我毅然跳下去像跳进坟墓一般的灾难的深渊中拯救了出来。你想拥有的我不想拥有,而你不想拥有的我却想拥有。如今的我已经不再想望以前所想望的东西了,而是只想着一件事,那就是取悦于你。"[1]

当他写到他只有摒弃自己所有的个人欲望,而只是以上帝的意愿为意愿时,才能获得拯救时,应当说,这是一种新的说法——和当初仅仅只是一个新柏拉图主义者时比,当时的奥古斯丁只是情愿服从上帝对他的昐咐,而不愿听从人们对他的教导。也就是说,继那些无知的人——有关这类人生活的传言曾经那样使他激动不已——之后,情愿把自己全部交给教会去统治。而这才是圣

---

[1] Augustin, *Confessions*, 9,1.

奥古斯丁感到最困难也最需要的。他感觉到自己再也无力忍受自由的重负了，内心失去主心骨的重负，正如我前文已经说过的那样，以前所有的那些权威，对他而言，都已经失去了曾经拥有的魅力。对于新的统治的严厉和苛刻，他并不害怕。有关圣安东尼的生平和僧侣生活的故事，他听后感到欣悦异常。禁欲生活的困难，而且也只有诸如此类的巨大困难，才能平息活跃在他心中的不可遏止的无政府主义冲动。可是，迎难而上，只是单纯为了迎难而上而已，抑或是为了给内心的斗争画上一个句号，这样做无论是对于奥古斯丁，还是对于其他人来说，都缺乏这样的勇气。而且，奥古斯丁曾经是并且始终不失为一个哲学家，一个太注重寻求真理和终极真理的哲学家，正如他在研究西塞罗笔下的戈尔捷吉亚时那样——因而不甘于这样一种平淡无奇、乏味无趣的解决办法。新目标应当是崇高的和终极的，新真理应当比旧的更加光辉闪耀、美轮美奂和深邃精深。而且最重要的是，使徒和先知对于只有一个上帝的统治的宣告解决了所有的疑团——也就是说，满足了希腊哲学所提出、但自身又无力解决和满足的所有要求。在拥有生灵的启示的教会的领导和保护下，前往普罗提诺所召唤人们去的那个领域，已经不再显得那么可怕了。人们的非同寻常的兴奋和迷狂也已不再那么可怕，与最后最大的无形式者接触，也不再那么可怕了。这样一来，对于圣奥古斯丁来说，基督教解答了许多痛苦折磨人的问题，提出但未能解决希腊化此前全部发展所提出但未能予以解决的许多问题。在不倦地寻求真理之标准的多神教，从根本上粉碎了建立任何或多或少比较牢固的哲学知识的可能性。结果就是一种清新自信的无知与知性高度发达的灵魂过分苛刻精细和细致入微的完美融合。而这并且也只有这才是基督教希腊化的实质。一味要求清晰和明确、并且离开这个条件便不允许有存在的古希腊精神，服从于一种从外部输入的真理性的标准，而这只不过是为了摆脱自己无力承受的自由的重负而已。

而天主教之所以自始至终保持其对立面的统一（comlexio oppositorum），其源正在于此。毫无疑问，有关教皇不可动摇的终极教条象征着天主教的全部发展。天主教需要无论什么样的权威——但只求不要回到从前的自由上去。甚至就连当代天主教徒在解释梵蒂冈教会决议时，也毫不愧怍地把教皇的不可动摇视作上帝故意显示的奇迹，它向世上的人们表明上天的意志在关注和呵护人们在尘世间的生活状况。可是，另外一种解释也是无可置疑的。对于教会神性势力和启示权威的信心，即使未能给所有人，至少也给某些天主教信徒以深入洞悉如此遥远的领域，而这是一个人由于恐惧还从未涉足的领域。

而圣奥古斯丁本人，或许也不敢违逆贝拉基主义[①]，以及不敢违逆全部雅典智慧及其有关神恩的学说吧——这种学说曾经并且现在也令人感觉到是如此与理性敌对，如此易于激怒人们健康的道德感——如果他在其独特的感受和体验中并未感觉到必须以使徒和先知的神性权威为依据的话。

---

① 贝拉基主义，基督教隐修士贝拉基（约360—418以后）创立的学说，于5世纪初流传于地中海各国。反对奥古斯丁的神恩和预定论，主张人可以靠自己的道德苦修而得救，反对罪的继承性。在431年的第三次公会议上作为异端受到谴责。——译者注

VI

所以——尽管这么说听起来似乎是悖论——我们必须说,圣奥古斯丁所接受的"庸俗天主教"因素——正如清教徒神学家和历史学家所喜欢称呼的那样——对他来说,并非某种外在的东西,某种在其他条件下弃之如敝屣的东西。统一神圣的天主教会的权威,在其核心中保持着永恒的真理,而这真理对于靠古希腊哲学培育起来的奥古斯丁来说,是真理的新的标准。而基督教徒的所得,恰好正是多神教徒为此而哀泣的失落。而只有在新的不可动摇的权威的翼护下,新信仰的精神创造才有可能获得发展。如今他决定不仅勇敢地告诉别人,也要勇敢地告诉自己的是,在平常理性的照耀下,也就是说,在希腊哲学所制定的理性和真理的标准面前,他所说的话从外表看似乎是疯狂甚至是疯子的呓语。

德尔图良在反驳那些敢于假设上帝居然可以降尊纡贵地让自己屈辱地死在十字架上而愤怒不已的人时,写道:"爱惜全世界这唯一的希望吧。你所扼杀的,是信仰所必要的对于名誉的败坏。上帝所不配享有的,正是我所需要的。"继而还有:"如果我不为我的上帝而害羞的话,我被拯救了。"[①][在另外一个版本里,取代"没有名誉"(dedecus)的,是与其相对的"装饰美化"(decus),而值得注意(!)的是,在德尔图良的议论里,这样的语词替换丝毫也不影响所说的内容!]

---

① *De carne Christi*, 5:760.

这种具有曾经被雅典科学所憧憬的全部牢固性和坚定信念，同时又不受传统真理标准所施加的通常的约束所约束的新的创作可能性，也使得圣奥古斯丁有机会表现其精神和内心经验的另一面，这些方面如果他直到生命的终点都不得不只在古代哲学自由所许可的范围内活动的话，我们将始终无缘与其结识。诗篇 72 章第 27 节成为奥古斯丁创作的第一个重要母题——我更幸运，我追随上帝的世界（me adherere Deo bonum est），[①]我青睐的是在基督教存在的整整一千年过程中曾经不断给神秘论者以灵感的那节诗。第二个母题是上帝之道以及其永恒正义之谜的不可领会性。我们都还记得，苏格拉底将全部希望寄托在自己的道德力量和正义之上。假设我们剥夺了苏格拉底的这样一个信念，即哲学家在世上尽其所能地所做的一切，都是为了获得要求在永恒安宁的国度里人们承认其正义性的权力这一信念的话，他的全部哲学便会分崩离析，化为尘埃。

不但如此，正如我们所记得的那样，苏格拉底坚定相信他以其一生亲自实现了一位哲学家的理想。他平静地迎着死亡走去——尽管他预先就知道，假使有阴间生活，他也会心情欢快地飞向永恒的上帝。他那漫长的一生的经验为他提供了这样牢固的信念。恶人在此世可以得意于一时——而在彼世则善人必然得善报，其中就有苏格拉底——，善人获得伟大的终极胜利是得到保障的。苏格拉底总是感觉到他身上有理性，而理性是他身上最好的一部分，和感性动机比，理性在他身上永远是占上风的。他生前并不觉得

---

① 俄文版圣经诗篇，第 73 章第 28 节。

肉欲的诱惑有多么可怕，因而能平静地为死亡做好准备。他永远都宁愿忍受不公正和非正义，而永远不做一个不公正和非正义者。他否定了亚西比得①的诱惑。关于他的生平我们所知道的一切，都证明他的一生是美德不断获胜的一生。人是可以不犯过失并遵守上帝的戒律的。贝拉基只不过是在重复苏格拉底以一生所表达和证明的东西罢了。奥古斯丁自己也无法说做到了这一点。他本人在忏悔录里这样写道："啊，少年时代的我曾经是多么绝望呀，比世上所有的凡人都更加绝望。早在刚步入少年时，我就请求你赋予我以理智，并向你呼告：'给我理智和无辜吧，但不要一下子就给足。'我担心你不能当下就听到我的请求，因而不能一下子很快就治好我的情欲病，而这种病态的欲望我与其说想要扼杀它，不如说更想先满足它。"②

就这样，早在刚步入少年时期，奥古斯丁就感觉到自己灵魂里有一种双重性，这种特点显然直到生命的终点都未能抛弃他。面对自己，他从未能够得出一种明确的结论。与此同时他不断向上帝祈祷，想要上帝为他治愈他的肉欲，还想让上帝不要急于向他提供帮助。而真相何在？人所需要的究竟是什么呢？奥古斯丁尽管饱读书本，并且受过完整的哲学教育，却从未能够独立回答这个问题。

---

① 亚西比得（约公元前450—前404），自公元前421年起，在伯罗奔尼撒战争时期，多次任雅典统帅。公元前415年组织了对锡拉库扎的征讨，后投向斯巴达，提出了攻打雅典的作战计划，后又逃入波斯。公元前411年支持雅典的寡头政权，后又支持民主派政府。公元前411—前408年，赢得阿比多斯、库赤科斯等地的海战胜利。——译者注

② Augustin, *Confessions*, 8, 7.

一些矛盾时时缠绕着他,在撕裂着他的内心,他在与自己进行着不断的斗争——而与此同时,他所最看重的,又恰恰是内心世界和心灵的安宁。这种无法预料结局的内心斗争,把奥古斯丁从日常思维领域里抛了出去。我们甚至可以换一种更加强烈的说法:奥古斯丁感觉到所有的思考,无论多么紧张和精细,都不会给他带来任何结果。需要的不是思考,而是某种别的什么。可究竟是什么呢?他无法回答这个问题。况且他也从未回答过这个问题,也就是说,他也从来就不善于根据他从雅典哲学家拿来的现成的前提出发,得出他所必需的结论。无论"理性"如何劝说他相信苏格拉底是哲学家和圣人的理想,奥古斯丁尽管投其全部身心仍感觉到自己无法跟在苏格拉底后面亦步亦趋。他可以做的是二选其一:或是承认根本没有任何结果,或是否认苏格拉底。也就在此时,圣经前来帮他的忙来了。对于苏格拉底和所有多神教的智者来说,"创世记"向全人类所传达的有关亚当原罪的故事,是对理性和道德的极其下流的嘲弄而已。上帝因为人类始祖的罪孽而向其遥远的后代施加惩罚的做法,在他看来,是不公正的一种体现。正因为此,就连贝拉基和他的朋友们,也不允许人们对于上帝有什么不好的想法,并且还如此自信地劝告人们相信,亚当的罪孽只对他一个人有伤害,在其之后出生的人们,完全没必要为他的弱点负责。对于那些无法被证实是正义的东西,《圣经》也什么都无法加以证实。① 可要知道,从人类正义的角度看,难道能想得出比上帝惩罚作为无数后代之代表人物的亚当这种决定更加成熟的道德感

---

① Nihil potest per sanctas scripturas probari, quod justitia non potest tueri.

情吗？毫无疑问，就连奥古斯丁本人，也和他的对手一样，同样也很少能为处于愤怒中的上帝进行辩解。

我们必须另辟蹊径。我们必须假设人类有关正义的概念是不完善的。假设正义的职责在于对其的某种奖赏。[①] 根本就不在于给每个人分发属于他的东西，而完全在于别的什么。对于苏格拉底和柏拉图以及整个古代世界来说，这样的观点是绝对不可以接受的。对他们来说，这样的观点相当于精神的死亡。而这并非什么形象的说法，也不是什么夸张，而是等值词，它震撼、动摇并且打垮了人的道德生活数百年以来的根基。而且不光对于苏格拉底，对于绝大多数"思考中的"现代人来说，亦复如是。要让苏格拉底为美利都和阿尼塔的罪孽和罪行而为对人类实施的行为负责，世上还有比这更不公道更荒谬的吗？！这不等于向所有罪犯发布自由大宪章吗？那些罪犯将会无法无天，嚣张肆虐，无恶不作——义人却要为他们的违法行为负其责！而上帝本人就是这么规定好了的！是的，奥古斯丁如是说，上帝以其不可理喻的正义性而正是如此确定和规定的。亚当的罪孽以传承的方式在传递，而且由于我们始祖的罪孽，继续传递到人类的子孙后代。如今的全体人类都是彻头彻尾的罪恶的群众，永死的群众（massa peccati, massa perditionis）。

奥古斯丁向他同时代的雅典哲学发出了挑战，向所有古代民族的良心发出了挑战。古代民族的良心在主要方面陷入了迷途。它承认在生活中遵循智慧规则的人，可以在这个世界抵达幸福的

[①] Augustin, *La Cité de Dieu*, 19,1;3, 203.

彼岸。而实际上有一点毫无疑问，即多神教哲学家所正确理解的、应当予以追求的目标，却完全处于孤立无援的地步，并且也不善于寻找用以达到这一目标的手段。的确，人身上再没有别的从事哲学思考的动机了，除了达到极乐以外。那一使人达到极乐的东西，自己本身就是善的成就。这样一来，也就没有从事哲学思考的别的原因了，那就是取得最高程度的善。因而，那个不追求取得善的教派，无论如何也不可能被称作哲学。①

在和古代思想界在这个观点上取得一致以后，奥古斯丁又问道：那么，多神教哲学家究竟能否达到他们为自己设定的这一目的呢。并且毫不犹豫地回答道，不能。他们断言人要想达到极乐只需意识到自己具有善良的德性就够了。但这是一个有意或无意、有意识或无意识的谎言罢了。他不相信西塞罗在纪念斯多葛派智者的极乐生活时所发表的雄辩言论，即"至于那些认为在此时此刻的生活中，即便不是在肉体或心灵里，即既在肉体也在心灵里达到极乐的人，也就是说，为了能够更加清晰地表达，即在性欲和美德，或既在性欲也在美德，即性欲加美德中，甚至也可以在安宁或美德，或既在安宁也在美德，即安宁加美德中，他们都想要成为此世的幸福者，而如果顺从他们那令人吃惊的虚荣心，他们还想成为自己的极乐力量本身。"②

为了证明自己的话是正确的，圣奥古斯丁在其表达得十分强烈的话里描述了凡人的可怜的孤苦无援。他会受到各种偶然性的

---

① Augustin, *La Cité de Dieu*, 19,1;3,191.
② Augustin, *La Cité de Dieu*, 19,4; 3,200.

拨弄——今天他是富人，明天就穷了，今天他荣誉加身，明天便耻辱随身，他会疾病缠身，眼瞎，耳聋，和可能失去朋友，亲人等。但所有这一切都是多神教哲学家耳熟能详的，因此，在这一点上没有任何新意。但也正因为此，哲学家才意识到了尘世间福禄的不牢靠性，他们总是在美德那里寻找避难所和安慰。奥古斯丁的新意仅仅在于和其他人间福禄比，他并未赋予美德以任何显著的优点——对他来说，智者是在自然资源里还是在美德中寻找最高的幸福，反正都一样。就这样，只要我们身上还有这样的弱点，这种无力的表现，这种虚弱的症候，则无论我们如何认为，是否可以认为自己已经得到拯救了呢？而如果这样的拯救还没有的话，那我们又如何能够自称在终极极乐的意义上的极乐者呢？要知道其名字被称为心灵的力量的那种美德（在任何智慧的表现中），都是它不得不耐心地予以忍受的人类不幸的显而易见的证明者。[1]

奥古斯丁认为对其正确性的毋庸置疑的证明（他和所有天主教徒一样，在某一方面直到生命的终点都始终是苏格拉底的忠实学生：他对证明的相信不亚于任何一个有教养的雅典人）是斯多葛派有关自杀的学说。如果美德有其自足的价值，如果极乐在于美德，那么，他以一个辩证论者对其理由的不可辩驳性的得意洋洋的自信问道，为什么斯多葛派要解决自杀问题呢？"而这样一种由不幸构成的生活，他们竟然恬不知耻地称之为极乐！啊，这样的生活是多么的极乐呀，要想结束这种生活，必须借助于死神的帮忙！而如果这种生活是极乐的，那你就在里面生活好了，可如果说你由于

---

[1] Augustin, *La Cité de Dieu*, 19, 4; 3, 204.

不幸而逃离这种生活，那它又有何极乐可言？为什么要把那样一种能够战胜心灵的力量，激发起这种力量不仅用来扼杀自己，而且让人发疯到这样一种地步，以致把同一种既认为是极乐的，又要人们逃离的东西，称之为恶呢。谁的眼睛盲目到了竟然连如果这种生活是极乐的，就没必要逃离这种生活也察觉不了的地步呢。然而，如果由于无力的重负，那么，为什么一旦抛弃了骄傲之心，他们就不会承认，这样的生活是不诚实的呢。请你告诉我，小加图，你是由于忍耐力还是由于无法忍耐而杀死自己的呢？如果他能够与恺撒的胜利妥协的话，他是不会自杀的。他的力量究竟何在？它退却了，屈服了，被战胜了，早在他把自己幸福的生活抛弃在世界上以前就被战胜了，他抛弃并且逃离了这种生活。啊，或许这种生活不再是一种幸福？所以它是一种不幸，但在这种情况下，这些使生活变得不幸、值得逃跑的事情怎么会不是邪恶？"[1]

我有意从奥古斯丁的著作里摘引了这么长一段文字——以我之见，这段话极其鲜明地表现了圣奥古斯丁对于希腊化时代最优秀的代表人物——从苏格拉底开始到马克·奥勒留为止——所赖以为生的、加以神化的一切，而在近代哲学中复活，直到我们这个时代仍被公认为全部精神创造的活的神经的一切的厌恶。圣奥古斯丁在此向古代世界所提出的那一挑战，也就是弗里德里希·尼采在我们这个时代里，向近代哲学所发出的那种挑战。当我不得不讲述我们这个时代两位对立的天才——托尔斯泰和尼采——有关世界观的大论战时，我是这样表述他们所捍卫的立场的实质的：

---

[1] Augustin, *La Cité de Dieu*, 205.

"善不是上帝，必须寻找高于善的东西——必须寻找上帝。"[1]托尔斯泰对这一点的了解不亚于尼采——可是，托尔斯泰从来都不敢于公开说出这一点。他似乎觉得剥夺善的独立力量和意义，就意味着杀死生活，杀死生活中所能有的一切优秀者。这是他的理性，是他的先验——是他伴随着母乳一切吮吸进肚里，或更确切地说，是伴随着他从其养育者那里听来的第一句话，从书本中读来的第一个句子一起被他吸收进大脑里的东西。如果善不是永恒的和最高的法则，也不是对于凡人和不朽者的法则，那么，在他看来，全部生活都会轰然倒塌，像一座被抽掉底座和基座的大厦一样倒塌，或是像从中抽掉了骨骼的人类的躯体一样倒塌。古代和近代全部哲学都曾以这种信念为支点。只有极其深刻、极其强烈的体验，和非同寻常的昂奋精神和震撼，才能把人从婴幼儿时代就由于生存方式的条件而已堕入其中的轨道打掉。这就是为什么这一"真理"只有那些不得不就未知之谜的生活的角度进行评判的人才得以问津的原因。而这也就是为什么康德会如此恬然于这样一种认识，即他在一生当中不曾欺负过任何人，从而得以建立其实践理性批判，该批判建基于这样一个信念之上，即他康德懂得他的职责是什么，因而履行了自己的职责。而这也就是为什么斯宾诺莎——像一个患了不治之症的病人一样挣扎着的斯宾诺莎——尽管有整整一套名闻遐迩的理性主义，但还是这样写道："我承认这种让一切都服从于一视同仁的神性意志的意见假设，一切都取决于上帝的任性，这种意见并不比别的意见离真理更远，而那种意见认为上帝在一

---

[1] 列夫·舍斯托夫:《托尔斯泰与尼采》，第209页。

切方面都是按照善的要求行动的。"①

我不知道洛夫斯的看法有几分道理,他说斯宾诺莎处于圣奥古斯丁的影响之下。或许这位清教徒神学家的这一想法,是由想要解释斯宾诺莎对于施莱尔马赫②的影响而引起的。然而,即便斯宾诺莎知道奥古斯丁,但毫无疑问的是,这样的思想他也完全可以从其他人那里获得,只要他个人的经验足够广阔,从而能为他打开其他启悟之路。斯宾诺莎的全部哲学都以这样一个信念为出发点,即"无论理性还是意志都不会扩展到上帝的神的本性上来"。③至于这是什么意思,他本人稍后做了解释:"因为理性和意志构成了上帝的本质,远离我们的理性和意志犹如远离天空,所以,除了名称以外两者之间不可能有任何相似之处,其间的差别不会比大狗星座与会吠叫的作为生物之一的狗之间的差别大。"④圣奥古斯丁与多神教哲学和贝拉基主义的论战的意义在于,他的对手们认为有可能根据他们的已知而就他们的未知得出一定的结论。他们似乎觉得,上帝的意志和理性就是人的意志和理性,只不过上帝的意志和理性有一定的优越性。因而,正如当代天主教教条(Pohle,1,37)所宣传的那样,上帝是可以认识的,只不过并不完全是卓越之道。贝拉基分子也在下列论点中表达了这层意思——凡是不可能被正义所证明的东西,圣经也无法予以证实。他们深信,上帝是

---

① *Ethique*, Pars I. Prop. 33, Schol. II.
② 施莱尔马赫(1768—1834),德国基督教神学家、哲学家。接近耶拿浪漫派,按照他们的思想把宗教解释为内心的体验,对无限的"依附"感。翻译过柏拉图的著作。——译者注
③ Spinoza, *Ethique*, I, Prop. 17, Schol. 2.
④ Spinoza, *Ethique*.

以善的理智方式活动的,因而,由于他们同样也追求善,所以,他们永远都能毫无差错地认识什么好什么不好,什么是真什么是假。而奥古斯丁知道实情并非如此。一个人无论智愚贤不肖都不可能不懂得好坏,更不可能不懂得如何实现善恶。他从圣经中读来的东西,都由他的经验予以了解释。人能直接感到自己的本性是有罪的。人不光此时此刻,在成熟年龄时期是有罪的,实际上人始终在自然而然地追求作恶。人会回想自己童年的早期,并且不得不承认,那时的他并不比此时的他更好一些。婴儿的活动是无辜的,但他们的心灵属性却不是。① 他自己身上的一切都令他感到厌恶——不光如普罗提诺那样包括他的肉体,也包括其灵魂。他全身心地感觉得到自己属于罪恶的群众,永死的群众。

对他来说,有一点很清楚,即他来到这个世界时并不是纯洁和无辜的,而是已经带有沉重的无法洗清的罪孽的重负。他在自身之外所见到的恶,在自己身上也看得到。那么恶是从哪儿来的呢?为什么我们不能与恶斗争呢?为什么到现在既然《圣经》和天主教教会已经为人揭示了真理,而人呢,用使徒保罗的话说,却仍然想望善而在作恶呢?我们是不可以谴责上帝的。上帝是万物的创造者,上帝是全能的和至善的——由此可见,过失在人,过失在于我们那位遥远的始祖,是他实施了最可怕的罪孽。亚当在犯罪以前一直生活在天堂——他那时有机会和上帝一起生活,因而也有可能不犯错,可是,他却没有很好地利用这次机会,否定了上帝的意愿,而顺从了自己的愿望。这罪孽如此可怕,以致他自己都想不起

---

① Augustin, *Confessions*, 1, 7.

该如何惩罚才好。人凭借自己的力量竟然犯了如此大错,竟然背弃了上帝,这样的人是无法得到拯救的。而且总而言之人也不可能再想望善了。他如此玷污了上帝赋予他的自然本性,以致从此以后他只会作恶了。

而且,如果上帝对人的评判是公正的话,那么,其判决也可能只有一个:永恒的痛苦与永恒的死亡。但是,上帝不仅公正而已,上帝同时也是仁慈的。上帝在对于堕落的人类的无限爱惜中,毅然决定做出最大的牺牲:把自己唯一的儿子送到人间来,让他传承痛苦和死亡,以此代价来赎买亚当可怕的罪孽。可为什么偏偏必须把儿子送到人间呢,这一点奥古斯丁没有给予解释。他甚至不像后来的大葛利高列,或尤其是坎特伯雷的安瑟尔谟那样,他竟然不敢断言,上帝没有别的办法来拯救人类。他只是说这种变革办法是合适的。

而另一个问题他也同样未予回答,那就是为什么亚当的罪孽可以遗传给全人类。对他来说这个问题显得越发困难,因为此时教会正在谴责墨守成规的学说是邪门歪道,说人类的灵魂和肉体一样,当然是凭借诞生而扩展的。但诞生的只是肉体,所有新出生的人的灵魂都是上帝造的。

毫无疑问,奥古斯丁的观点比较难于理解——而来自埃克劳恩的尤瑞安追随着他的一贯教导,认为有关原罪的学说必然导致墨守成规。但奥古斯丁毕竟还是保持了他的不可动摇地位。他非常清楚,逻辑的力量在他的对手一边,[①]而他无法以令人信服的论

[①] 他的对手断言:理性所肯定的东西是不可能被权威所破坏的(Loofs,431)。

据来捍卫自己的立场。可是,当他不得不在放弃阐释和摒弃对他来说是毫无疑问的现实生活之间做出选择时,已经被人们嘲弄地称为迦太基哲学家和迦太基的亚里士多德的奥古斯丁,选择了后者。而这对于用哈纳克的话说是生活在无力回答所有问题被视为罪恶的无知无信时代的奥古斯丁来说,是十分耐人寻味的。[1] 奥古斯丁感到未加阐释的现实生活也不能不再是现实生活。对这样的现实生活也不能小视——虽然它和理性难以妥协。由此走向一般和终极"结论"只有一步之遥,现实生活不需要理性的核准,理性也不应下命令,而应服从,它的统治只能扩展到特定的界线为止,即扩展到理性认为不再可能的边界为止。奥古斯丁并未得出这样的结论。据我所知,这样的一般性结论任何人任何时候也不曾公开地得出过。可是,在此刻我们所关心的这个问题上,奥古斯丁采取了这样一种决断,就好像他已得出了这样的结论似的。但是,由于无边无际的任意妄为对于奥古斯丁来说一点也不比对他与之争论的哲学家来说更不可怕,所以,他从中得出了完全与之相反的结论:他用天主教会不可动摇的权威,来代替哲学和理性的真理标准。这一点使他与"庸俗天主教"相近,正如对于常识的信赖使哈纳克与"庸俗"哲学相近一样,这就引发出这样一种初看上去似乎不可理喻的现象,即奥古斯丁在西方的历史意义,尽管在他生前就已经受到普遍尊重,但实际上范围相当有限。他的影响力仅限于他发展了"庸俗天主教"理念这一方面。只是到很晚的时候,他那些具有独特性的理念才开始在广大范围里获得承认。

---

[1] Harnack,3,202.

Ⅶ

啊,天主啊,我们的上帝啊,我们栖息在你的卵翼和庇护下,呵护我们吧。你把我们从童年带到老年,因为我们的力量只存在于你身上,没有你我们的力量等于零。①

只有当上帝和我们在一起时,我们的力量才成其为力量,没有上帝我们只能体现为无力。我们会是像白发苍苍的老者一样软弱无力渺小可怜的生物。成年人的理性已经不再能把他们引向真理了,在这个问题上它并不比婴幼儿的非理性更好一点。

自然理性的法则与古代智者所认为的那样相反,并不是普遍有效的。它们有其界限,也有其局限性。即便对于日常生活而言这些界限似乎也很广袤,甚至是无边无际:要知道对于可怜的人类理性而言,罗马帝国所占的空间似乎是无边无际的,可是支配臣民的生命与财产的暴君的统治,则是真正无边无际的。而且,一个完全被日常生活中的困难所压倒、所完全占据的人,能否想到可见的现实生活究竟能否穷尽所有的可能性呢。至于说还存在着一些广袤的空间,与之相比,罗马那些恺撒所统治的广阔领地,简直不值一提,微不足道,怎么足以推翻和消灭具有至高权力的暴君的统治呢?

而这是一个人所最难以想象的!我们怎么可以假设就连战无不胜的恺撒也对之顶礼膜拜的自然法则,竟然会在其永恒不变性

---

① Augustin, *Confessions*, 4, 16.

上对某种势力做出让步？理性越神圣，越是会衡量自然力的统治权，也越是会虔诚地对于自然力具有永恒意义的假设顶礼膜拜。而这也就正是被自然力所统一的那种东西，他给思考中的人们对于猜详创世的终极之谜插上了希望的翅膀。而只有这样的假设才能——用当代哲学的语言来表述的话——克服生活现象集约和粗放的多样性。我们不妨假设，自然规律在时空意义上是有限的，也就是说，我们现在所观察到的那种秩序，在10万年以前还不曾有过，而且未来也不会再持续千年之久，抑或是，假使离开我们所在的这个太阳系，身体也就不再服从重力法则，整个有关作为科学的哲学的宏伟构想，便会分崩离析，化为尘埃。因为，无论康德以及他的门徒如何狡猾，科学哲学也只应当来源于斯宾诺莎的前提：万物被创造的顺序不可能与上帝创造它们时的顺序不同。[①] 或是按照斯宾诺莎的语言来说：自然的规律和法则到处永远都是一样的，这一点应当成为理解无论什么样的万物时唯一可以采用的方法。换句话说，根据我们已经体验和认知的东西，我们就可以评判将来什么会有，或什么可能会有。[②] 而且，如果并非所有人都会跟在斯宾诺莎之后完全亦步亦趋，那么，"理念的顺序和连续性是和万物的顺序和连续性是一样的"。[③] 也仅仅在这种意义上，并非每个哲学家都愿意假设心理生理是平行对称的。但我认为对于斯宾诺莎本人来说，重心在这一公式里也并不在于物质现象与精神现象之间的相互适应性，而在于现象之间永恒不变的秩序和适应性——

[①] Spinoza, *Ethique*, 1, 33.
[②] 从永恒或是必然的观点看（Spinoza, *Ethique*, 4, 62）。
[③] Spinoza, *Ethique*, 2, 7.

亦即顺序和连续性(ordo et connexio)。因为,归根结底,就连生理心理唯物主义也不可能走得更远。也就是说,我们可以说,例如,神经系统的一定变化总是与心理系统的一定变化相应的。可是,我们没有任何可能去探析这两大系列不同现象之间的关联之谜。而且,显然就连斯宾诺莎本人也对洞悉这种关联之谜没有太大兴趣。斯宾诺莎只对原则的确立感到满意——思维是上帝的特征,换言之,上帝是思维中的物体,普遍性是上帝的特征,换言之上帝是普遍的物质。① 正因为此,从上帝的无穷特征中只寻找并指出两个特征——而且就连这两个特征也未予以阐释,反而更加模糊。为什么如此谦抑的结果居然也能满足这位如此挑剔的哲学家呢?与此相同也未予以说明,无穷数量方式(modus),亦即整个现实生活,是如何从上帝那里来的。

的确,这最后一个问题直到我们这个时代都是真正痛苦的哲学。赫拉克利特很早就对浮现于存在表面上的,随后又无影无踪地消失的全部个别性感到不安。阿那克西曼德②干脆认为个别性的存在是不合法的,罪恶的,认为个别性的毁灭是一种公正的惩罚,是对罪恶存在的一种赎买。我们还记得与现实世界的多样性妥协,这对于柏拉图来说曾经是多么难呐——他不得不认为现实世界是虚幻的,是隐藏在理念的气体之下的。而在亚里士多德和普罗提诺那里,情形亦复如是。

---

① Spinoza, *Ethique*, 2, Prop., 1, 2.
② 阿那克西曼德(公元前约610—前547以后),古希腊米利都学派哲学家,第一部希腊文哲学著作《论自然》的作者。他认为万物的本原是无极,即无固定界限、无形状和无性质的物质。——译者注

斯宾诺莎清晰地表述了所有哲学家从远古时代就已经思考过的思想，他说：正如命题 21,22,23 所确定的那样，由上帝直接实施的行动是最完善的，在上帝和他所创造出的万物之间的间接环节越多，万物便越是不完善。[①] 这里我是不会分析斯宾诺莎所引以为据的定理的，但对所引片段的仔细分析一下当不难发现，斯宾诺莎在对待为自己所提的任务方面，和他的前人比，并非处于十分优越的地位。

而这正是斯宾诺莎的主要观点——上帝是一个完善的生物。其所有推论都常常以这一论点为支撑。在证实万物不可能不同于它们在进入现实生活时的样子的前几页里，斯宾诺莎捍卫了这样一个观点，即如果万物不可能是别的样子的话，那这也就表明，上帝并不是完全完善的。可是，既然我们已经假设上帝是完善的生物，我们自己也如此深入地理解了完善生物这一理念，因此我们可以汲取该理念的全部内涵，这样一来，我们也就可以从这一理念推导出一些不可辩驳的结论，那我们又如何能够与这样一种思想——完善生物的创造怎么可以是不完善的呢——妥协呢？要知道实情正好相反：完善生物的理念要求以从中推导出来的一切都是完善的为前提。斯宾诺莎假设，上帝和他所创造的万物之间的间接环节越多，万物就越不完善吗？我们遇到的不还是同一个问题吗？首先，这类间接环节为什么是必要的？为什么上帝不能直接创造所有现存的一切万物呢？其次，为什么间接环节的存在应当在所创造的作品中有所反映呢？

---

① Spinoza, *Ethique*, 1, Prop., 36.

不仅我们的理性看不出这种必要性,而且,就连我们所能问津的经验现实生活也在否定斯宾诺莎。难道尼布甲尼撒二世①时代的人和生物比斯宾诺莎时代的人和生物低劣吗？比他们更加软弱、丑陋和愚蠢吗？如今的燕子和夜莺、马和大象还是这样的,和千年以前一模一样。我们甚至还有许多根据认为,正如进化论所教导我们的那样,因果的链条往往直接引导向完善,而且,这条链越长,其意义也便越重要。显然,斯宾诺莎做出这样一个无论先天还是后天都无法予以证实的假设,仅仅只是因为他和前人一样,无论如何也要把科学的巨大障碍,正如他自己所说的那样,从道路上搬开。斯宾诺莎和所有其他的哲学家一样,将知识等同于理解世间万物的唯一方法。斯宾诺莎肯定深信知识的本质自身在于解释。斯宾诺莎哲学的一个最为突出的特征在于,在他之前,任何人也不曾以如此决绝和刀刻斧斫般的清晰方式把一种有关现象必然关联的思想贯彻到底。如所周知,在伦理学中,斯宾诺莎敢于把自己的彻底性贯彻到极致。第四,我们可以这么反驳,如果人不是本着自由意志行动的,那么,一旦他处于这样的处境（平衡）状态下,即如布里丹的驴子的处境下,那会发生什么事呢？它会死于饥饿还是死于欲望呢？② 早在《形而上学思想》里,他就对于布里丹驴子的问题,提供了截然不同的解决办法:如果我们把这个人放在驴

---

① 尼布甲尼撒二世（公元前 605—前 562 年）,巴比伦国王。公元前 605 年侵占叙利亚和巴勒斯坦。公元前 598 年远征北阿拉伯。在前 597 年和前 587 年（另文献称前 586 年）粉碎耶路撒冷的起义,灭犹太王国,俘大批犹太人而归。在位时兴建了巴比伦塔和空中花园。——译者注

② Spinoza, *Ethique*, 2, Prop. 49, note.

所处的这种处境下，我们不能把他看作是一个会思维的东西，而应看作一个备受鄙视的驴子，如果他死于饥饿或是欲望的话。[1] 但在《伦理学》中，他已经直插到底：我完全同意，一个被放在如此平衡处境下的人（亦即除了饥饿和欲望以外感觉不到其他任何东西，因为食物和饮水距离他在同等距离之外），会死于饥饿和饥渴。如果有人问我，这样的人是不是叫作驴子比叫作人更适合呢？我会说我不知道，正如我不知道应当如何评价一个上吊而死的人一样。[2] 如果你们问一下自己，斯宾诺莎为什么需要这个硬生生的、如石头一般的连续性，你能给予自己的回答只能有一个：如若不然，他就得否定知识的可能性。而这正是斯宾诺莎所看重的那种知识，即科学的，像数学一样建立在原则之上的那种知识。

按照斯宾诺莎的理想，早在其第一个定义里，现实生活就应该简而言之地包含在其中。当然，斯宾诺莎的理想仅仅只是理想而已。他无法从自己的定义里推导出现实生活。他唯一能做到的，是说出一些尖锐的悖论，此类悖论以其尖锐性突出了他不愿意看重生活的某个方面的愿望。换言之，被哲学史家如此揄扬的斯宾诺莎的完全彻底性，根本不值得我们惊奇。他并没有比想要做到完全彻底的愿望走得更远，他的不可辩驳的逻辑的声誉也许最好不过地说明了人在这方面是多么的软弱无能。给予未能实现的意图如同给予事功的历史评价的宽容性，是贫困的证词（testimonium pauperitatis）——对人类理性贫乏性的证明。如果

---

[1] Spinoza, *Cogitata Metaphysica*, 2, 12, 10.
[2] Spinoza, *Ethique*, Prop. 49, note.

说斯宾诺莎是完全彻底性的典范,那么,完全彻底性就是童话中那种永远不会飞到我们土地之上来的火鸟。我当然不会详尽探讨对于斯宾诺莎体系的形式批评问题了,况且这么做也殊无必要。对于我的目标而言,仅指出上述就够了。这统统是假设,原因有很多,斯宾诺莎的体系与其奠基人是完全脱节的。那么这样的观点,即我们感觉并且发现我们是永恒的,又当如何呢?许诺所要得出的几何学原则的所有结论又以何为基础呢,万一它以感性经验为基础呢?很显然,为他招来了如此多激情洋溢的崇拜者的斯宾诺莎的伟大意义,和施莱尔马赫一样,保证他在历史上扮演一个非常出色的角色,但这意义并非植根于他的辩证法艺术。对他来说,逻辑所起的作用,和教会对圣奥古斯丁所起的作用是一样的。在逻辑的荫庇和庇护下,他可以允许自己信任或是评价为他所珍重的东西。他同样也在寻找权威,因为他也似乎感觉到,没有外部的核准,没有别人的赞许,其一生的全部内涵就会丧失其存在权。我们必须迫使所有人都承认其正确性。必须不能让任何人与你想的不一样。己所不欲,勿施于人。所选中的权威自然会决定着可能有的企图的性质,当然,反之亦然。

斯宾诺莎可以压抑自己身上一切的自我责怪之处,而只让自我赞赏之处得以发展。或许正是因为这个缘故,由于能够节制不安分的气质的意志高度发达,所以,斯宾诺莎才会让人得出一个理性无所不能的印象。这一巨大的任务几乎吞没了他的全部精力。也正因为此,他的全部力量都被用于这个任务,并且他也习惯于认为,他的事业是最最重要的,是一种可以穷尽生活全部意义的事业。所以,我认为洛夫斯佟谈什么奥古斯丁对斯宾诺莎的影响全是徒劳的。我甚至认为奥古斯丁关于美德的一番议论很可能会激起斯宾诺莎的愤怒。要知道斯宾诺莎曾经教导我们说美德是不要求奖励的,因为美德自身就是奖励。而奥古斯丁对这种思想简直无法忍耐。独立自足的美德在他眼里是骄傲自满,是傲慢——是万恶之源。而他之所以抨击贝拉基分子也正是因为这一点,奥古斯丁的全部希望在于美德不能也不应该使人满足。因此他恶狠狠并且公然称那些和斯多葛派分子一起断然持相反观点的人是在撒谎。美德是一种精神幸福,但它和物质幸福一样,对人来说都是转瞬即逝的和徒劳无益的。如果说美德可以给人以很多东西,那为什么斯多葛派分子会逃避不走运的生活,为什么他们会允许自己人实施自杀呢。奥古斯丁的信仰肇始于这样一个信念,即人们没有能力去创造善,他们只能自己为自己创造一种值得一过的生活。

而我认为,如果说近代清教神学通过施莱尔马赫,回到了斯宾诺莎关于具有自足价值的美德的理念上来,那么,这仅仅只是因为,一旦把自己交给近代科学成就和近代社会体制化的成就,清教学者就丧失了思维的能力本身,丧失了人类无忧无虑的存在方式。[1]

施莱尔马赫还曾向斯宾诺莎顶礼膜拜来着——他的继承人却宁肯选择康德,因为康德保留了斯宾诺莎的传统原则,并且彻底割断了这种传统与自然之根的联系。斯宾诺莎沉下去了,斯宾诺莎感觉到自己患了毫无希望的绝症,正在逐渐死去——这一点我们

---

[1] 显然,原罪是全部罪孽的基础,与原罪的关系与目前现存的其他罪孽的关系有所不同,因此在这个问题上,被毁坏的自然本性会污染了所有生物的。但是,毫无疑问的是,这在教会里是闻所未闻的新奇之事。(Harnack,3:211)

从上文所引的哲学论著《知性改进论》①的段落里就可以看得很清楚。而他的哲学就是由此生长而来。无论他怎么锻造他那种几何学证明法,只有那些肤浅的眼光才看不出铁的盔甲之后隐藏着的痛苦到极点的真挚的灵魂。

没有什么比力求把斯宾诺莎最终结论当作崇高而又高尚真理的牢固体系,更远离对于斯宾诺莎的正确理解的了。他自己给人们对其哲学的这种理解提供了足够的口实——这样的口实用不着长久地寻找——,下列名言既是一例:我将讨论的是依恋的本质及其力度问题,讨论灵魂对于它们的统治问题,而我采用的方法,在前几章讨论上帝和灵魂问题时,就已经采用过,我将考察人类的行为和眷恋,就好像问题涉及线、平面或物体一样。② 但是,诸如此类的保证未见得不会不把我们引入迷途。要知道他的伦理学的基本主题是,当灵魂认出自己本身并认出自己所产生的强大作用时,它会很高兴,不但如此,它对自己和自己所产生的强大作用的认识越强烈,它就越高兴。③ 而其对立面:当灵魂认识到自己无能为力时它会很伤心④——而我们还可以补充一句,虽然斯宾诺莎本人

---

① 这里说的是以下段落(第 55 页):我真的看见自己处于最危险的境地,从而不得不以全部力量寻找帮助,哪怕是不大可靠的帮助也罢,因为一个患了死症的病人,如果再不求助于药的话,就等于已经预见了自己的死亡,所以,我不得不付出全部力量来寻找这种药,虽然这种帮助的作用很可疑,但也没办法了,因为全部希望寄托于其上了。民众所追求的目标,不仅不能为保持我们的本质提供任何手段,而且还会对此产生妨碍,他们常常成为掌握这种手段的人死亡的原因,而且永远都是处于这种方法统治之下的人死亡的原因。(Spinoza, *Traité de la Réforme de l'Entendement*, 7, 9)

② Spinoza, *Ethique*, Preface.

③ Spinoza, *Ethique*, 3, 53.

④ Spinoza, *Ethique*, 3, 55.

并未这么做,即它再也不会清晰地想象自己的无能。无论斯宾诺莎如何雄辩而又严厉地予以证明,说他提出的这些观点都是十分客观的,其严格性可以与几何学家推出有关线、平面和物体的定理的严格性相媲美。但我们依然不见得感觉不到在这一切之后所隐藏着的极度紧张的生命力的搏动,而甚至就连最虔诚的泛神论者也无法从几何图形里找到这一点。此类判断的来源和数学家从中汲取其知识的来源无任何共同之处。斯宾诺莎哲学的最终理性(Ultimo ratio)来源于一种非常神秘的、无法诉诸语言表述的、极其特殊的体验的深处——而一些甚至不被包裹在话语里的指令,亦即宽容到成为证明,甚至都已经成为自我证明的指令,也来自那里。这不是什么判断,而正是所谓的指令,这不是对真理的"寻求",是关于真理的法令和吩咐。斯宾诺莎就是从这里取得他的权力的,而这也就是他为什么会像一个有权者那样说话的原因吧?但从另一方面看,他的所有"证明",所有几何学原则的企图,都迫使其对话者像他那样思考问题,这难道不是对于传统和习俗表达的一种假定性的敬意罢了吗?它根植于这样一种信念,即习俗现在是并且将来仍将是人们之间的暴君。对于斯宾诺莎来说这是显而易见的(他已经不害怕从这一来源里汲水了),在走进这个源泉时,他根本不问一下自己,他汲的水究竟是治病的活水还是致命的死水。他从内心鄙视仍存有诸如此类问题的人。他获得了一种新的信心——这是一种被不知道何谓错误的力量所支配的人的信心。对他来说已经不可能有被毒化了的泉水了。正因为此他竟然敢于断言上帝与善的理性格格不入。他说得更明显:如果人们生来自由,并一直处于自由当中,他们便不能建立任何关于善与恶的概念[①]:对于生来自由的人来说善与恶的对立也消失了。

斯宾诺莎说这一切时,他认为他是在表述真理,这种真理对于所有人来说永远到处都是必然的。但他忘了他本人也并非总是这么想的,曾经有一段他无法这样想,因而现在别人也不可能这样想,即对别人说什么上帝与善的理性格格不入,或自由人不能建立任何关于善与恶的概念,这和否认上帝的存在没有什么两样。斯宾诺莎和圣奥古斯丁以及所有哲学家一起把哲学的终极目标确定为无上幸福(beatitudo),对此,他做了如下定义:人的无上幸福不是什么别的,就是内心的满意,是从对于上帝的直觉认识中生发出来的。[②] 而这几乎就是对奥古斯丁原话的一种改写罢了:你是为了自己才创造出我们来的,而我们的灵魂只要在你身上一天不安宁,它也就无法安宁。灵魂的安宁是认识上帝的结果和特征。换言之,伴随着满意和安宁状态的认识,是终极的和彻底的认识。而且我们的全部活动都应当指向这个目标。而这也就是斯宾诺莎会与可能破坏灵魂的安宁的激情做斗争的原因呀。希望和恐惧的激情不可能是本身就好的。[③] 因此他解释道:我们越是努力在理性的指导下生活,就越是付出更多的努力使自己尽可能少受制于希望,从而摆脱恐惧,并且尽可能支配自己的命运,按照理性忠实的劝告来指挥我们自己的行为。而过了几页以后,他又重复道:被恐惧所支配的人为了逃避恶,即使是不被理性所支配,也是会按照善

[①] Spinoza, *Ethique*, 4, 68.
[②] Spinoza, *Ethique*, 4, 4.
[③] Spinoza, *Ethique*, 4, Prop. 47.

的教导去行动的。① 上文中我们还记得,斯宾诺莎在《知性改进论》中是如何讲述其心灵斗争的故事的,而这也就是关于其哲学如何起源的故事。要知道,把他的灵魂从均衡的自然状态下解脱出来的强大发动机,正是恐惧和希望。如果不是因为绝望和希望时时处于相互交替的过程,斯宾诺莎也许会永远停留在偶然的出生和种种客观环境把他从小就放置其中的那个轨道里出不来的。

必须有一场内心的风暴,必须有一场敌对潮流的冲突,才能打破消极混日子的倾向,把根深深扎在故土的倾向,才能把业已被纳入预定轨道的灵魂,从其所在的、通常人类存在所在的平面上抛离出来。在走向内心世界(aquiescentia)的过程中,斯宾诺莎忘记了一点,即他已经被抬高到了高于日常生活的水准。而且,要知道内心世界根本就不是哲学家独有的特权。

相反,我们只有在那些从来就不懂得什么是斗争和怀疑的人身上,才能观察到纯粹状态下的风雨如磐的安宁状态。以获得安宁为其宗旨的哲学家,幻想着那样一种状态的恢复原状,这种状态是任何或多或少具有某种局限性的、成功的,总之是资产阶级生活方式所固有的。谁如果曾经有一次煽动着绝望和希望的翅膀飞到天上去过,谁就永远都不肯回到稳固的安宁状态。无怪乎就连天主教徒也祈祷说:我信仰天主,帮助我的不信吧。而且,我们在那些具有极其丰富的宗教经验的人身上,也可以看到他们如此这般的供诉,对此类供诉我们不能加以轻视,如果我们想要深入洞悉哲学创作的源泉的话。德尔图良说过:恐惧是拯救的根据,缺乏恐惧

---

① Spinoza, *Ethique*, 4, Prop. 63.

是有碍于拯救的。而大葛利高里也公然声称：神圣的教会为信徒提供了一种绝望与希望的混合物。

的确，显然，我们之所以需要精神上的摇摇晃晃，正是为了摆脱被理性所限制的可以理解的正常范围的界限，但这要求以精神的极度紧张为前提，这在人身上往往是由不可遏止的恐惧引起的——即便此类恐惧毫无根据，无缘无由，或是充满极大的希望，但同样虚幻不实，很少有什么根据。谁如果对斯宾诺莎的结论深信不疑，对他那刀研斧刻的原则全盘接受，却落掉了一个哲学家在学会运用智慧以前都必须经历的那场斗争、那种希望和绝望交织的深渊的话，谁就会一无所得。希望和恐惧的激情本身就是好的——不但如此，它们还是每个人都必须具有的，对人来说，没有它们，终极认识是绝对不可能的。没有它们，人身上甚至都不会出现想要挣脱安宁的首要的、自然局限性的范围界限——对此范围，亚里士多德曾经在有关中庸的哲学中有过表述，而中庸在当代认识论里，仍然在顽强地证明理念，即完善知识的虚幻界限。我们有权从事某种哲学研究，仅仅研究它还不够：必须尝试并且考验那些在语词和形象之外被接受的东西。①

VIII

我在这些问题上逗留的时间实在是太长了，这主要是因为哲学的命运与此类问题密切相关的缘故。一个哲学家是否可以信赖

---

① Spinoza, *Tract. Theol. Pol.* 6,7.

理性,相信在理性本身中,包含着认识的来源,抑或人必须等待事件的发生?我觉得如果这样来提出问题的话,对它不可能会有两种答案。显然,一般说来,情愿在理性中寻找答案的意图,是将自己与一切可能发生的意外划清界限的必要性的表现。我很想在整个生活之上安装一种办公室用的可以保护人的存在不受外部风暴侵袭的装置。

人懂得什么好什么可以——因为人觉得没有此类判断生存本身都是不可能的。把自己完全交给未知去掌握——谁敢下如此大的决心?圣奥古斯丁的确是在天主教教会的荫庇之下,敢于推出一种可以在同等程度上既被天主教徒也被清教徒接受的学说。他似乎以其对贝拉基分子的反驳抽掉了人脚下的泥土。我们大家全都是罪恶的群众,永死的群众,而且,实际上我们也不可能对任何东西都不指望,我们的拯救不是靠我们自己的努力,而是由于神的恩赐。他首次对神恩做了表述,把它说成是先行的恩典(gratia praeveniens)。上帝向人发送神恩不是因为人以其自身的努力、祈祷和所做的善事使自己配得到神恩了。人无法努力,也无法祈祷,更无法做善事,只要上帝无此愿望的话。① 也就是说与贝拉基相反,②圣奥古斯丁认为——以使徒保罗的言论为依据——,亚当的原罪导致的结果是整个人类都处于无论怎样的法律庇护之外了。上帝的饥饿、不安和焦渴,对于以往经历的厌恶和低俗的享受,都不能扑灭,因为灵魂的存在来源于上帝,所以,也会走向上帝。可

---

① Loofs,380.
② Loofs,422.

是此刻他发现了一种可怕的东西。意志实际上根本不想要它所要的或是它似乎想要的东西。不,这不是什么外观,这是一个极其可怕的悖论:我们在力求走向上帝可是我们却走不到,而这仅只意味着我们不想走到他身边。[①] 实际上这段话里没有一丁点夸张。的确,圣奥古斯丁充分体会到了一个人所处处境的令人感到极其可怕的悖论性——此人感觉到世界为他提供的一切,却无法满足对永恒的无以餍足的饥渴,此人还怀有这样一个信念,即要想走近如此吸引他的本真生活的来源,他无法出于自己意志地做任何事情。而奥古斯丁在清醒状态下所体验到的一切,好像每个人在梦里都不得不有所体验。一个可怕的噩梦在令你窒息。你感觉到这只不过是场梦,只有毅然醒来才能摆脱如此可怕的梦境。于是你竭力想要醒来,但随即确信你的一切努力都是白费劲,因为你的拯救不在于你自己,而在你之外。有时候你非常非常努力费劲,你终于在睡梦中醒来了,你翻身下床,你似乎觉得所有的恐惧都已经过去了,你已经回到了现实生活中,你已经再也不受那种残酷的,和你格格不入的势力的支配和统治了。可是,刚过了一秒钟,你就看见,其实自己根本就没有醒来,所谓你的醒来是虚幻的,虚假的。于是心里又是一阵恐惧,害怕,又一次感到自己软弱无力,孤独无助,同时感到自己的一切努力都是徒劳。只有当你一方面确信凭借自己的力量,无论你多么努力,你都无法获得拯救,而从另一方面看,当噩梦的痛苦和恐惧达到无法忍耐的极端程度时,真正的觉醒就会到来,那时便会回归现实生活。无足惊奇的是,曾经在清醒

---

① Harnack,3:113.

状态下体验过长达数年之久的噩梦的奥古斯丁,大发感慨道:而这又是什么非同寻常的现象呢?它从何而来,为什么,其原因是什么?你的仁慈会为我回答这些问题的。或许对这些问题我也能在人类不幸——作为对于亚当之子的悲惨的惩罚——的珍贵谜底里找到答案。这些现象究竟从何而来,究竟是为什么呢?[①] 只有那些对于圣奥古斯丁的体验多多少少有些了解的人,只有那些对此类白日噩梦有一定了解,知道这不是神话,不是杜撰,也不是人类精神狡猾的虚构的人,才能理解奥古斯丁这番话的内涵和意义。与此同时,也才能理解是什么鼓舞着他与贝拉基主义斗争不已。的确,在这场斗争中,圣奥古斯丁表现为一个哲学家,表现为一个古希腊人的忠实学生。呈现在奥古斯丁意识里的这个问题,依然保持着希腊哲学当初提出这个问题时的那种方式:真理在谁一方,是在他一方,还是在贝拉基一方?正确性应当不是在他一方,就是在贝拉基一方。

对于矛盾律奥古斯丁不会有任何怀疑,而在这个领域,矛盾律也未曾失去效力和意义。因此奥古斯丁才会非常强烈地努力争取贝拉基和其同伴的评判。他似乎觉得只有从自己的道路上把对手清除出去,他才能毫无障碍地朝着他为自己设定的终极目标不断前进。而在此我们只简单指出这一点就够了。读者自己可以通过这个例子明白,人们是如何通过对于自己体验的逻辑分析得出判断的,而且他们还认为自己有权赋予此类判断以普遍必然的属性。奥古斯丁似乎觉得他通过这种方式已经了解了上帝赖以把人们吸

[①] *Confessions*,8,9.

引到自己身上来的所有途径。奥古斯丁似乎觉得如果他能够与闻高级认识,也就意味着,他已经知道了上帝赖以吸引所有人到自己身边来所采用的所有途径。而如此热衷于侈谈天主的难以理解的途径的他,竟然连一次也没有想到,他会以这样一种假设,只能限制全知全能者的权力,只赋予他那样一些只在其希腊导师的哲学著作中事先得到核准的可能性。贝拉基提出了一个一般论点,说亚当的原罪无法伤害到他后代中的任何人:因为这是很不公正的。奥古斯丁回答说:亚当的原罪扼杀了整个人类,而如果他扼杀的不是全部人类,只是人类中的一部分,那这也是一种不公正。无论是圣奥古斯丁还是贝拉基,两人都在圣经里寻找到了足够多的本文以支撑自己的学说。可是,贝拉基不曾听到奥古斯丁说的究竟是什么——而奥古斯丁又对贝拉基所引用的本文听而不闻。就这样,圣经所具有的多重内涵,人类理性,甚至是杰出的、天才的人类理性也无法理解。每个人都觉得从一个点引出的直线只能是一条垂直线。而且,如果实际上可以引出不止一条垂直线,也不是两条,而是无数条垂直线,那么,人们就会觉得这太不合理了。我们大家全都生活在同一个明确的平面上,我们很难想象居然会有许多个平面,因而可以允许邻人在空间里自由运动。接下来的阐述会进一步表明,我希望,这种把一切都加以限制,甚至连上帝本身的权力也不放过的需求,会引导人们走向怎样虚假的结论。先允许我们来探讨一下奥古斯丁学说中的另外一个方面。我们已经知道,奥古斯丁被迫脱离他的同时代人所生活于上的那个平面。他注定可以根据自身的直接经验感觉到人的力量的有限性。在这个世界上生活的同时,他确信根据其最深刻的本性,他属于另外一个世界——尝试和体验那些在话语和描写之外被接受的东西。只有以自己的全部心灵的力量仇恨,才能从日常生活中脱离出去。因而两个城市建立了两种爱。被称为尘世的城市建立了对于自我的爱,导向了对于上帝的蔑视;上帝的城市则建立了对于上帝的爱,导向了对于自我的蔑视。①

人如何才能摒弃自尊心,如何才能使对上帝的爱心成为其存在的唯一动机?奥古斯丁根据自己的经验确信,单单只凭练习智力和意志的方法,是什么也得不到的。觉醒即便会发生,那也只能是表面的,只能是在梦里。此后一切就又都按部就班:平常的内心斗争是无法克服感性的统治权的。奇迹,只有奇迹才能拯救人。而正是为了这种奇迹,圣奥古斯丁才摒弃了人类理性所取得的所有成果——当然是就他所能具有的勇气和禁欲精神而言。他很想把自己的精神完全委托给天主来掌握,虽然正如我已经指出过的,他稍稍带有一些左顾右盼。显然,对于造物主的完全彻底的信任,即使是在像奥古斯丁这样的人身上,也是重于一切的。或许正是由于这个原因,信仰只是在经历了通常可以使人的灵魂粉碎的沉重考验以后才会到来。我们甚至找不到话语来形容人必须经历的那种特殊的状态,人的灵魂摆脱把灵魂压倒在地面上的压舱物而解脱出来,得到净化,飞向天空。于是我们求助于伟大的圣诗歌者。好几千年以前,圣诗歌者第一个找到了用以表达最初产生的体验和感受的真正的话语。"我的精力枯干,如同瓦片;我的舌头

---

① *La Cité de Dieu*,14,28.

贴在我牙床上。你将我安置在死地的尘土中。"[1]而这并非隐喻,也不是假定性形象。实际上我们就是有必要让精力枯干,如同瓦片,就是要安置在死地的尘土中,让人的五脏六腑和心灵像蜡一样融化。

难怪奥古斯丁那么喜欢诗篇,也难怪迄今为止诗篇都是无人能超越的精神创作的典范。难道一个人真的能够凭借自己的力量攀登到伟大的沙皇召唤他上去的高峰吗?我们甚至不善于在一个普通人身上植入最普通不过的诗歌才华,我们习惯以为诗人是天生的(poetae nascuntur),而如果这其实是不对的,那么,在以下一点上却是对的,那就是任何人都不知道,他如果想要占有灵感之谜,必须做什么。宗教观最深刻的谜底对于我们来说究竟在多大程度上是不可问津的——我们是否有权指望存在着一种计划周详的接近上帝的方法呢?对于宗教信徒生活和内心经验的全部观察向我们表明,他们的"探索"方法是与规划和计划理念截然相反,格格不入的。内心顿悟的降临,并非是在我们期待它的那一刻或是我们在为它做着准备的那一刻:"素来没有访问我的,现在求问我;没有寻找我的,我叫他们遇见;没有称为我名下的,我对他们说:'我在这里!我在这里!'"[2]所有类型的修灵(exercitia spiritualia)只是或多或少对于体验的不太成功的逻辑分析的尝试罢了,它们就其实质而言是与任何逻辑相悖的。

且看奥古斯丁是如何直截了当谈论先行的恩典的吧。唯有上

---

[1] 《圣经·旧约·诗篇》,第 22 章第 15 节。
[2] 《圣经·旧约·以赛亚书》,第 65 章第 1 节。

帝的恩赐才能把业已冷却的、僵硬了的人的灵魂从深沉而又痛苦的、永远也睡不醒的梦中唤醒。信仰不是承认某种观点为真的决心问题。无论你承认多少判断为真，你也不会因此而离上帝更近一步。信仰意味着转向新生活。

上帝曾经出于恐惧，才从虚无中创造了世界，创造了人。上帝还如法炮制，继续把没有丝毫信仰的人变成信徒。而在这样神奇的变化中，当然，人的力量不可能没有任何意义，正如当全知全能者利用无限制的权力将他们的灵魂从非存在中提取出来时，人的力量不具有任何意义一样。决定奥古斯丁皈依宗教的那种经验的实质，就在于此。而这也就是为什么德尔图良当初会如此勇敢地断言：人并非生来就是基督徒，而是长成基督徒的。而这也就解释了奥古斯丁为什么会情愿与代表多神教智慧的贝拉基一刀两断。对于奥古斯丁来说，实际上多神教的义人都是出色的罪人。苏格拉底那从凡人角度看非同寻常的道德力量，在圣奥古斯丁眼里却一钱不值。无论这种道德力量的力度有多大，它也不会把人提升到高于地球的地步，提升到一只鹰的地步，它仿佛具有一种皇家气派，凭借着自己那强大的翅膀，骄傲地翱翔在天空中，却无法飞出空气。

当然，正因为此，圣奥古斯丁才善于并且也敢于表达他的这一经验——他不得不与困惑莫名的对手进行一场不可调和的斗争。他的对手想要洞悉上帝的真理和正义，他却跟随在诗篇作者、先知和伟大的使徒身后亦步亦趋，只想颂扬他们的名字。喏，这不，根据奇特的、充满了悖论的、新的创作的游戏，奥古斯丁以一种对于其对手充满侮辱性的激情，求助于《圣经》里的那些格言警句，此类格言警句与传统有关善良和理性的概念有着天渊之别。人靠信仰得到拯救,信仰却不会给予不寻求信仰的人,不会给予争取到信仰的人,而只会给予上帝优选的人,而且往往还是在此人尚未来得及在某些方面有所表现时。"由于上帝在事先就已经确定了他们未来的事功这样的定数,他们是在创世以前就被选择好了的。他们是被优选出来的,是按照上帝预先规定给每个人的使命,而从其他世界里分化出来的。的确,对于那些他预先做好定数的人,他按照他们每个人的定数来要他们完成特定的使命。因而,他给予证明和颂扬的,就只是那些他给予定数和召唤的人,那些除了他本人以外没有其他目标的人。"①这一有关定数的学说,后来在路德尤其是在卡尔文那里,获得了一种更加严厉、更加尖锐,甚至可以说对于健全的道德意识来说是无法忍受的、非奥古斯丁所能想得出来的表达方式。这种表达方式完全是从《圣经》中拿来的。

而就是这些没有经过希腊智慧洗礼的先知和使徒,教会了学者奥古斯丁信任自己的经验,而此类体验按照过去的真理标准,应当予以推翻,因为它们与理性的本性不符,也与事物的本质不符。"救主以色列的神啊,你实在是自隐的神。"②此外还有——"那些与自己的创造者争吵的人是不幸的,是那种碎瓦片里面的碎瓦片。而黏土会告诉陶工说:你在做什么呀,为什么你的作品没有手呢?……"③还有"有谁站在耶和华的会中。得以听见并会悟他的

---

① Augustin, *De Praedest*, 34; Harnack, 3, 205.
② 《以赛亚书》,第 45 章第 15 节。
③ 同上书,第 46 章第 9 节。

话呢？有谁留心听他的话呢？"①

　　由这段话，我又一次想起了被苏格拉底用作希腊哲学之基础并且以不变的形态传到我们手中的那些原则。苏格拉底瞧不起诗人，因为诗人虽然懂得真理，却不善于理解真理。对于苏格拉底来说——继他之后也就是对于全部哲学来说——，不可理喻的真理也就是不可接受的真理，就是谎言。我们什么都不愿意信任，我们想要信任一切。我们所能指望的只有自己的力量，我们尊重的只是自己的正义，我们信任的只是自己的理性。苏格拉底毫无疑问会把先知都带到诗人那里，而柏拉图就会把诗人从城邦里驱赶出去。实话说，柏拉图的判决后来被历史付诸实施了。在当代文明化的国家里，先知并不享有公民权。人们只是在忍耐他们而已，如同忍耐疯子和狂人一样。诚如陀思妥耶夫斯基曾正确地指出的那样，天主教只不过小心翼翼地把他送出自己学问的园子完事。可是，圣奥古斯丁正如我们所知，既是一个天主教徒也是一个信徒。先知以无论如何都无法加以论证的灵感鼓舞着他：啊，上帝的事物和财富及睿智是多么丰盛呀！他的公正是多么不可思议，他的道路是多么不可思议！因为谁能洞悉天主的智慧？谁曾荣任上帝的谋臣？② 这位伟大使徒在那些先知之后歌颂造物主不可思议的智慧的激情洋溢的话语，对奥古斯丁心灵所讲述的，要比全部古代哲学体系多得多。

　　无论我们的理性无论对于这种决断显而易见的不公正性如何

---

① 《耶利米书》，第23章第18节。
② 《罗马书》，第11章，第33—34节。

生气愤怒,上帝仍然优选了他想要优选的人,对此,圣奥古斯丁已经不再感到窘迫了。"因为,根据上帝不可言喻的天意,许多看样子属于教会以外的人士,却处于教会之中;而许多看样子似乎在教会里面的人,实际上却在其之外。"① 奥古斯丁如是说,而这正是那个奥古斯丁,那个如我们所记得的那样,完全可以被合法地叫作天主教中流砥柱的那个奥古斯丁。可要知道在这段话里也包含着天主教的死亡呀!要知道他们剥夺了副都主教彼得的钥匙的统治权,没有这种权力,他的全部政权和全部力量都变成虚无!

要知道奥古斯丁一直在宣扬什么无形教会,亦即起而反抗天主教会的宣扬可见教会和可见上帝在大地之上的可见的、为全部完整的权力所包裹着的督导者的基本教义。这一切当然如此。可是,要知道圣奥古斯丁有关先行的恩典和有关单靠唯一的信仰来获得拯救的学说,很少能与天主教的理论和实践协调起来呀。天主教会无论其神恩学说怎么普及和扩散,归根结底,它把人的拯救置于取决于人的功勋的地位。

而如果天主教摒弃了这一点,那么,它就连一年也维持不了它那数百万头羊组成的羊群。众所周知,人们曾经如何力图详尽阐释奥古斯丁的神恩学说:由于有了上帝对生命命运的决定,所以,人无论努力与否勤懒与否,是罪恶满盈还是德行高尚,反正都会得到拯救的。反之,那些被上帝预先注定去死的人,无论其多么努力想要取悦于上帝以赢得上帝的仁慈,反正都会毁灭的。② 也就是

---

① Augustin, *De Bapt*, 5,38;Harnack,3:164.
② Harnack,3:248.

说,从逻辑上说这是我们能从奥古斯丁学说中得出的正确的结论。这一点很清楚,而这一学说对于首先是天主教本身和全部现行制度的意义,也是十分清楚的。可以理解的是,无论是天主教还是后来的清教教会,都从来无法安静地对待这样一种勇敢无畏的彻底性。而且,每次当教会不得不在学说的纯洁性和保持指导羊羔的灵魂的权力之间做出选择时,天主教都从来不会犹豫不决。它的学说是愿意信仰上帝的,但对于其在大地之上的政权及其在尘世间的目标,它也总是宁愿采用自己所拥有的一切手段来加以捍卫。

可是,对我们来说,重要的是要把天主教与圣奥古斯丁区分开来。我并不认为我们可以像清教徒所做的那样,谴责圣奥古斯丁居然认为自己有必要维护那种庸俗天主教,即后来的路德不得不与之进行斗争的那种天主教。嗣后的阐述表明,路德不得不做奥古斯丁曾经做过的事情,甚至就连自由派神学,在摒弃了庸俗天主教以后,也理应以庸俗哲学,即常识哲学为依靠。不但如此,我们已经部分地看出,而嗣后的阐释还将更加清楚地表明,"庸俗天主教"远非那么容易——如天主教神学家所以为的那样——就能被我们从自己身上抛弃的。而且庸俗天主教神学家自身尽管具有全部自由思想,但远非自由的,他们并不能摆脱他们在谴责圣奥古斯丁时所说的那种约束和枷锁。而这绝非偶然。

面对上帝,一个人只有在灵感勃发的祈祷这种十分罕见的时刻,开始理解语言和想象之外(*extra verba et imagines*)的上帝时,才会断然决定做一个真实和自由的人。面对上帝,什么都不会觉得可怕。甚至和奥古斯丁一起承认最崇高的道德生活也无法给人心灵的满足,也不足以令人感到害怕,指导上帝所固有的,不是善的理性,也不害怕,甚至就连大声宣布能把所有人都吓慌的公式"在善恶的彼岸",也不会令人感到害怕。在上帝面前,意识到自己软弱无力、无能为力只会令人高兴,令人激情洋溢。

或许最伟大的激情的来源,在于为了上帝而摒弃理性和道德所赋予我们的所有"自然权力"吧。参与最高存在也就意味着摒弃自己的一切愿望,想望自己曾经害怕过的一切。可是,你只要把目光从天上转到地下,一切就都变了。信仰变成疯狂了,而且实际上也真的成为疯狂了。你们甚至可以听到民众的絮语:即使疏忽,即使有罪……而且您会感觉到在天与地之间挖了一道无法通行的深渊。

对民众可不能小视。必须给民众戴上笼头,民众需要的是公认的、业已证实了的并且已经被核准的真理。民众只肯在这样的真理面前低下他那高贵的头颅。无怪乎柏拉图会说民众是无信仰的,斯宾诺莎更是断言饥饿的暴民是可怕的,而陀思妥耶夫斯基在谴责和维护自己笔下那位宗教大法官时,称人们为暴乱者。在尘世间,必须有一种说一不二的、不允许任何反驳和抗议的真理。

尘世间需要有一种知识,尘世间需要有一种信仰,尘世间占据统治地位的,将永远都是回归了的亚里士多德的中庸。

无论奥古斯丁还是斯宾诺莎,抑或是所有最伟大的哲学和宗教天才,都从来不善于寻找既为天上也为地上所需要的真理。现在让我们暂时离开奥古斯丁,把叙事转到千年以后。我们要讨论奥古斯丁最杰出的学生之一——路德,我们要看一看,他是如何接受真理和信仰之间的那种对立的,而这种对立性质是他的导师在使徒保罗书及其自身经验中发现的。

IX

我已经在前面的某一章里说过,路德和捷特采尔就赎罪券问题所发生的冲突,不可能被认为是导致宗教改革的真正原因。无论捷特采尔所使用的手段本身多么使人气愤,也无论他派去搜刮民脂民膏的那些人如何可恶,很有可能的是,如果是在其他场合下,路德肯定会不闻不问地从旁边走过去。还有一点同样极有可能,使路德和罗马一刀两断的那些体验,本来也许可以使他成为天主教教会忠实的儿子。著名德国历史学家兰克[①]说过,路德的体验与耶稣会修会的创始人伊格纳季·罗耀拉的体验极其相近。前者和后者都力求寻找宗教所要求的东西,都力求在上帝身上平息内心,但教会所指出的无论前一条还是后一条道路,都无法导致所想望的目标。"他们是通过不同途径走出这座迷宫的。路德所认同的是人可以凭借对基督的信仰而非善事来赎买自己的罪过的学说。他就是如此理解他坚定地以之为据的圣经的。而关于罗耀拉我们却不能说他研究过《圣经》,不能说教条对他产生过影响,因为他只以在自己身上所进行的思考和内心动机为生,他认为他时而从善良的精灵时而从恶的精灵身上获得灵感,最后,他还能辨析他们之间的区别所在。他的看法是,一个精灵使人心欢畅和安慰,另一个精灵则使人心疲倦和害怕。又一次他似乎觉得他在梦中忽然

---

① 兰克(1795—1886),德国历史学家。主要研究 16—17 世纪西欧政治史。"兰克学派"的特点是极端唯心主义,主要对政治史和外交史及一些伟人的活动兴趣浓厚,宣扬民族主义,颂扬普鲁士的专制制度等。——译者注

惊醒了。他以为自己搞明白了（用他的双手）自己所有的悲伤实际上都是撒旦的诱惑而已。他决定从此时此刻起让自己以往的生活统统滚蛋吧，自己再也不能让这些伤口受污染了，从此以后再也不碰它了。这与其说是一种安慰，倒不如说是一种决断，不但如此，还是一种采取了信念形式的、必须对之加以服从的决断。"[1]如此出色的一位清教徒历史学家居然会有这么一番表述，断然值得我们关注。而同样一些内心体验使得路德成为了敌人，使得罗耀拉成为了天主教会最可靠的支柱。耶稣会修会的改革和机构设置，其为自己所设定的即便不是唯一的但也是主要的目标就是与改革斗争，这本身却是同样一种怀疑精神、斗争精神与始终不渝地追求终极目标的产物。

路德和罗耀拉一样，感觉自己处于恶的精灵的掌握之中，于是他集聚自己的全部力量，以便摆脱这个可怕的敌人。于是他得出了这样一个结论，即教皇和天主教会及其虚假的学说都是他的敌人。而真理只能在圣经中才能找到。一切与圣经相矛盾的东西，都是神的敌人们杜撰的虚假的东西。于是，路德宣布了被他的继承者称为清教徒的形式主义原则的那种东西，即使人们得以在宗教问题上区分真理与谎言的外在评价标准。而罗耀拉确定了他自己的"标准"。在《修灵篇》中，有一章的标题是：如何区分影响人的各种精灵，以便接受好的而否定坏的精灵。

路德——关于这一点我们稍后会详细讲述——断言，福音书，即他的福音书观，是上帝本人给他提供的。罗耀拉同样也对真理

---

[1] Ranke, *Die Römischen Päpste*, 1, 121.

和信仰之谜有独特的、超自然幻想式的理解。[1] 而且这种理解对他来说已经如此之确凿,以致不需要任何后续的论证。甚至就连圣经也说:在看过了他所看到的一切以后,他完全确信这样一个常常萦绕在他脑际的思想,即虽然《圣经》中没有一处文字是教导人们信仰的秘密的,但因为他见到过自己所见的,所以,他决定自己应该为了自己的所见而去死。[2] 兰克把罗耀拉和路德区分了开来。罗耀拉只不过采取了一种决定,路德却创造了一种"信念"。这位清教历史学家认为他能以这样的区分在理性的法庭面前为路德辩解,从而彻底地揭露罗耀拉。而我认为这里的问题不那么简单。

既然说到了法庭与被告,那么,这次就连历史学家兰克自己也面临着从法官席上转到被告席上的危险。他有什么权力下判决呢?而且还以一种不容辩驳的口气!众所周知,前不久,一批著名的德国学者——历史学家和哲学家——就兰克所提出的历史研究方法问题,掀起了一场声势浩大的争论。

这次争论的主题是兰克的一句简单的话:历史学家应当描述已经发生的事情。这就产生了一个问题:如何执行这一遗训,这条遗训对历史学家提出了怎样的要求。当兰克说只有罗耀拉采取了决定,路德却创造了信念时,他究竟是否描述了已经发生的事情,而根据他的观点要执行他对历史研究所提出的原则,以上两人是否对已经发生的事情进行描述了,抑或他已经超越了自己的权限,

---

[1] 兰克,《修灵篇》,第122页。
[2] Ranke,122.

自作主张地扩大了其权限呢？而且，如何才能检验合法使用权力的界限究竟何在呢？需要提醒一句的是，兰克在上文所引的那段文字中被描写得像是一个只知道追求恭顺地服从法律，放任自己不承认《哥林多前后书》的经典意义的人，他并未进行任何论证，却敢于放肆地提出自己的决断的母题，援引贺拉斯的话——这是我想要的，我如此命令，我的意志要起到基石的作用。毫无疑问，作为历史学家的兰克对这一切都心知肚明，可是为什么被他提升成为历史客观性法则的东西，居然会对他失去效力呢？

显然，兰克在历史叙事中对之情愿并自愿服从的那一规律，其适用的范围是十分有限的。兰克并未讲述17世纪发生的农民战争，而对于16世纪的30年战争，他也并未隐瞒路德低下的出身，虽然他或许很高兴看见改革运动的领袖人物是一个有世袭统治权的公爵或伯爵。在这些范围内，客观性法则给他留下的印象还是很强烈的。可是，在一定界限以外，这种前不久还是不可颠扑的真理的光芒就一下子减弱了。

无论是客观性还是法则，对他来说都是不必要的了。在公开表述有关路德和罗耀拉的判断的同时，兰克并不认为有必要反思一下自己的逻辑架构。根据他自己的供白，罗耀拉的思想完全来源于折磨着路德的那些怀疑与痛苦，这些怀疑与痛苦曾经把路德从数百年以来已经被人脚踩出来的历史的大道上排挤出来，他也没有信念，虽然他和路德一样愿意为了自己的事业而献出自己的生命。显然，兰克表达自己的意见时是那么决绝那么自信，而这正是因为他感觉到在这个问题上他再也不受任何东西的约束了，他做出自由决断的时刻来临了：已经可以不顾忌任何法则了，因为无论他在档案里发现了多少新的文件,里面没有一份文件可以对他所提出的判断或是提出争议,或是加以肯定。

而且即使我们得以让罗耀拉和路德复活过来,问题也不会得到根本的改善,因为无论怎样的交叉审问都无法收集到检验兰克判断所必需的材料。对他来说,路德过去是现在依然是理性的代表人物,罗耀拉却是激情的代表人物。而兰克对于自主意志决断权是如此珍重,以致根本就不曾为自己提出这样一个问题:这一切究竟是怎么发生的呢,为什么这些就其体验十分接近的人们,却像不可调和不共戴天的敌人一般走上历史的舞台呢?为什么耶稣会教徒及其修会认为自己有权采用任何手段与宗教改革斗争,而实际上路德和罗耀拉的出发点都是同一个,而且他们追求的目标也是同一个。抑或是在这个问题上也会发生那同一个规律的断裂吗?而且这里是同一些原因导致了各种甚至直接相反和对立的结果。对于一个真的只想要描写已经发生过的事情的历史学家来说,这样的结论应该是这个世界上比一切都贵重的结论了。要知道,如果这是真的,如果现象规律应用的范围是有限的,那么,要知道有关历史法则的幻想对于历史学家来说就会成为妨碍他研究的一个很大的障碍。这也就是说,问题不在于研究,而在于——我们必须说——所设定目标的取得,而这也就是斯宾诺莎所说过的那种科学的巨大障碍(magnum obstaculum scientiae)。

在此我们碰到的情况显然足以使我们确信,认识和科学的目标其实是完全相反的。对于科学来说按照一定原则阻碍事件协调的一切,都是应予排除的阻碍,是真正的名副其实的绊脚石。而想要使自己的著作成为真正科学著作的历史学家,不可能不尽一切努力，从自己的道路上清除所有这些石头。而如果罗耀拉和路德的出发点各异，所追求的目标也不同，则他们生命的事业就不可能是那么不同。因此，我们必须纳入一个新的能够解释所有已经发生的事情的因素。

兰克就是这么做的。这也就意味着早在他开始着手表述历史方法原则以前，在他说历史学家应该描述已经发生过的事情之前，他就已经不知从哪里得知，不管过去发生过什么事情，现象的一般规律性原则是不可能被破坏的。况且实际上即使一位历史学家想要尝试拒绝这种原则，他连两句话也写不出来。如何认识康斯坦丁的才华究竟是不是可以证伪的呢？须知一旦我们对这份历史文件进行一番检验，就会因为一点而否认它，即我们承认一些有关真理的标准是不可颠扑的，是建立在一种特定的假设之上的，这种假设在一千年以前也和现在一样就存在，是事物不变的秩序的一种特定标志。在康斯坦丁时代人们就曾这样写，而且那时的人们也是这样理解和认识的，等等。而如果我们连这个也不肯承认的话，那么无论怎样的虚构也和最真实的历史描述一样具有同等权力了。关于秃山上的巫婆，关于宙斯的出生、关于穆罕默德的奇迹的传说，关于斯维登堡的故事，等等，都应当像相信保存至今的有关恺撒死亡或马其顿的亚力山大的远征的描述一样来加以接受。标准就是不允许一大堆急赤白脸地想要混进科学殿堂的毫无意义而又颟顸愚昧的谎言，进入科学殿堂的哨卡。推倒它，各种各样的奇思妙想就会以奇异古怪的全部力量占据人类真理的战场。这番推论既如此浅显也如此公正。而如果我们的推论，即我们所熟知的法则发挥作用的领域甚或一般说规律发挥作用的领域是有限的，是正确的,那么,具有一种趋向于真实性的习惯的科学也还是会堕入一种悲惨的境地:要想不犯错误,它就得摒弃知识,也就是说摒弃自己最主要的目标,一切不被监督放行的东西,也都会遭到它的否定。不但如此,由于已经形成了仅只探索无可置疑的东西的习惯,一切无法被监督或检验的东西,不仅会处于成果之外,而且还处于人类探索的范围之外。我们将会看见的,非但不是现有的,而是按照我们的意见应该有的一切,亦即换言之,以前一直在寻找现在也始终在寻找对于现实生活的认识的科学,将会生活在一个由幽灵组成的奇思妙想的领域里,把不存在的东西当作存在的东西来加以肯定。说这东西本来一直都是这样的,这对我而言几乎是不言而喻的。而在这种场合下,兰克,就是那个真的想要只描述实有之事的兰克,陷入了现存所有认识论为我们设立的陷阱。他还有足够的洞察力和独立判断力,所以不至看不出罗耀拉和路德在精神体验方面的相似性。可就在此时认识论开始行使其权力了,于是兰克开始以这样一种腔调大谈其不言而喻的幽灵,就好像任何人都无权哪怕是在短暂的一秒钟内怀疑其现实生活性,一定要装得像是它们真的实际存在着似的。

路德有这样一个信念,他始终对之服服帖帖!换一种方式就无法书写历史。换一种方式,我们又该如何解释如宗教改革这样伟大的事业呢。要知道这可不是什么耶稣会——对待耶稣会通行的做法是,为了对其有害的历史意义进行惩罚,对耶稣会从来不做任何解释!我们可以假设,任性和偶然是伟大历史事件的开端——这样应用其"描述已经发生的事情"的原则——,对此,这位天才的德国历史学家,尽管思维十分勇敢和独立,也是不做并且也不会做的。

不用说,天主教历史学家和神学家关于路德的评价与兰克完全不同。他们认为路德是奥卡姆的学生和继承人。而我们从前几章里已经知道,奥卡姆学说的主要特点,把他与他前面那些经院哲学家明显区别开来的特点,是对于人类理性权力的根本不信任。奥卡姆教导我们说,我们所能认识的,仅仅只是圣经的启示和我们个人经验所给予我们的那些东西。人类理性的用途是十分有限的——它只能理解和接受给予它的那些东西。由于这种局限性,我们不能对理性进行批评,或是对启示真理进行检验,而只能服从它们,把它们当作无可置疑的,哪怕这种真理在人看来是不可思议的和违反自然的也罢。某种东西的不可思议性和违反自然性并非对于这种东西的一种反驳。奥卡姆写道:对它(意志自由)是不能采用理性方法来予以证实的,因为任何证明都应该接纳那些尚不清楚、也正因为此而显得更加模糊的方法。但在经验的帮助下我们却可以认识它。① 奥卡姆的这种推理方法与在路德身上已经成熟了的释放内心的需求吻合得天衣无缝。对他来说,理性并不是一个救命的好为人师的启蒙老师,而是凶残的暴君,其统治我们必须无论如何予以推翻。路德感觉到继续处于旧的前提的约束下已经不可能了,因为这些前提打着理性的名义约束了他的全部存在。而且,奥卡姆向他揭示,胁裹着全部证明的理性充其量不过是一个僭称为王者(比较里奇尔,关于路德理性主义的论述),奥卡姆的全部议论都带有这样一个特点——路德从这段话里听出了福音。理

---

① Ockam,16;Denifle,2,336.

性不知道他那里并未拥有真理,他所作为前提和观点提出来的实在是太少了,而且其中经过论证的他想要强迫我们接受的结论,就更少了——对于他的法令,我们究竟该以何为据加以信任呢?对于依本职应当研究认识论的当代哲学家来说,路德为什么会和绝大多数读者一样,与一切有关理性思维的特权的问题有那么多的牵连,这并非一个完全搞清楚了的问题。大家全都觉得,这是一个专业的和抽象的问题,是一个虽不失其理论兴味,却又完全无所谓的问题。任何人也不曾怀疑路德在加入奥卡姆学派以后让自己的灵魂所承担的这个伟大的重任。而且我也不知道,我们究竟有没有可能劝说当代读者或哲学家相信,人的命运,甚或人类的命运,都与在路德灵魂里所产生的怀疑和希望有关。

我们该往哪里走呢?该服从谁呢?该听谁的呢?如果我们相信体现在托马斯·阿奎那身上的亚里士多德哲学——必须在一切方面服从天主教会的权威——呢?路德当然不善于详尽地讲述和解释亚里士多德和罗马教会之间的历史关系问题,因为他既非历史学家,也非通常意义上的哲学家。但他却以其全部心力感觉到教皇与多神教的导师走得那么近这绝非偶然。被抬举到宝座上的理性为人类灵魂的希望和探索划定了界限。用陀思妥耶夫斯基的话说就是,天主教拒绝承认上帝有权对于天主教所做的事情,做出某种加减,这一点一度被宣称为一种终极真理。那些照例处于中世纪教会范围内的人,为自己的体验寻找到了足够多的空间,他们为理性及其决定安宁的核准权祝福。因为在正常条件下,无论什么都无法使人类的灵魂——即便是作为可能性的局限性的伟大的灵魂——高兴并得到安慰。

我们全都知道，反扣在我们头顶的穹宇不过是虚幻和幽灵，但也正因为此它才能分外抚慰我们的视力，我们对它感激不尽，如果它突然塌了，我们会受不了的，因为那样一来我们的眼睛就又不得不看着无穷发呆了。于是，托马斯·阿奎那的希腊灵魂创造出了恢弘壮丽规模雄伟的哥特式神学创造的教堂。可是在托马斯的教堂里，路德却无法祈祷。他呼吸急促，在空旷广袤的穹窿下他气喘吁吁。而且他虽然恐惧战栗，但还是欢迎了经院颓废的哲学的破坏性工作。认为路德已经形成了一个信念，认为他知道他所开创的斗争会得出什么结果的兰克错了。路德在开始了自己的斗争以后，根本就没想到过，他不得不深入挖掘中世纪天主教的基础本身。

现在，在回望并不久远的往昔时，一个历史学家会觉得他已经清晰地看见了个别事件之间的关联，而正是这些个别事件，组成了被称作宗教改革的世界性现象。可是，路德本人当时根本就想不到，他命中注定会创造出一种新的教会，或耶稣会。路德本是起而反抗教皇的，罗耀拉则把自己的全部伟大的力量贡献在了教皇宝座的脚下。而跟在斯宾诺莎后面的历史学家应当明白，集聚自己的全部力量，以便看出决定着过去事件的必然性是什么。我要重申的是，没有这一点，则历史不可能成为一门科学。可是，假如这种必然性乃是一种虚构呢？这样一来历史又能给予我们什么呢？

X

显然，我们必须摆脱斯宾诺莎的前提。换言之，历史真的应当描写那些已经发生过的事情。而在那些可以看出事件之关联的地方，我们努力找到这些关联就是了。可是，我们也应当为关联缺失、链条断裂做好准备。我知道这很难，我知道这带有风险，而且是极其巨大的风险。而且，我完全理解那样一些历史学家，他们在着手开始工作以前，都会自觉不自觉地从某些人手中接受一系列现成的前提，对这些前提，他们已经不需要再进行检验了。要上远路，没有指南针、地图和可靠的向导引路，是不可能的。可是在此时此刻这样的场合下，我们却必须预先告诉自己，人类存在和创造的广阔领域应当是永远封闭的才是。

  如果你总是对已经取得的成就分外珍惜，你就永远也休想了解任何新东西。在我们正在讨论的这件事情上，当路德不得不拿出自己身上的一切做赌注时，如果你想要观察他的话，就必须对一切做好准备，就必须不怕把珍宝丢弃在大海里，以便解救和减轻一艘正在下沉的轮船的分量。毫无疑问天主教神学家是对的，当他们断言路德的斗争是一场反对教会的斗争时，他们真的说对了。生活在19世纪而且本身也一直在天主教之外的陀思妥耶夫斯基，说天主教犯下的最可怕的罪行——就是把教皇放在了基督的位置上，而把自己置于上帝的位置上——当然不会是什么难事。但陀思妥耶夫斯基毕竟是从旁边对别人的罪孽和罪行进行判断的。而路德本人就是一个信教的天主教徒，而且，路德在谴责他本身所属的天主教以前，应该先谴责自己才是。要知道他和他们是一体的，要知道许多年以前他教导人们的也就是教会教导人们的那一套。天主教教会对他来说曾经是唯一的和最后的栖息之所，可当他第一次感到他自己隐身在反基督徒的影子后面时，他是何等的恐慌呀,因为他的灵魂面临着永远死亡的危险。的确,早在路德之前,个别人心里便已经滋生诸如此类令人心情沉重的疑心了。英国的奇格里夫和波西米亚的胡斯都在许多方面领先于路德。但他们当中没有一个人有足够的力量,能把这个问题完整全面地提出来。针对一些个别的滥用和不公正的做法,也曾有过一些小的抗议。但任何人显然都不敢断然向教会本身——统一、神圣和颠扑不破的教会——提出挑战。

的确,奥卡姆在理论上在很大程度上为路德准备好了基础。他起而反抗教皇的不受限制的权力:如果教皇从基督和福音书的法则中得到了如此完整的权力,那么,福音书法就成为了不可忍受的约束,是比摩西法还要大的法律,正因为有了它,所有人才都是教皇的奴隶。①

不光对于教皇,而且对于几乎整个神学界,他都肯定地断言:所有神学界并不能构成在信仰问题上不可能陷入迷误的教会。此外还有:所有主教在有关信仰的问题上,和教职人员一样都可能犯错。② 在这种情况下,法庭的权力转移到了上流社会人士手中:所有主教都可能和教会神职人员一样在有关信仰的问题上犯错。如果所有高级教士和神职人员都染上了世界歪门邪道的淫逸放荡之风,则评判权根据权力理应转入天主教徒无论其为世俗还是教会的信徒手中。③ 只有那些在圣经的条例里提到的和得到清晰表述的真理,才能被认为是天主教的和拯救所需要的真理。此外还有:

---

① Denifle,2,376 – 377.
② Denifle,2,379.
③ Denifle,2,375.

所有其他非出自《圣经》，不是从《圣经》的内容中作为准确和必要的结论推导而来的，即便在圣书和教皇的定义里得到证实了，即便属于教会的人们都对它们深信不疑，即便如此，也不能把它们视为拯救人的灵魂必须要用到的、天主教的真理，因为在对它们加以信任的同时，它们会俘虏人的理性。①

这一切都表明，奥卡姆已经滋生了对于天主教会颠扑不破性的不可动摇的无条件的信任。和后来的路德一样，他把圣经的权威置于天主教会之上。而且，天主教徒说得对，奥卡姆的这些论点极有可能对于路德的大胆妄为产生了极其强烈的影响。奥卡姆以其"教皇及所有神学界都有可能脱离真理"的假设表明，关于教会的权力和权威，实实在在说根本就不可能谈论。那个所谓的魏斯在他的另外一个观点中显然也说得对：如果既不承认传统为权威，也不承认教会的决断为权威，也不承认所有人的信仰为权威的话，那么，对于个别人而言，圣经便将是唯一的支柱。② 在这个问题上，奥卡姆和他那位伟大的对手魏克利夫和所有德尔图良时代以来的异教徒是一致的。

但奥卡姆和路德之间的差别还是很大的。奥卡姆仅仅指出所有天主教都可能陷入迷途这种可能性。而对于这种可能性他所举的例证，是建议信徒把圣经当作唯一不可动摇的权威。那些对于

---

① Denifle,2,382.

② 只有对圣经(旧约和新约)是不允许怀疑的，也不可以议论其中哪个是真的哪个是假的。而对于全宇宙教会的所有著作及其他阐释性著作，以及罗马最高祭司及其历史学家的著作，则可以进行怀疑。所有这些著作都是在圣经条例之后引入的。如果说它们与圣经的吻合之处以前不曾论证的话，那么，怀疑它们是合法的，而看一看它们是否背离真理也是十分必要的。(Denifle,2,382-383)

奥卡姆来说仅为可能性的，对于路德来说成为了现实。路德深信他在其中寻找拯救的那个教会，掌握在敌基督手中。

这样的体验对于中世纪僧侣究竟意味着什么，对此，我不知道我们同时代人中是不是有很多人都能理解这一点。而我这样做只是想说一点，即我们的同时代人并不懂得深刻的震撼人灵魂的那种体验。我觉得他们不见得能够清晰地想象到，诸如此类的心灵震撼会与有关教会的作用和意义问题有关。如果我们知道路德意识中所发生的转变是他所犯罪过的一种结果，我们就会更加明白一些了。就好比托尔斯泰在《克莱采奏鸣曲》和《黑暗的统治》里所描写的那样，抑或像陀思妥耶夫斯基在《罪与罚》或莎士比亚在《哈姆雷特》里所描写的那样。

因为我们当中很少有人能够假设，失去对教会的信仰就等于失去脚下的土地——而目前有数千名甚至数百万人活得好好的，根本不想什么教会不教会的。他们有另外一些栖居地，如所周知，相当牢固也相当可靠。可是，要知道路德之所以当僧侣，正是因为他找不到别的方法捍卫自己软弱而又孤独的灵魂，不受不知从何而来（他当时连自己也不知道它究竟从何而来）的可怕的威胁的侵扰。他割断了与世界的关联——教会就是他赖以为生的一切，也是他的全部希望所寄托的地方。可是怀疑忽然渐渐地转变成为一种不可动摇的信念，即那里，在他幻想能找到上帝之国的地方，竟然是撒旦的王国。路德的背弃教旨即肇端于此。而且，我们在历史中或许也不知道有另外一个背离教旨的宗旨和意义竟然会获得比这更加鲜明、更加全面的说明的事例。

而这也就是为什么按照路德主义的看法，评判路德会是一个错误。路德主义已经经过了重组，已经开始有了自己特殊的过去、自己的传统和自己的条例。

路德宗教改革的实质和内涵恰恰在于他失去了传统的支撑，他脚下那由数千年历史发展而形成的地基坍塌了。因此我们不仅可以赞同天主教徒的这样一个观点，即路德主义摒弃了路德，而且就其实质而言，它又回归了天主教，我们甚至可以继续往前走，甚至可以说，路德刚一想到要将自己的体验表述出来凝结为学说，却也正因为此而不得不拒绝自己本身。在这种显而易见的悖论性的皈依中，隐藏着宗教体验和宗教创造最深刻的谜。或许正是这一点，足以解释那些直到今天仍然让我们的不光是清教而且包括任何宗教的理论家绞尽脑汁地思考的永恒而不可调和的矛盾问题。而这也就是为什么如果你想要了解真实的路德的历史，就必须既读他自己的著作，也要读并非其朋友或继承者抑或他不共戴天的敌人——天主教徒——所写的研究他的著作。但是反着说却不行，即不能说：在清教徒那里你是找不到评价和理解天主教必需的材料的。我上文已经提到过杰尼夫勒的著作，格利扎尔的巨著，以及意义虽不如前者那么重要但非常有趣的法国天主教徒的著作，虽然这些书的作者都仇恨路德，或更加确切地说，正是因为他们的仇恨，他们那隐藏着的却又十分重要的对于一个孤独的信仰的灵魂的需求，才会显露无遗。

说路德不是一个不具有信仰的人，对此，不可能有任何怀疑，正如我们不可能怀疑路德也是一个叛教者。对于天主教来说，信仰和天主教会永远甚至直到今天都是一体的。离开教会没有拯救（Extra ecclesiam nemo salvatur）。

著名天主教神学家阿尔伯特·玛丽亚·魏斯直截了当地说："真正的路德研究者与天主教徒的区别,不多不少就在于他们对于个别教条问题的思考有很大差别,在于他们根本就完全不承认教会的权威。"此外还有："至于说服从外部法律,亦即非他们所出台,也非经他们同意而出台的、但也因此而必须服从最高当局的法律,那就连想也休想了吧。而这不但在物质方面,在纯粹的法律问题上,而且在涉及道德和宗教的良心体验的精神问题上都有效。神学界的统治(Sazerdotalismus)正如近代以来在乔治斯·蒂勒尔(Georges Tyrrll)所表现的那样,也就是说,如在天主教会基本学说中的表现那样,根据这种学说,对于灵魂的统治是直接由上帝实施的,它来自上天,而且,是不可能脱落的。"[1]你们也都看见了,这位当代的天主教徒,几乎是一字不差地重复了《卡拉马佐夫兄弟》里宗教大法官的原话。

路德最可怕的罪过在于,他不能承认天主教会拥有完全的权力和颠扑不破的权威——不光在物质问题上,而且在教会所掌握的精神问题上。天主教会认为教会而且只有教会单独从上帝那里直接获得了这种权力。教会有权并且只有教会有权捆人和放人——钥匙的统治。而且教会在大地上所允许的,在天上也会被允许,教会在地上捆的人,在天上也照样被捆。上帝把自己的权力委托给了总督使徒保罗之后,他自己也再无法在业已公布的上面追加什么或是减少什么了。天主教会著名的教条主义者波里是这样表述钥匙的统治的:当基督向彼得移交天国之门的钥匙时,他以

---

[1] Denifle,11,411,413.

此向他移交的，是在基督教会发号施令的完整权力：把人接纳进或是开除出教会，管理所有的人和所有的物，出台法律和取消法律，实施奖惩，简言之，基督把自己对于全部教会亦即自己的同门使徒和信教者的王国和法律权力，全都移交给了彼得。彼得作为掌管钥匙的最高级别的人，他在地上所做的一切，都得到了上帝在天上的赞许……。因为这种完整的权力不应成为个人的特权，而这种特权随着使徒的去世就会自行中止，教会应当时常保留宽恕罪孽的权力，这是一种真正的宽恕，所以，在地上对于罪行的宽恕应当与天上等同(in foro divino)……。如果上帝真的不肯在天上宽恕凡人在地上被教会公正地予以宽恕了的罪愆，那就说明基督所许诺的话带有非真的烙印。[①]

我认为现在在从魏斯和伯尔著作中引用了上文中的段落以后，任何人都会明白，陀思妥耶夫斯基笔下的宗教大法官对于天主教基本教义的讲述是十分准确的。区别仅仅在于陀思妥耶夫斯基笔下的宗教大法官是以一个稍稍显得昂奋的人的口气讲述的，而此人深知凡人身上所压的责任，重得与其力量不成比例。而伯尔和魏斯显然对此毫无怀疑。他们深信这一统治权和"法律权"与其他任何统治权和法律权一样，不仅被他们认为是使徒保罗的继承人的无辜者是胜任的，而且就连他们自己也是足以胜任的。如果把"捆人和放人"的权力交给他们，他们也会心安理得地承担起这个责任，犹如他们承担世界法庭的责任，或是地球首相的责任一样心安理得——总之，他们对自己充满信心，认为这份责任并不比其

[①] Pohle, III, 422.

他人类的责任更艰难,他们因此能不比别人差地胜任这份责任。他们说话的腔调就好像公事公办的口气,题目是关于日常生活的,腔调也是日常生活的。他们好像拥有一种完整表述的明确的学说——难道把一般性论点应用在个别事例上很难吗?

无论是神学家还是医生,也无论是行政管理人员还是世界级法官,他们全都有一个一模一样的任务,那就是把个别现象归纳成为法则。而天主教神学家的工作或许是最简单最明确的了。既然钥匙的统治权掌握在颠扑不破的教皇手中,也就是说,神学家和医生和工程师不同,是不可能犯错误的。他在大地之上所做的一切,正如伯尔所说的那样,都会得到天上上帝的认可。

我要再次提醒读者的是,钥匙的统治权的理念完全被天主教从希腊那里接受了下来。我们对于苏格拉底、柏拉图和亚里士多德关于永恒原则的议论,都是有所了解的。苏格拉底将其全部哲学建立在人什么都能认识,以及在彼岸和此岸之间有一种有机关联,因此人在尘世生活中就知道他自己究竟该做什么不该做什么,以便保证自己能在阴间生活中获得幸福这样一个论点上。可要知道这和天主教所肯定的观点一模一样呀:只是在苏格拉底那里,取代不可颠扑的天主教会的,是永远都不会犯错的和自信地向着自己的目标前进的理性而已,或换一种更加准确的说法,更准确的说法是按照编年体的顺序来,即天主教只不过是在信任自己的理性的位置上,放置了自己那唯一的、颠扑不破的教会而已。

我们都还记得柏拉图说过,对人来说没有比仇恨理性更不幸的事情了。天主教徒说没有什么比摒弃天主教会更悲惨的不幸了。魏斯就根据他的看法肇始于奥卡姆、奇克利夫和古塞而终结于路德的宗教改革运动而恐惧万分地感慨道:"基督教可怕地解体了。我们可以扼杀或是让自己的亲人碰到危险或是死亡。可是,如果说到拯救亲人,那时人们都说:自己救自己吧,谁都救不了你,你们都得自己操心自己。"天主教徒似乎觉得如果人不能出面帮助别人,此人就已经别想指望任何人和任何什么了。这很奇特,甚至有些不可思议,但实情如此。天主教与路德主义关于可见教会的争论就是从此而来的。天主教徒无法与这样一种想法妥协,即基督离开了人们,而且未曾在其留下的空位上留下代替自己执行全权的副手。有关教皇的颠扑不破性的教条,虽然只是在将近五十年前才皈依的,但仅仅是天主教这种基本理念的终结性表达而已,是天主教完全从希腊哲学中拿来的。

在教皇身上体现着可见教会,而且也是在教皇身上人类千年以来对于终极的、不容许任何怀疑的、成为人类一切焦虑之终结的目标的向往,终于得到了解决。勃加尔德(Mgr Bougaud)在阐述教皇不可颠扑性的教条时感慨道:这一有关颠扑不破性的定义是多么简洁、多么清晰、多么宏伟、多么有力量呀,对此定义,一些人急不可耐地期盼着,另一些人却宣称它是不可能有的。可是,知道有这么个定义并且也知道自己拥有什么的教会,有才华说出这样的话,没有华丽辞藻,没有夸大其词,没有软弱无力,彻底的简洁,但你能从它里面感觉到有一种超自然的力量。而这就是它,这一巨大的特权,颠扑不破的教条,没有这个教条就无法理解宗教,而这个教条又不为任何宗教所接受,其名称没有一个教派敢于保留,只有天主教会以之为号召并在整个18世纪展开活动,而如今教会为其确定了地位,其勇敢无畏非来自于普通人的声音;而单凭其勇气便足以证实其神性。①

  这里我就不争论这个可尊敬的高级教士关于除了天主教教会以外,没有一个教会不曾觊觎颠扑不破性这一论断的历史公正性问题了。对我们来说,更重要的是要确认,被天主教公认为官方哲学的同一个苏格拉底的哲学,对于颠扑不破性的觊觎,其勇气丝毫也不亚于天主教1871年的教皇。这是什么,难道不足以证明人类理性的神性吗？要知道同一个天主教难道不曾以同样的信心,肯定过教皇伟大而又奇妙的特权而否认所有其他人对于颠扑不破性的奢望吗？从天主教无论如何也要尽快在此时此地在尘世间找到可见的、可以触摸的、所有人都能问津的权威的这种顽强执着的追求中,难道不正看出绝大多数人所特有的无信仰的深度吗？是啊,一个既无所见又无所触摸的人怎么会相信自己的命运呢？魏斯一想到人不可能帮助另外一个人心里就充满了恐惧,布果却一想到终于找到一个可以回答所有人的所有问题的人,就得意洋洋。正如在古希腊,在多神教时代,和现在浸淫于圣经几乎达两千年之久的人一样,仍然不敢于跑到已知的和可以允许的范围以外去探索。他们口中呼喊着上帝的名字,却一心想要仅只依靠自己的理性来生活。曾经有过许许多多恶劣的、放荡淫逸的、缺德少才的、自私自利的教皇,而且今后当然还会有类似的人层出不穷：——可是我们依然最好相信这样的教皇而不要相信《圣经》上讲述的那个上帝,因为他是看不见的,而一旦看见了就活不成了。

  天主教并未摒弃圣经,但他善于"阐释《圣经》",使之适应人们

---

① *Le christianisme et les temps présents*, 4, 122.

的日常需求。同一个波加尔德又说,在天主教里每一个教条旁边还有另外一个教条,它对前者有所减轻,使其锋芒不那么锋利那么尖锐。而天主教会正是采用这种方法使灵魂赞美,笼络灵魂,支配灵魂,使人的灵魂迷乱的(Bougaud,IV, p. 298)。有什么好说的,方法很好,而且在实践中可以得出很好的结果。天主教永远都非常善于迷惑人类的灵魂,把它们勾引到想要它们去的地方,并在每一条可怕的教条之后附加一条减轻前者的教条。可是这种方法并非总是能奏效。常常会有那样一种情况,即天主教的诸如此类的"弱化"手段原来比最终痛苦最无情最残酷都更加无法令人忍受。这种弱化或是宽容是否表现了对于人性的一种夸大的信赖,对于与全能的造物主面对面见面的恐惧呢?不光天主教懂得这种弱化手段,这种手段也传给了清教。甚至就连具有自由思想的历史学家哈纳克,我们仍能记得,也允许信仰依靠外部权威。向软弱孤独的人提出要求,要他摒弃任何支柱,摒弃任何土壤,这实在是太残酷了。哈纳克也同样弱化了这一"可怕的"真理,甚至允许路德不在天上,而是在地上寻找终极真理。

XI

可是,生活不懂得什么是天主教神学家所固有的感伤和宽容情怀。生活完全从另一端引导路德走向那样一些可怕的、布果先生曾经勇敢地想要用手加以遮掩的教条。对于每个基督徒来说,一个最根本的问题过去是现在仍然是如何拯救灵魂的问题。而认为在尘世间不受任何限制的钥匙的统治权只能属于自己的天主教,当然也曾对下列一点充满信心,即认为自己的权力和责任在于充分地利用属于它的完整彻底的权力。它向那些配享有天国的人敞开大门,而向那些不配享有天国的人关闭天国之门。不但如此,天主教会还研制了明确而又清晰的指导自己的标准,让人得以分享其魅力。人要想得到拯救,就必须满足一系列条件和要求。的确,天主教全盘接受了圣奥古斯丁对于使徒保罗书及其有关先前的神恩(gratia preveniens)的阐释。而在中世纪也和我们这个时代一样,贝拉基主义甚至半贝拉基主义都被谴责为有害的异端邪说。天主教神学家喜爱的题目是讨论神恩。但诸如此类的讨论只能遮掩曾经是并且迄今仍是整个天主教的神经的东西,即"在上帝一定会赐给那个尽其所能做事的人以神恩的"这一公式里得到等值表达的那种东西。当然,这也就是那个起补充作用的、布果先生曾经谈到的"教条",其作用是弱化有关先前的神恩的"可怕的学说"。即便您像杰尼夫勒所要求的那样接受了他弱化了的教条,即便您说对神恩不加拒绝而不说一定会赐予,问题的实质也丝毫不会有所改变。无论如何,那个尽其所能做事的人,上帝不会把自己的恩赐给他的。很清楚,教皇尽管具有一切所谓的颠扑不破性,但如果没有这种"弱化了的教条"也不行,此外一点也很清楚,当人们向天主教徒宣称,归根结底,拯救毕竟还是掌握在他们自己的手中时,他们应该会松一口气了吧。教皇拥有全部完整的钥匙的统治权,但这种权力会以其完整性,全归于零,如果灵魂的拯救完全取决于先前的神恩的话。

教皇想要利用自己手中的权力,用危险来惩罚一些人,用奖赏来奖励另外一些人,从而把自己的羊群赶上他认为是唯一真实的道路上去。

教民在这一点上与牧师无丝毫区别,他们同样要求给予每个人以应有的东西(suum cuique),以便让劳动者能够得到奖赏,而拒绝劳动的人则得到应有的惩罚。与尘世真理理念如此纠结成长起来的正义的奖惩概念,当然也会从尘世生活转入阴间生活的领域。任何人都不愿意也不可能假设,正义和真理法则都只具有有限意义,而在一定界限即时间和空间范围以外,会丧失效力。托马斯·阿奎那说过:在上帝的作品里和在自然的作品里一样,没有一处笔墨是多余的。① 正如我们所知,这是托马斯如此喜欢、很有特点的一个比喻。我们甚至有更大权力说,尘世间已经有的正义理念也在人的行为和判断中表现出来,当然也就会在上帝的判断中有所表现了。只有做出这样的假设,天主教才有存在的可能。关于善报(merita)的理论学说犹如隐藏在 80 层羽绒褥下面的一粒豌豆,可事实上善报和满足(satisfactio)在天主教学说里占据主导地位。和苏格拉底时代一样,在中世纪,尽管有使徒保罗书和圣奥古斯丁及其追随者的著作,但人们还是无法忍受这样一种思想,即解决对于他们来说像拯救灵魂这样重要的问题的钥匙,并不掌握在他们自己的手中。② 人们颂扬圣奥古斯丁,却相信贝拉基,人们崇拜和尊重伟大的使徒保罗,却追随苏格拉底前行。

年轻的路德在这个问题上,与他(和他们)同时代的天主教徒没有丝毫差别。虽然我们无法准确说出究竟是什么情况促使他出

---

① Denifle, 2, 314.
② 托尔斯泰笔下的伊万·伊里奇就会一筹莫展。

乎所有人意料地违逆父亲的意志,还在少年时代就自愿进了修道院,而且,显而易见的是,是他自己毅然决定跨出这要命的一步的——无论清教徒说什么——,因为他认为只有僧侣生活才是完整的生活,也只有修道院才能保证一个人过上完整的生活,而他可以用这种比较完善的生活来取悦上帝,为自己赢得宽恕和永恒的生命。后来他自己也肯定说,上帝派他进入反基督徒阵营,正是为了让他亲眼看一看那个本应陈设天主的祭台的地方,如今是多么卑鄙肮脏,下流污浊,然后让他把自己的所见所闻通告给全世界人。可是,当他跨入自己新的避难所的门槛时,距离类似这样的疑心当然还差十万八千里呢。他当时深信自己是前往一个神圣的地方,是去为了完成一个伟大的取悦于上帝的禁欲的功勋,从而把自己以及他人沉重的、令人无法忍受的灵魂的重担——我们始终没弄明白——实即罪愆——给卸下来。在修道院里,始终支配他的,是想要建功立业的伟大渴望和信心,那就是只有功勋可以清除罪愆。显然,这样一种想要向上帝献出自己一生的意向,值得给予最高的嘉奖。显然,对于实现如此值得嘉奖的意图来说,修道院可以说是合适得不能再合适的地方了。可是,在路德身上却的确发生了一件不可思议的事情。在修道院过了10年或11年以后,他开始感到他服务的不是上帝,而是魔鬼,他在那里所做的一切,不是功勋,而是罪愆。我们也不能说他曾是一个不够勤快的僧侣。甚至就连天主教徒以及前不久去世的多米尼加僧侣杰尼夫勒这样的路德的不共戴天的诋毁者,也无法对路德提出任何稍稍严厉一点的谴责。他以一个具有强大意志力的人所能具有的全部温良恭谨,以一个十分罕见的、唯一而又独特的真挚善良之心,履行着分配给自己的一个剃度僧人的禁条。在天主教文献里对于路德是有过谴责，但谴责的不是说他在规避其修会章程中的严格条令——而是相反，人们谴责他缺乏节制的美德。就是这位多米尼加的僧侣杰尼夫勒，就是这个出面反对路德的家伙，他是如此激烈，就好像他不是一个死人，不是一个好几百年前就已离开这个世界的死人，而是一个活着的敌人，从这个敌人口中，每一分钟都有可能冒出新的而又可怕的怒火，就是这个杰尼夫勒，我要说的是，就是这个杰尼夫勒，在其许多方面的确写得十分出色的著作里，用了数十页篇幅证明，路德在其一生严格的作息起居生活中，放任自己有许多过火之处，从而违反了僧侣生活的基本原则。杰尼夫勒是一个十分严谨的学者，对中世纪学造诣颇深。而他也的确收集了许多具有足够数量的、足以证实其观点的正确性的引文。但我们到底还是不能与他苟同，正如我们也不能苟同他的另外一个观点，即天主教徒僧侣在其僧侣生活中所希望的，仅仅是这条路有可能比较容易地达到完善之目标罢了——而非仅仅是完善的开端本身。而杰尼夫勒著作本身的语调却在证实着相反的事情。不但如此，杰尼夫勒的著作本身以及他那不可遏止的、有些地方露骨到失去体面的对于路德的仇恨，只能说明一点，即路德决心承认修道院著作百无一用。彻底经受住了加给自己的考验的僧侣杰尼夫勒，是无法原谅背教者自行解脱压在自己身上的禁令的。如果路德是对的，如果修道院禁欲的功勋并不能使人接近上帝，如果履行了艰难禁律的人的修行也不过尔尔，和那些在禁律下被折磨得没有人样的人相差无几的话，那么，杰尼夫勒一生的事业又能价值几何呢？

路德居然敢于写中世纪最完善的僧侣,居然敢于写明谷的贝尔纳①,可是当他临终时,他却什么也说不出来,只会说自己的一生都白白浪费了,活得很糟糕——他只承认一点:我因为生活得很糟糕而损失了时间。② 肆意诋毁清教学者的杰尼夫勒,不加检验地接受了路德的话,证明圣贝尔纳说这段话时,并非是在灵床上,而是在以论述诗篇为题的忏悔里说的,而且在原文的上下文里,根本没有路德所说的那些内容。杰尼夫勒当然说得是对的。路德没有任何根据把这段话阐释为他所说的那样,他断言贝尔纳"把自己的信仰仅仅寄托在基督身上,而非寄托在自己的事业上,他表扬的不是贫穷、节制和服从的戒律,而把自己严守戒律的一生说成很糟糕的一生,而在这一信仰中,他得以保留自身,得以和其他圣徒一起拯救。你以为他在撒谎或是在开玩笑吧,说他毁掉了自己的一生?……如果你从一个义人嘴里听到,说戒律和僧侣生活都被推翻了,说它们对于虔诚和拯救不具有任何意义,那么,谁会提出戒律并履行戒律呢?"当杰尼夫勒听到这种话时,他失去了一切自制力。要知道如果说就连路德怀着万分崇敬的心情对待的明谷的贝尔纳,都被迫承认"我因为生活得很糟糕而损失了时间"。那么,杰尼夫勒又该对他怎么说呢?他作为诚实正直的僧侣的全部艰难的、充满痛苦的一生一钱不值。而在临终他得承认,在最后的法庭审判上他和那些在无忧无虑、轻松的欢乐和娱乐中度过一生的人比,丝

---

① (明谷的)贝尔纳(1090—1153),法国神秘主义神学家,明谷隐修院院长,对西欧宗教政治生活有影响,第二次十字军东侵的鼓吹者,反对阿伯拉尔的神学唯理论。——译者注

② Denifle, *De votis monasticis indicium*, 1, 41.

毫不具有任何优越性。可路德对这样的结论是很难满意的。他认为僧侣的戒律是一种可怕的渎神和亵渎。僧侣在授戒时按照路德的说法往往会说：上帝如你的誓约。

就此话题路德往往会说个没完。杰尼夫勒自己则从路德的著作里收集了整整一系列引文——或许是为了对自己的愤怒和对于敌人的判决加以论证吧。而对我们来说，路德关于僧侣所说的一切，都非常有意思，因为路德很少谈论在抨击时，用的不是通常人们在攻击修道院生活时所用的那些观点。路德很少侈谈什么笼罩在修道院后院里的放荡淫逸和恬不知耻的生活方式。对于路德的雷霆震怒而言，那些为了世俗目的进入修道院里的僧侣，是不值得成为靶心的，就算路德有时候也会回想一下他们，那也只是顺便谈到而已。任何人都可以胜任对于此类人的批判，路德则另有任务，那任务更加艰巨也更加严峻。

他认为真正的、行为高尚的僧侣，是那些所有人都对他们顶礼膜拜的僧侣，而那些心中无上帝的家伙尽管也遵行戒律，实际上是在为撒旦服务。而这样的人不是别人，我重申一句，就正是明谷的贝尔纳本人——此人的个性曾经给路德留下了十分深刻的印象——，但他并非一个例外。可他终其一生都在献身于不洁和虚伪以及偶像崇拜，只是在临终才忏悔并且承认，我因为生活得很糟糕而损失了时间——从而拯救了自己的灵魂。为此他们在生前就已经蒙受了惩罚。在距离最初出场的许多年以后，路德这样描述僧侣的生活：这一类是因为肉欲、淫荡行为和乱伦滥交而死去的人。这些人日日夜夜沉浸在有关性爱的幻想中，想象着自己能拥有父权制时代族长那样的自由就好了：可以每夜换一个性伙伴，可以和她玩各种花样,就和与荡妇共度春宵那样花样百出。① 在引用这段文字的同时,杰尼夫勒恶毒地询问道,这位宗教改革家是从哪儿得知,不胜枚举的许诺要过独身生活的僧侣每天夜里幻想的是什么,做的又是什么梦的。这当然是一个合法的问题——而且此话说得丝毫也不怕惹清教神学家生气——,我们认为杰尼夫勒对此问题所给出的答案,我们应该不带任何附加条件和限制地予以接受。是的,路德关于僧侣们的一切他都知道得很清楚,而且后来他也在其数不胜数的著作中,正是根据自己可怕的经验,讲过许多故事。哈纳克说,杰尼夫勒为了写自己的书而不得不把路德变成一个怪物。但不是杰尼夫勒自己不得不这么做,而是路德本人不得不可怕地认识到,他是一切人当中最恶劣的一个,比最恶劣的人还要恶劣。说出下列这则可怕誓愿的,不是别人,正是他自己:上帝如你的誓约,等等。仅凭这一点,路德便可以说已堕入——这不是形象的说法,也不是形容语,而是完全真实地——撒旦的统治,而且他对此有十分清醒的认识,使他终于有可能亲手与自己出生于斯、被他习惯地称为母亲的土壤斩断联系的那种昂奋的、非同寻常的精神状态,继而又引导了数百万人。如果哈纳克说得对,如果路德曾为其信仰寻找权威的话,那么,他如何敢于起而反抗亲爱的母亲呢?要知道天主教会对他来说犹如母亲呀——当他在少年时期当一种奇特的幻觉初次造访他,而且从此以后与他终生相伴时,他第一个跑去寻找母亲的庇护。而当他向僧侣们预告永恒的死亡时,他谴责的不是别人,而是自己。可这一点无论是清教

---

① Denifle,1,313.

徒——他们想把自己的老师当作尘世间所有美德的典范,还是杰尼夫勒——为了描绘路德形象不惜使用大量黑色,尽可能往他身上抹黑的杰尼夫勒,都没有感觉到。清教徒在为路德正名,杰尼夫勒却在谴责路德——就好像他们手中真的握有全部钥匙的统治权似的,而哈纳克所说或是杰尼夫勒所说,却会在天上赢得如此无可争议的认可,这样的认可即使在地上也是其有意觊觎的:你把他描写成白的,天国之门就会为他打开;你把他描写为黑的,他就会堕入地狱。但是杰尼夫勒的努力和愤怒还是可以理解的,而且在心理学上也是可以解释的。

当杰尼夫勒写作有关路德的著作时,他已经是个老头子了——他怎么可能听见对于其全部已然终结的,已经成为过去的一生所做的这一可怕的判决呢。你不妨想象一下,当法庭已经对苏格拉底宣读了最终判决书,并且要求苏格拉底承认,这一判决不是野蛮无知的群众的暴力行为,而是对于苏格拉底在其一生中所做"善事"的正义惩罚。而且不光力量甚至就连真理也不在他那一方,而在备受鄙视和卑贱的阿尼塔和美利都一方。要知道苏格拉底也认为他把自己的一生都献给了善。可忽然人们对他宣布说,他一直是在为恶服务,是他早已就许诺要为恶服务:上帝如你的誓约。这种转变的可能性本身就是不可思议的。杰尼夫勒当然不会对路德欠账的。他直起他的身子,虽然他的身板并不算小,他以雷霆般的语言宣布将路德革出教门。他继里格尔(Riegger)之后称路德为所有两足动物中最凶恶的一个。[①] 并声称,对于路德和继

---

① Denifle,1,319.

路德之后脱离教籍的僧侣们来说,天上是没有他们的位置的,假如在生命的最后关头他们仍然不愿意摒弃自己渎神的学说和一生。人们(天主教徒和清教徒)就是这样相互攻击,每一方都对自己的正确性深信不疑。而路德和杰尼夫勒却都以唯一的、全能的、从不犯错的上帝的名义来发泄他们的雷霆震怒。那么真理究竟在谁那一边呢?难道这些可怕的革出教门绝对软弱无力吗,天空对于僧侣的争论所发出的雷霆震怒,竟然像对待其他来自大地之上的噪音一样无动于衷吗?

我故意提及苏格拉底和他的对手们,因为我知道当代读者会心情轻松地把路德送去为杰尼夫勒而牺牲的,或是相反——当阿尼特和美利都竟然敢于污蔑苏格拉底时,挺身站起来为他和他的真理而斗争。但用不善于反思过去,并且以为杰尼夫勒和路德的论战对于我们来说是不合时宜和不必要的解释,则无疑是一个错误。不合时宜和显得古旧的,就只是他们所说的话而已。而他们之所以为之论争,实质在于,如果和苏格拉底为之付出了生命的代价的那件事相比,则和我们的距离一点也不远,甚至会很近。也正因为此,路德而非阿尼特和美利都,这次起而反对体现在杰尼夫勒身上的苏格拉底,这使得这场论战具有了特殊的意义和兴味。因为杰尼夫勒并非第一个上当了的粗心大意的生意人:他承担起维护天主教的责任,反对早已死去但还阴魂不散的敌人,并不是为了转瞬即逝的利益。他把自己的一生都贡献给了崇高的事业,并且直到临终才毅然出场,与毒化了他晚年生活和安宁的幽灵进行一场最后的搏斗。

XII

但修道院僧侣的可怕罪行究竟是什么，竟然使得路德坚信，教皇及其所有天主教徒都投向了反基督，并且正在把人类引向永恒的死亡？我要固执地重申一句，即便路德被迫揭露他那个时代神学界果真十分普遍的数不胜数的权力滥用已经成为日常生活现象，但使他脱离天主教会的，也不是这个原因。可以和权力滥用，和恶劣的习俗以及恶人斗争，而不必采用像分裂这样英勇的手段。只要是有人的地方，就总是会有污秽和许多的劣迹。路德在他发表反对教皇的公开演说以后不久就不得不确信，他自己的拥护者远非仅以美德著称和见长。毫无疑问，在为数众多的响应路德号召的修女和僧侣当中，也会有许多这样的人，他们对于路德的目标究竟何在，不甚了了。关于自由的新的话语被民众以极其粗陋的意义来加以解释，而不愿意从历史真理上退却的天主教徒，描绘了一幅路德最初那些追随者放荡淫逸生活的令人厌恶的画面。

可是，全身心地厌恶这类追随者的路德本人，并不是那么为他们而感到窘迫。他毫不左顾右盼，也丝毫不顾忌他的新学说在未来所能带来的一些实际后果，直奔自己的目标而去。他不可能不这样：罗得之妻在离开索多玛城时，回头看了一眼，就变成了盐柱。而如果路德也回头看了的话，则同样的命运也在等待着他。而且，正因为他也曾回头看了，所以，当历史授予他关心人民命运的重任时，他便被迫不光和上帝，而且也和人们交谈——他自己也一定会为自己的所见而感到害怕。杰尼夫勒和所有天主教徒，都肯定说路德的有关拯救的学说是:教会的生死都取决于它的信仰的成分。① 这话说得完全对,但是任何一个清教徒任何时候都不曾把它按照路德所阐述的原样去接受。甚至说得再过火一些也无妨,我们完全可以和杰尼夫勒一块说:路德给教会附会了一种被他歪曲的学说以把握当下的天主教。② 而且实际上正如我们目前所见,不光路德教信徒实际就连路德本人也不知道,在实际生活中应该如何对待自己有关唯凭信仰(sola fide)的学说才好。当他一个人独处时,当他瞩望未来,瞩望无限时,他感觉到那里前程似锦,那里信仰即一切,信仰并且仅仅是信仰,可以不仅给他力量和希望,还能给他以安慰。可是,他刚一转身面对人群,就看出天主教徒是对的。人群对信仰感到害怕,人群需要的是权威,是坚定的、无限制的、无情的、冷酷的、从来都不会背叛自己的统治权。于是,路德开始用这样的语言来和人们谈话,就好像他从来就没有走近过西奈山,也从未听到过在暴风雨中向他显示过的新的话语。他本人则和罗得的妻子一样,被变成了盐柱。先知路德的故事从未被人们所看重。人群不需要先知。故事过去和将来都会用石头来敲打先知。需要故事的是宗教改革家和人们,他们想要并且也善于回头观望,他们具有足够的敏感和洞察力,使他们能够准确预知他们的学说和开创的事业能结出怎样实际的果实来。历史对路德的这个方面十分重视,并且也正因为此,德国人也才把路德的名字用金子镌刻出来,把他与其他辉煌的,曾经促使德意志民族发育成熟的

---

① Loofs,741.
② Denifle,1,220.

那些名字并列起来。路德其他所有的所见所思所闻,都被清教徒小心翼翼地践踏了,埋没了,而这些清教徒对于路德的敌意和仇恨,丝毫也不亚于天主教。当然,一个善良的路德教徒要比路德和他的"学说"崇高得多,也距杰尼夫勒起而捍卫的天主教更近一些。

路德教导人之自立唯凭信仰,而就是这个微不足道的小词唯有(sola)在天主教和路德之间挖了一道深渊——但这个小词在清教里完全消失了,正如我们后来所知道的那样。早在其《罗马书》,即路德和天主教决裂以前出版的注释的开头部分,我们就可以读到下列文字:当然有许多人属于左翼(亦即临时的左翼),他们认为无论付出多大代价和牺牲也要逼近上帝,而耶稣会信徒和异端邪说者就是这么做的,可是还有一些为数不多的人,他们是右翼(亦即精神上的右翼),认为无论付出多大代价也要得到基督的正义。耶稣会士和异端邪说者是不可能这么做的。但没有这一点毕竟任何人也休想获得拯救。他们总是想让上帝能为了他们所做的事情而重视并且奖赏他们,对此抱有很大希望。可是,下列话却坚硬如铁,不可动摇:"据此看来,这不在乎那定意的,也不在乎那奔跑的,只在乎发怜悯的神。"[1]

而多神教徒善于为了天主而摒弃尘世间日常生活的安逸——只不过很少能找到那种肯为了基督的真理而摒弃精神的安逸和正义的事业。这种观点,简而言之,不仅包含着他的全部注释,也包含着路德无论什么时候谈论信仰时所说的一切。而且越往后他越是特别强调的,正是在这种对于信仰的理解中包含着最具有悖论

---

[1] Luther, Rom., 1, 1; W 56, 159; Ficker, 3.

的因素。但常识眼里最不可接受的悖论因素,在路德那里恰好是最具有吸引力的。路德以一个在沙漠上渴了好久的人的贪婪,扑向使徒保罗书中最神秘的文字,却不仅不像天主教那样努力让其适应于人类理解的条件,还以巨大的写作才华所拥有的全部力量,竭力想要判明的,正是所谓的理性与信仰的完全不可能协调问题。他最富于灵感的著作,散发着先知以赛亚和使徒保罗最可怕的诅咒——"他们智慧人的智慧必然消灭;聪明人的聪明必然隐藏。"[1]

谁对自己的智慧很自负,对自己的正义、对自己的力量很自负,谁就永远也无法获得拯救。路德之所以一般对天主教进而对修道院生活极端厌恶,就来自于这种信念。谁对自己的功勋很自负,对自己的事业很自负,谁也就以此表明自己的毫无信仰。奥古斯丁说:骄傲是万恶之源。人的骄傲起源于对上帝的否定。[2] 骄傲亦即对自己的信心在于你知道自己在朝哪儿走,怎么走,你对自己的理性和自己的从凡俗人类存在那一狭窄的框架里挣脱出来的艺术很有自信,骄傲因此是最可怕的、最具有危险性的永恒死亡的罪孽——背叛上帝罪——的开端。谁只指望自己谁就背叛上帝。因为在人从灾难中拯救自己和上帝拯救人之间毫无共同之处。人越是想以自己的作为,自己的功勋,使自己出人头地,或是持续进入天国而费尽努力,而积聚力量,就越是会远离上帝。人不应该对自己的作为那么信任,人应该像身体瘫痪、失去四肢的人一样,向神恩、向唯一的创造性的事业发出呼吁。[3] 当然,这一母题对于天

---

[1] 《以赛亚书》,第 29 章第 14 节。
[2] Loofs,382.
[3] Luther,*Rom.*,2,420;Denifle,1,581.

主教来说也并不陌生。克姆皮的托马斯写道:不要为自己的作为而骄傲,因为上帝的正义和人的正义有所不同,上帝常常并不喜欢人所喜欢的东西。但这里的相似性更多只是外表上的。克姆皮的托马斯只不过想以此告诉我们,人倾向于高估自己的作为,而且倾向于在没有功绩的地方看到功绩,换言之,上帝的裁判比人的裁判更加严格,更铁面无私。路德则直截了当地说,上帝的裁判与人类的裁判根本不可同日而语。而这也就是正如我们所记得的——斯宾诺莎在有关理性和上帝意志的公式中所表达的意思。上帝既不奖赏——像人间法官所做的那样——也不惩罚。上帝只创造,而神恩的本质仅仅在于它一旦光顾死者,则会令其复活。在给同一个罗马书所做的注释中,他写道:人为什么会为自己的功勋而骄傲呢?要知道上帝之所以喜欢人的事功不是因为它们好或是能救命,而是因为它们是上帝从永恒中优选出来的,是使他感到愉悦的东西。因此只有当我们带来感激之情时才算事情做得好,因为不是事情使我们变好,而是我们的善意和上帝更大的善意使我们变好的。这使得我们的事功变好,因为它们好不在于它们自身,而是因为上帝认为它们好。它们好或是不好,因为上帝赞许或是不赞许它们。[①]

你们已经看到了,路德在有关神恩的学说中,引用的通常是天主教神学家习惯性思维所引用的那些文字。让路德和杰尼夫勒讲和是已然不可能的了。和任何天主教徒一样,杰尼夫勒深信——正如阿尔伯特·魏斯所说的那样——在自然和超自然之间有着一

[①] Luther, *Comm. ep. ad Rom.*; Denifle, I, 596; Ficker, 221; W. 56, 394.

种有机的关联。无论他如何对造物主的伟大顶礼膜拜,也无论他多少次喋喋不休地谈论上帝之道的不可思议性,他永远都会把要求对自己实施公正审判的权力留给自己以备后患,这种审判应当以他所尊重的公正原则为基础。也就是说,在使用苏格拉底的表达法的同时,上帝还是喜爱善,因为善是好的,而不是因为上帝喜欢善而善才是好的。苏格拉底和天主教徒却觉得相反的论点是疯狂。可在路德身上,这论点引起了货真价实的狂喜。可是当杰尼夫勒读到路德所说的:谁想要公正地对待一个罪人呢? 这样的态度是十分危险的,而且是徒劳的,它能滋生对于上帝及其正义的隐秘的仇恨。① 路德甚至尝试着想要"论证"和证明自己的正确性:如果你认为是正义的,而上帝却奖赏了不该奖赏的人,那么你也应该喜欢,而当上帝谴责那些本不该受到谴责的人时,如果在前一种场合下上帝是公正的话,那么,在第二种场合下的他就也是公正的。我不认为这样的"论证"会有谁会觉得它们有说服力。可是,路德的力量和意义并不在于其辩证法所具有的说服力。如果他出于习惯,同时也不想落后于对手而引用什么证据,那么,多数情况下,他引用得都很成功,就像上文所引的那个例子一样。可是,或许是因为他的逻辑和辩证法上的无奈是他身上最吸引我们的地方呢。他的无奈的来源并不在于他不善于合乎逻辑的思考。他的无奈是由于鄙视理性结论导致的。路德感觉到他的理性所能给予他的非常少,一如他所做的善事。而也正因为此,亚里士多德的学院修道院及其严格的、不允许把未经证实的真理放进园中的思维条

---

① Denifle,1,396.

例,在他心里引起巨大恐惧,一如天主教修道院。只要你一天以善事和逻辑(善良的亦然)讨论为生,那么人所需要的一切,就都处于人力可及的范围以外。路德竭力想要挣脱出来,争取到适合人类生存的空气里去。当有关克服法则的思想本身被当作无意义(non sens),而这种追求被当作是疯狂时,人又如何能克服重力法则呢？路德在最杰出的著作之一、回应含混其词的鹿特丹的伊拉斯谟的《论意志的约束》中,在经历过长期的犹豫以后,终于下决心根据位高权重的同时代人们的请求,发表演说与反对路德学说的人进行争论——路德甚至到了悖论式肯定的极端的地步。这本书甚至就连像奥托·利特奇这样的清教徒,也会满意地将其列入天主教的所有物清单,但是,路德对它的评价却截然不同：我不承认我的任何一部书是好书,但《论意志的约束》和《教理问答》是例外。[1] 的确,他的这两部书真的很出色——对于作为宗教思想家和宗教改革家的路德来说。关于教义问答我们以后再谈。现在我从《论意志的约束》中援引一段话,对以前所说的关于上帝正义和信仰言论做个解释和说明：信仰的最高级别,是相信那个拯救的人不多但谴责的人很多的人,是仁慈的;是相信那个按照自己的意愿把我们造成罪人的人是公正的。[2] 是谁赋予路德以这么说的权力呢？当路德反驳那种认为他没权力在使徒保罗的译文里插入唯有(sola)这个词的说法时,我们还记得,他是怎么回答的吗,他回答说：让意志战胜理性万岁。

---

[1] Loofs,761.
[2] Luther, *De Servo Arbitrio*,124;W,18,633.

1535年，他就其唯凭信仰的学说写道：我以基督的精神相信并深信，我有关基督教正义的学说是正确的和公正的。而这就是他的最终理性（ultima ratio）。他没有证据也不可能有证据——要知道他对所有证据的来源的自然理性，都持一种闻所未闻的鄙视态度。休德（Hulde）太太，自然理性，这是魔鬼的巴比伦荡妇和信仰的敌人。① 路德把理性从宝座上赶下来了。而另一位无论如何据其相貌而言更像是一个任性的、变化不定的意志（voluntas），而不像一个僵死的几个世纪之久都凝固不动的监督装置的统治者，登上了空着的宝座。信仰的最高等级，是承认拯救的人并不多的那个人是崇高的，承认正义在于把我们创造为罪人的那个人。你们可以否认路德，说这种观点包含着反对上帝及其正义的隐秘仇恨。而您的反驳将会是公正的，因为这并不足以阻止路德。路德不害怕上帝的任性——路德害怕人类的任性。而且，或许我们倒是应该像路德所体验过的那样，亲身体验一下人类的专制主义制度和体现在天主教和世俗智慧里的局限性，所施加的全部沉重得令人无法忍受的压迫，为的是感到自己情愿全部身心地、心里怀着在别人眼里不啻于疯狂的信仰投身于未知，熄灭所有的照亮习以为常的人生之路的发光体，不假思索地，投身于永世的黑暗。早在给罗马书写的注释里，他就已经直截了当地这样写道：在获得首次神恩时和获得上帝的名誉时一样，我们应该消极一点，像女性的受孕一样……我们可以祈求和请求神恩，可是，当神恩降临时，灵魂充满了神圣的精神，到那时灵魂就既不应该祈祷，也不要有所行

---

① Loofs，747.

动,要简简单单地安静下来。因此,服从是一件很沉重的事情,而且服从会带给人很多悲伤:因为如果灵魂拒绝任何认识和意志的表现,也就意味着下列一点:灵魂应当沉浸在黑暗中,应当熄灭或被消灭。①

请仔细听一听这段话——它对我们有着特殊的意义。接受永恒的黑暗、死亡、死灭,去往那按照人类的理性没有也不可能有拯救的地方。这一点路德在年轻时代就已经感觉到了,他当时年仅33岁,正在撰写自己的注释,上述引文即出自这个注释。后来,在路德布道辞的影响下,形成了一个宗教狂(Schwarmgeister)运动,他写信给梅兰希顿②:"你想知道我们什么时候以及怎样才能享有上帝的启示吗。当人们说:他像狮子折断我一切的骨头。③"神的伟大在于如果不事先把这个老态龙钟的人打碎,他是不会对他说善意的话的(Grisar, I, 422)。在获得首次神恩时……我们应该消极一点,像女性的受孕一样。需要指出的是,所有中世纪神秘论者,其中包括陶勒尔④和对路德有过影响的日耳曼神学的那位不知名的作者,亦即所有那些觊觎和想望能直接嗅到天主的精神的人,他们重复着路德所说过的话,把消极因素从对神恩的接受中剥离开来,似乎以此断定使徒保罗的那句经常被晚年路德所回想的话:这已经不是我在活着,而是基督活在我身上。

---

① Rom., 8,26, Grisard,1,201;W 56,379;Ficker,206.
② 梅兰希顿(1647—1717),德国新教神学家兼教育家,马丁·路德的战友。奥格斯堡信纲的起草者。——译者注
③ 《以赛亚书》,第38章第16节。
④ 陶勒尔(约1300—1361),德国神秘论者、多明我会修士、传教士。爱克哈特的学生,曾给德国宗教改革人士以影响。——译者注

在最新的甚至天主教神学论著中,神秘主义或超自然主义因素的特殊标志在于,人类自身的努力根本就不可能把它们唤醒,哪怕是瞬息之间或是以弱化了的形态也不行。① 为了让路德上文所说的话更加易于理解,或更确切地说,更加通俗易懂起见——因为就连路德自己也并未彻底理解这段话——,我们不妨回想一下,托尔斯泰在其与《疯人日记》系列有关的作品中,关于自己的体验是如何讲述的吧。② 关于这一点托尔斯泰在《伊万·伊里奇之死》里讲到过。倒不是说他做了什么,而是在他身上发生了什么。他的处境的全部令人恐惧之处在于"它就在身边,可究竟该拿它怎么办,他不知道"。任何事情和任何事情的任何可能性都完蛋了——这一点是如此彰明显著,如此无可置疑,就好像对于一个人来说一般地说有什么可以是无可置疑的一样。一辈子都可以用来寻找,探索,如何自卫,如何做事——因为只有事功才能拯救。现在,当日子已经屈指可数,需要习惯于新的、毫无出路的只能令人疯狂的处境,直面恐惧,一事不做,只有等待。任何想要做什么事的尝试不仅不能减轻——如果这里还允许有比较级的话——反而只会使局势更加恶化。而伊万·伊里奇和勃列胡诺夫剩下的只有一点:摒弃、摒弃再摒弃漫长的一生教会他们的用以安顿人生的各种手段。在多年的修道院生活中积累了如许多宝贵的精神经验的谢尔盖神父所被迫做的,也并不比狡猾的瓦西里·安德烈耶维奇·勃

---

① 人们把超自然的行为和状态称为神秘的,这些行为和状态是不可能由我们的努力、艺术,甚至以弱化的形态哪怕是在瞬息之间唤起的(Aug. Poulain, Des grâces d'oraison)。

② 参阅列夫·舍斯托夫:《在约伯的天平上》,第94页。

列胡诺夫或怀着一片好心的伊万·伊里奇强到哪儿去。所有这一切在教会那里都是必要的和重要的，而在这里，不具有任何意义。正如路德所说的，完全为了基督，把精神的幸福和正义的事业当作虚无。犹如瘫痪患者空有软弱无力的手脚一样。这是为了什么？上帝所"造访"的那人被上帝赏赐了自己的神恩了，可那人却不会回答这里的问题。其次，或许他还会跟在圣奥古斯丁及其理解和无知之后，拾人余唾，但关于这一点让我们以后再谈。毫无疑问，摒弃理性和意志而走进黑暗是很困难和沉重的一件事，犹如走向毁灭和死寂一般。可是，对于路德来说，正如对于托尔斯泰一样，这是信仰的必要条件，这就是信仰本身。这就是我们早在奥古斯丁那里碰到过的那种对立："建立了对于上帝的爱，导向了对于自我的蔑视和建立了对于自我的爱，导向了对于上帝的蔑视"，必须在对上帝的爱中达到忘我的地步，不然你将仍属于大地。当你在谛听路德，一个有着科学教养的人时，你对中世纪僧侣的"方法"的怀疑可能会妨碍你听到最有必要听到的东西。你也许会怀着不信任的感觉对待——当然了，如果我开始向你讲述陶勒尔、梅伊斯特尔·埃克哈尔德、圣特雷莎和圣让·德·拉克罗克斯的"经验"的话。很有可能你们会情愿把自己的"真理的标准"应用在使徒保罗和圣经先知身上，因为他们对于那些被天主以疯狂凌辱过的人的智慧讲述了那么多故事。

可是，托尔斯泰就生活在你们的眼前。而且他也和你们一样，非常信任——如果不是比你们更甚的话——自己的理性。对他来说，苏格拉底是智者的典范，而那唯凭信仰——路德全部布道辞都不过是对其的举例说明而已——的学说，在他那里，使得他怒火填膺。不但如此,他肯定路德所说过的一切,肯定使徒和先知所说过的一切。就在人类因恐惧而大睁的眼睛前面,光熄灭了,而这一片巨大的黑暗,如此森严恐怖,如此令人无法忍受,一视同仁地吞没了一切,善以及善良的——良好的精神性,谢尔盖神父的事业以及托尔斯泰本人的事业,像用刀子一般割断了与全部过去的、可以理解的、可以解释的、人性的联系,应当把这黑暗当作终结,而非开端?! 应当被认为——难道这样的词也能用在这里吗?只要人需要跨越致命的界限,它们是否就会自行脱落了呢?

XIII

使清教徒万分恐惧和愤怒的是,杰尼夫勒向路德发出了可怕的指责:他有关唯凭信仰的学说,其来源不是力量,而是弱点。他未能履行自己的职责,未能自觉地执行他自愿承担的戒律——他甚至无法强迫自己履行通常的戒律。而为了为自己辩护,他在虚假的圣经阐释基础上,建立了有关人不是凭事功而是凭信仰得到拯救的学说。这是一个可怕的指责,可是,为了让那些熟悉路德那一半都差不多是单纯的货真价实的忏悔录的著作的人,不可能产生任何疑心,杰尼夫勒说得对。路德的确无法执行所谓的福音书中的、以修道院的戒律为来源的劝告——他感觉到并且坦白道,他每一步都会发现对于每个基督徒来说都必须执行的戒律。他对罗马书所做的注释,早已就是足够充分的证据了。

就算杰尼夫勒不曾被自己那对于不共戴天的天主教仇敌的狂热的仇恨弄瞎了眼睛,罗马书注释至少也会引起他对于不幸者,哪怕是迷途的兄弟的同情心。

路德本人出于这样一种信念，即上帝必定会把自己的神恩赐予那些尽其所能执行其意愿的人。可他自身的经验却又引导他得出这样一个认识，即他无力做那些按照一般公认的和他本人也认同的意见理应有能力完成的工作。杰尼夫勒以一个野蛮人的得意洋洋之情，对扑到他怀里、被他揪住脖子的对手嚷道：上帝想做自己的事，而路德并未做自己该做的事。或许杰尼夫勒在所有议论中都不如在这段话里，将天主教特点以如此强烈的方式表现无遗。要知道它们是对杰尼夫勒反对路德学说所提出的所有反驳最好的驳斥呀。由此可见，归根结底，人的拯救毕竟系于人自己的手中。上帝想要做自己的事，而路德并未做自己该做的事，结果是上帝所不希望有的。而杰尼夫勒所肯定的东西，每个天主教徒都应当肯定。因为既然给予天主教以钥匙的统治权了，如果教皇是圣彼得的修道院副院长的话，那么，上帝的意志就不可能对于天主教徒隐瞒。要知道，他在这里在尘世间谴责谁，上帝也就是在天上谴责谁的。此外还有，最重要的是，现在他所说的，再过 400 年，就是杰尼夫勒关于路德所说的，却也是路德关于自己所想的。他正是如此这般地想象自己的处境：上帝做了自己的事，而该我做的我还没来得及做，由此可见，拯救没我的事儿！要知道杰尼夫勒著作的兴味恰好在于，他重新创建了针对路德的法庭，而路德以前也针对自己做过这样的审判。区别仅仅在于杰尼夫勒谴责的是别人，路德谴责的则是自己。

这种情况对于杰尼夫勒的著作来说可以说是致命的，如果他正如我已经指出过的那样，未能感觉到他自身的拯救也取决于他和路德争论的结果。杰尼夫勒和苏格拉底一样，必须充满信心，因为他尽己所能做本身之事（fecit quod in se est）。要知道不然的话他就应说出并且自言自语地说出关于路德他说过的那句话：承认自己已被判决为永远的死刑。抑或相反，一个自认为有力量胜任担在自己肩头的重担的人，创造了一种上帝绝不会拒绝给予他以神恩的学说，而那个对于自己的软弱无力认识得实在是太清楚的人，终究会学到爱珍贵的、不会让人认同自己的意志的上帝的不可思议而又神秘无比的艺术。让我们回想一下贝拉基和奥古斯丁吧。贝拉基同样也没有否定神恩，他只是想要把上帝看作是正义的体现。但他也不能去谴责一个尽其所能做了一切的人，这难道还不意味着干了一件天底下最不公道的事吗？可是，路德不能不指望上帝的公道，因为如果连上帝也不公道的话，按照他本人的坦白，路德也不会被拯救。那为什么他会如此痛苦地始终感觉到自己有罪呢？因为他是个大罪人，这一点毫无疑问——下文中我会列举许多他最可怕的供白辞，它们会使任何人相信，路德的罪过不是约定俗成的牧师的或是教授的罪过。可是问题在于：和揭露路德的杰尼夫勒一样，他或许也会求助于上帝，把手放在胸口上，说感谢你，天主，为什么我不是路德那样的人呢？我认为杰尼夫勒身上缺乏足够的勇气来如此确定自己对待路德的态度和关系。圣经所叙述的亚当的罪过，以其全部重量同等地压在杰尼夫勒和路德肩头。而在这种并不会因为所有人都应当承受而有所减轻的原罪中，就包含着路德痛苦和怀疑的来源。他根据自己的经验确信，《圣经》所讲述的不是神话，也不是杜撰。而我们和我们的始祖亚当一直并且至今仍在犯罪，我们中间的每个人都在开始并且持续着我们始祖的事业。而最可怕也最大的罪过,是以为我们总会用什么办法洗清自己身上的罪过。

换言之,"骄傲"(superbia)中最大的诱惑,是路德所理解的那种骄傲,它意味着把上帝的神恩和尽己所能做本身之事联系起来:"我蠢到没搞明白,其实我应当认为自己和别人一样也是个罪人,因此无论在谁面前,在我忏悔和悔罪以后,我都不能趾高气扬——要知道我一直以为,一切都是可以原谅的,内心的罪过也一样可以原谅。"[①]路德也是这么想的,杰尼夫勒也理应这么认为,每个宣扬人应尽己所能做本身之事的公式,并且不允许在我们的"事功"和上帝的神恩之间有一道壕沟的天主教徒,都理应这么认为。无论杰尼夫勒从最优秀的经院哲学家那里摘取多少引文和格言警句,事实始终如一,即人们去修道院正是为了在那里获得新的和更加重要的力量,好用它来赢得上帝的神恩。在他们眼里,修道院里的生活更加完善,因此,它可以说开辟了一条通向天国之路。

从我这方面,我可以在阿尔方索·里古奥利著作中做一系列摘录,与杰尼夫勒的引文对比——此人系最后一位天主教会博士。他的著作《耶稣基督真正的新娘》是修女的精神向导。这部著作告诉那些僧侣什么是修道院,以及应当如何在修道院生活。杰尼夫勒证实,僧侣和普通基督徒之间实际上没有差别,因为无论前者还是后者都追求同一个目标——只是其中一个选择了比较轻松好走但持续时间较长的路,另一个则选择了比较难走,但持续时间较短的路。而里古奥利想要直截了当地证实,全部修道院生活的意义就在于

---

① Rom.,4;Denifle,1,455.

艰难性本身。苦楚！这是多么高级的娱神的精神练习呀！但我可以说修道院在某种意义上比苦楚还好。受难者经受痛苦折磨，为的是不致丧失自己的灵魂。修女受苦是为了更招上帝喜欢。前一种是信仰的受难者，后一种是为了完善的受难者。我们可以假设，修道院并非到处都保留着自己最初的荣光，但我们还是可以断定，即使是现在那些达到最完善状态的灵魂，也是上帝所最珍重的，因为它们以其善行能最令教会欢乐，并且通常可以在修道院里见到这样的灵魂。实际上它们在世界上又能到何处安身呢？而且你又能找到几多品行端正的女性，她们肯在夜里起床祈祷，并向上帝歌唱赞美诗呢？世界上究竟有谁会花费一天中的五到六小时用于诸如此类的练习呢？还有谁会严格遵循斋戒、节欲和禁绝肉欲呢？继而还有：我深信被不幸的柳奇费尔[1]的同伙所丢弃的六翼天使的宝座，终将被夺回来，而且在多数情况下，终将被修女们的灵魂所夺回来的。在最近这个世纪里，教会把一些圣徒和六十多个新的名字写进了极乐者的名册，而其中仅有五到六个不属于修道院。基督对圣特蕾莎说过："如果没有僧侣，这个世界会更加悲惨。"[2]

我认为里古奥利关于修道院故事的讲述，要远比杰尼夫勒更好，更正确，同时也是最重要和最坦白的。这当然说明一点，即里古奥利是在自己人中间对自己人说话。他不害怕清教徒神学家组成的那一小伙充满敌意、不信任及考验意味的眼神，而在这样的眼神面前，杰尼夫勒却不得不为自己进行辩解，不得不捍卫天主教的

---

[1] 基督教神话中堕落的天使，即魔鬼。——译者注
[2] Liguori, 1, 44—45.

立场。他相信,他向之请教的那些人,会正确理解他和正确评价他的作为,因为他们走的是同一条路,懂得的是同一种东西,与这些东西无关的人是不会去置疑的。当然僧侣是自愿的受难者,因而他不可能不把自己的事业当作世界上最崇高的事业来进行评价。因为,为了信仰而受苦,接受考验和折磨,以便不叛教,这尽管很难,甚至难到无限的程度,但如果和数年、数十年长期地、单单只为了取悦天主这一个愿望,没有任何外在强迫地忍受无法忍受的、沉重的苦役劳动和考验相比,要轻松得多。而人们却要求那些自愿接受这种劳动的人能认为自己和他人是平等的,而并非是上帝的手指做过记号的! 杰尼夫勒断言他们所想望的也正是这个——但我要满怀信心地说,他倒不是迷了路,但是有意隐瞒了真相。

但我并不想谴责他,况且对他也无处可以谴责。这样的真相通常也只对知情者揭示——而对哈纳克,则洛夫斯、特列利奇及当代清教神学家中所有最荣耀的星群,关于这一点就必须沉默,必须尽一切力量加以否认。

里古奥利对修女们是这样说的:按照古代法律,犹太人曾经是上帝优选的民族,这一点和埃及人不同。可按照新的法律,上帝的优选者是僧侣,而非上流社会人士。① 难道杰尼夫勒就不知道耶稣基督真正的新娘(La vera sposa di Gesu Cristo)? 知道,他当然知道得很清楚,但他需要哈纳克和他的同伙不知道这一点。他只会对哈纳克讲述谦卑,对其精神的女儿却会说另外的话,修女在接受剃度时以高级教士的口吻说的正是这句话:"耶稣,我的丈夫呀,

---

① Liguori,1,26.

把你的记号涂在我的脸上吧,用这只婚礼的头纱把他给遮住吧,好让人们只能看见他,也好让他只能看见她,我同意做一个只为他所爱的女人。"啊,神圣的骄傲啊,诚如圣杰罗姆(Jerome)所说,基督的妻子只能在自己的心里去体验。"你是上帝的妻子",他对她说道,"你要学会神圣的骄傲。上流社会的女性向高贵而又富有的人们夸耀自己的婚姻。可是你要知道你比他们价值高。"①托马斯·阿奎那当然不会用如此激情洋溢的表达,而是以自己那透彻的、铿锵有力的语言断言:第四,必须说,按照亚里士多德的学说(伦理学第四章第三节),实话说,只有品行端正之人才配赢得荣誉。如果外部的幸福尤其是重大的幸福,给予那些本来拥有此类幸福的人,那之所以还会有来自不知道什么别的优越性的普通人的敬意,归根结底主要因为这使得他们有可能去实施一些美好的行为。而那些追求达到美德的完善的僧侣不应当拒绝此类荣誉,因为它们是上帝和圣徒给予品德端方之人的,这从下列话中就可以看出来:"我非常看重你的朋友呀,我的上帝。"(《圣经·诗篇》,第138章第17节)至于包围着外在光荣的荣誉,僧侣却会拒绝它们,而且会抛弃上流社会生活。因此不应当给予他们以特殊的庇护。②

在一个恭顺的僧侣的灵魂深处隐藏着的,就是这一套。"要学会神圣的骄傲",并且要懂得你比别人优秀。而僧侣,就是那些真正的僧侣,也就是里古奥利所讲述的那些人,他们夜里起床,祈祷并向上帝唱赞美诗,每天奉献五到六个小时用于精神练习,斋戒,

---

① Liguori,1,23.
② Sum. Theol., IIa, IIae, qu. 186. art. 7.

折磨自己——这样的僧侣不能不相信他们的劳动不会是徒劳的，而且对于上帝也不会是无所谓的，世界上生活着的其他人，也都和在教堂的石头院子外面奔走的人们一样好。他们摒弃了物质的幸福，而更加青睐精神的幸福和权力——比别人优秀，对于神圣的骄傲的权力——，这一点他们却不会让渡给任何人。杰尼夫勒就不肯让渡。他和路德的整个论战都是一场有关神圣的骄傲的权力的论战。可是，让我们还是先听一听里古奥利是怎么说的吧：对处女的优点表达得最清晰的，莫过于圣灵的这句话："任何财宝也比不上童真的灵魂"，而在此话以后，任何赞誉也无法将它比拟了。而这也就是为什么雨果红衣大主教会说："和其他誓愿不同，保持完全童贞的誓愿是不容违背的，因此这条誓愿是找不到代用品的。"玛丽亚对于加百列天使的回答同样也为我们揭示了处女的无可比拟的价值："这是怎么回事，我居然不认得自己的丈夫了。"玛丽亚时刻准备牺牲上帝之母这个优点来成全童贞。①

里古奥利为我们讲述了许多具有崇高重大教育意义的僧侣生活的故事——而杰尼夫勒自然而然会认为有必要保护好这些故事，不让那些与此无关的、游手好闲的、好奇心强的闲人，尤其是他所仇视的自由派清教神学家染指。

我们都还记得，对于路德这位未来的宗教改革家在修道院期间曾投身于此并十分热衷自我折磨这件事，杰尼夫勒曾激烈反对。他说如果路德所讲述的故事是真的，那么他的遭难过错全在于他自己。天主教从不允许过度自残，而且也断然不会承担责任，好为

---

① Liguori, 1, 14.

路德不懂得感情的节制而承担责任。路德听从的,是他自己的声音,而非教会导师的声音。克莱沃尔的圣伯纳德说:节制是美德之母,也是具现了的完美……节制赋予任何美德以秩序……节制自己本身还不是美德,而毋宁说是美德的指导者,它给我们的感觉输入秩序,并为我们的习俗制定规则。如果摒弃节制,就再也不会有美德了。他从克姆皮斯基·托马斯和托马斯·阿奎那以及古代教会导师那里,援引了一些切题的引文——全都出于同一机杼——,而与亚里士多德关于理智的说法①也相仿。"不可能",杰尼夫勒感慨道,"很难想象这样一个名闻遐迩的大丈夫居然会被亚里士多德这个多神教徒所侮辱。他又不是不知道善,尤其是行善者没有理性的参与是不可能的呀。"②

说亚里士多德是常识的歌者,对此当然任何人都不会有异议,就如任何人都得承认,一般来说,天主教在这位著名的多神教哲学家那里寻找过并且也找到了摆脱困境的出路。然而,官方的,甚至不是直接追溯到亚里士多德,而是直接追溯到苏格拉底的学术与中世纪精神的矛盾和不协调,又是如此彰明显著。在修道院里住着同一个发了疯的苏格拉底,关于他,我们在本书开头部分已经讲到过。在安提西尼和狄欧根尼及其他疯狂的苏格拉底继承人那里滋养长成的那个人说,他宁愿发疯,也不愿意体验所谓满足感。不妨读一读大阿法纳西写的圣安东尼传记,你便会确信,有关僧侣理想的典范传说与亚里士多德有关理智的学说很少有吻合之处,也

---

① Eth. ad Nicom., V,13,X,8.
② Denifle,1,383.

与克莱沃尔的圣伯纳德关于节制是所有优点之母的学说很少吻合之处。相反,节制几乎是所有修道院美德的敌人。甚至就连杰尼夫勒所喜爱引用的,实际上似乎比所有人都更喜欢论证节制问题的托马斯·阿奎那——无怪乎他是在亚里士多德那里受到教育的——,也把修道院生活视作一种非同寻常的、与基督教徒所作所为绝不相似的某种东西。

尺度是针对活在世上的人而言的。他们只有在可以预期和可以预见的情况下,才会这么做。僧侣的激情在于无节制,在无节制中就连算计和预期这样的理念本身也失去了任何意义。无怪乎圣特蕾莎的画像下面有这样一句题词:天呐,不是痛苦,就是死亡。神圣的骄傲的来源正是这样一个认识,即他们的美德与世俗的美德没有任何共同之处。修道院生活在某种意义上就是一种捐献,人通过这种生活把自己完完全全地献给上帝,或也可以说,是把自己当作牺牲品,遵循三条誓愿——服从、贞洁和贫穷。修道院生活的完善性就系于这三条誓愿。① 对于这一结论,杰尼夫勒知道得很清楚。他是从第 186 页相邻的地方援引来的。我知道按照托马斯的学说,僧侣将自己全部捐献给上帝作为牺牲品。(还可参阅:修道院生活在于人把自己以及属于自己的一切完全奉献出来供奉上帝,也就是说,把自己作为献给上帝的牺牲品。)

在那里,在世上,需要有尺度,有限制,因为那里需要生理的力量,需要健康,甚至还需要物质的手段。僧侣什么都不需要,这一点是他的意识优越于其他人的地方。里古奥利教导自己的教民:

---

① Sum. Theol., IIa IIae, qu. 186, art. 7, concl.

圣伯纳德说过,"内在的敌人能比外在的敌人带来更多的恶"。被包围的城堡所遭受到的最大的危险来自于内部敌人,因为城堡很难防护住内部敌人,要比防护住外部敌人难得多。如果这是对的,那么,卡拉三兹的圣约瑟夫(Saint Joseph de Calasanz)说得对,他说:"对我们的肉体不必比对待厨房里的抹布更看重。"而那些圣徒正是这样做的。世俗的人们最关心的是如何让身体获得感性的满足。相反,深爱上帝的灵魂也利用一切机会贬低肉体。阿尔坎塔拉的圣皮埃尔(Saint Pierre d'Alcantara)对其身体说:"别担心,在这一生中我不会让你休息的,你从我这里得到的只能是痛苦和折磨"……我们将要阅读圣徒行传,并且看一看,他们往自己身上都堆积了哪些形容语,而且我们对我们的矫揉造作感到脸红的,让我们脸红的,还有我们在贬低肉体的同时是如何珍惜自己的。教父行传里讲到,有个规模很大的修道者村社,村社里没有一个姐妹吃过水果或喝过葡萄酒,许多人都是只在傍晚吃一顿饭,有的甚至在执行了严格的节制以后,每隔一天到第二天或第三天才吃一顿饭。所有人都穿粗毛衣服,并且睡觉也不脱粗毛衣服。[①]

阿尔方索·里古奥利就把神圣生活的这样一些样板推荐给他的听众。杰尼夫勒断言并且"证实",只有不理智的少年才会投身于自我折磨,才会跨越节制的界限,破坏自己的健康。里古奥利的教导截然不同:圣特蕾莎……看着自己手下的修女们说:"我严厉地告诉你们,我的姐妹们,你们到这里来是为了耶稣基督去死的,而不是为了过轻松的日子来的。如果我们不能一劳永逸地解决接

---

① Liguori,1,195—196.

受死亡的问题和损失我们的健康的问题,我们便永远一事无成。那么如果我们死了会发生什么呢?无论我们的身体遭受多少次的侮辱,可我们究竟敢不敢哪怕只一次对他也这样呢?"圣约瑟夫从自己这方面说:"那个更多地关心自己健康而不是神圣性的僧侣是不幸的。"圣伯纳德认为一个患病的僧侣不该服贵重的药物,有普通的碘酊就应该满足了……"忠实于耶稣基督的人们",萨尔维安(Salvien)说,"患者和弱者,他们都想成为这样的,但身体健康的人想要获得神圣性是很不容易的。"①

不过摘录已经够多的了。似乎很清楚,即使对于那些对僧侣生活从来不感兴趣的人来说,正是理智和节制才最不能给这些神秘的人物提供灵感。修道院生活最杰出的代表人物将全部力量都凝聚在一点上,即挣脱理性和理性所能认知的经验,挣脱把人类的追求强制地纳入其中的那个框架。对于那些把拥有自己喜爱的伴侣当作一生唯一和终极追求的人来说,无论是痛苦还是屈辱,无论是疾病还是死亡,无论什么都是不计在内的。甜蜜而又神秘的吻。——圣伯纳德为了这一吻情愿献出自己所有的一切。他把自己的一系列布道词都贡献给了阐释"诗篇"的工作,就这样直至生命的终点也未能完成全部工作。况且他是否有必要结束其工作呢?当他的全部生命对于绝大多数人来说都已成为了一种永恒的、不可理喻的和格格不入的,对于眼不可见者和永恒的神秘者的爱时?可是,圣伯纳德和所有他的前人和继承者一样,都与闻了这个包含在圣经里的最伟大的秘密,世界不愿意安于宁静,而和这些

---

① Liguori, I, 198.

非凡的体验共在。周围的人们专断地要求他们参与其各自的生活,向我们展现其秘密,和我们一起分享最大的欢乐。人们无法忍受这样的想法,即一个拥有财宝的人是无法与亲人一起分割其财宝的。况且就连圣伯纳德及其他圣徒同样也是人,亦即同样也是政治动物。他们身上都有一种信念,即他们身上所拥有的就是真理,因而,真理或许会体现在话语中,并向那些想要聆听和接受的人传达。先知们,使徒们,圣徒们和隐修者们,他们全都喋喋不休,而且他们也全都有人听。而且,他们说得越多,要求越多,他们所揭示的东西也就越是能够变成真理,亦即变成:什么东西一旦被信仰,那就永远、到处和被所有人都信仰。则最初的启示就越有可能变得与以前人们已知的东西相像,它也就越来越不像它自身了。

XIV

关于修道院里古奥利就是这么写的——修道院和进入修道院时的路德对于修道院也是如此这般表现的。人在其中生活得更加纯洁,很少堕落,很容易上升,行动更快捷,做事更小心,心地更善良,呼吸更安全,死时更有信心,净化更快速,得到的奖赏更加慷慨的宗教,是不是就更神圣呢?甚至连圣伯纳德也无法忘记慷慨的奖赏(remuneratur copiosius)。路德有权期待给予自己的奖赏——为了他给自己立下的誓愿。他有权期待一旦进入修道院,他就将过上更加纯洁、很少堕落、晋升很容易、发言更有自信的生活,而天国神恩的甘露将会更加经常地浇灌他那干涸的灵魂,而且他生前就可以找到那样一种灵魂的安宁,这种安宁会赐给他以力量来以自信期待死亡。杰尼夫勒为了对路德的修道院生活的故事提出责难,把路德对修道院生活的早期记述和晚期记述进行了比对:二者是相互排斥的。当然会相互排斥了。只是在摒弃了修道院以后,路德才敢于下决心讲述修道院生活的岁月。当他还是一个僧侣时,他拼尽全部力量以取信于自己和他人,修道院会提供并可以提供人们期待于他的那些东西,对于这些东西,在他之前,圣伯纳德和托马斯·阿奎那都曾十分雄辩地讲述过,而且还引用过亚里士多德:只有品行端方之人才配赢得荣誉,而在他们之后,教会博士和歌颂过神圣的骄傲的阿尔方索·里古奥利也讲述过同样的内容。路德甚至早在《罗马书讲辞》这部早期著作中,就重申过以前人们关于修道院生活的老生常谈,而且他的信心是如此坚强,感情是如此激烈,以至他的话和他内心的状态似乎吻合得并不是那么天衣无缝。"如今当僧侣好不好呢?我的回答是:如果你以为你可以离开修道院而获得拯救的话,那就不必进修道院,因为这样一来,一个谚语也获得了证实:'疯狂使人成为僧侣'。与其说是僧侣,不如说是魔鬼。那个被疯狂带入修道院的僧侣,永远也不会成为一个好的僧人,而只有那些以爱心为指导,看见自己沉重的罪孽,终于欢天喜地地做出决定要把对爱的最伟大证据带给自己的上帝,而且一切出于自愿,并且摒弃自由,穿上这套愚蠢的袈裟,把最低贱的责任担在自己肩上的人,才能成为好的僧人。"[1]

天主教徒和杰尼夫勒很愿意引用这段话以证实路德在当僧侣

---

[1] Rom. ,14,1;Denifle, 1,35;W 56,497;Ficker,318.

期间,并未与教会决裂,而且对修道院生活的看法也绝然不同于后来他出面反对罗马时的观点。可是,仔细听一听下列这段话你就会确信,这里面还包含着另外一种语调——而内涵仍是同一个。与此相仿,在尼采笔下,当尼采写作其论述瓦格纳的鸿篇巨制时,把他和瓦格纳联系起来的只有一个意识,即他无法逃离瓦格纳。而且这也不是什么意识,毋宁说是一种无意识,更不如说是一种本能。同样,托尔斯泰在完成对于讨厌的安娜·卡列尼娜的描写时,对贵族日常生活进行了赞美——这同样仅仅是因为没有什么新意,而他又坚持握着令人厌烦的过去不放——因为一个人总得抓住点什么作为支撑。可是,如果路德是对的,说疯狂使人成为魔鬼(desperatio facit diabolum),那么,我们就应该承认,这正是在他身上发生的事情。他之所以进入修道院,仅仅只是因为他绝望了,不这样就无法为自己找到拯救之途。为自己的罪孽折磨得疲惫不堪的路德,之所以穿上了愚蠢的袈裟,为的是把对上帝的爱做成伟大的事情——他亲口说过而杰尼夫勒也引用过他的这句话,但他完全忘了路德晚年生活的全部恐惧有其来源,这来源就是这样一个信念,即他应该而且可以把对上帝的爱做成一件伟大的事情——和这样一种认识,即人其实无力为上帝去做什么伟大的事情,甚至一般说哪怕是小事也无力做。起初路德当然并未去归纳一下,而是认为不是人没有力量,而是他(路德)无力去完成一件足以赎买其罪愆的功勋。绝望就是他修道院生活的开端,绝望几乎就是他在15年左右的修道院生活中的正常状态。这种生活状态甚至可以在他与修道院决裂数十年以后写的著作里看到。

1531年他的话语的典范例证见下:修道院院长、僧侣和听取忏悔的神父在我进入修道院时都曾希望我幸福，都说我现在已经成了一个刚刚受洗的无辜的婴儿。真的，这样一种宽宏大量的认可真的让我十分高兴，高兴我成了一名好人，而且我是通过自己的事功，走上基督受难的地方，从而成为好人和圣人的，而且这个过程还这么容易这么快捷。可是，虽然听到这样使人心情欢快的话心里很受用，听到对我的事功所做的甜蜜的赞美使我竟敢认为自己是奇迹创造者，就可以使自己成为圣徒，能够和魔鬼一起把死神吞进肚子，等等，但这一切都经不起考验。因为当来自死神或罪孽的小小的诱惑来到时，我往往会堕入其掌握之中，无论是洗礼还是画十字都不顶用。我成为世上最不幸的人，日日夜夜在徒劳的痛哭和绝望中苦度日月，没有人能前来帮助我。① 在同一部著作中他还说："如果什么时候僧侣通过修道院进了天国，我就应该也到那里去，这一点我在修道院的同事们可以来为我作证。"② 如果你此刻把其《罗马书讲辞》的相应段落拿出来比较一下，你就会确信，早在1515年，路德就处于兰克所说的那种状况下了：或是他必须离开修道院——就是他自动离开这种方式，亦即使其过去的圣地蒙羞的方式；或是创立某种类似耶稣修会式的修会。对于路德来说，他和罗耀拉一样，当时没有别的出路。选择之一是真的忘掉任何尺度，在篝火上把自己慢慢烧死，同时为自己的痛哭而欣喜万分，并且像斯多葛派以及他们之后的托马斯·阿奎那、里古奥利等人一样，认为荣誉或是神圣的骄傲只有品行高尚的人才能赢得，认

---

① Harnack, 3: 821.
② 同上。

为在这种神圣的骄傲中，在这种对于自己正确的内心意识里，在这种自己拥有道德上的优越性的意识中，比他人优秀，就是人类在上帝身上生活的实质；或是——如果这不可以的话——比这还糟糕，即使在上帝身上的生命的实质也不在此，那么，剩下的就只有把自己虚假的信仰踩进烂泥这一条路可走了。因为被推翻的偶像还不是上帝，被推翻的偶像是魔鬼。人类灵魂里所发生的所有伟大的事件都伴随着极端痛苦的分裂。因此上帝非常想拯救我们，但不是凭我们自身的正义性和智慧，而是凭借既非出自我们，其开端也不在于我们身上，而是从外部来到我们这儿的正义的审判，这种审判非来自我们尘世，而是来自上天。① 也就是说，早在1515年，路德就已经满脑子都是这种思想了。显然，对于节制和理智的各种各样的提醒已经不足以抵御新的内心的洪流了。这道牢固的、非人工建造起来的大坝，在平静的时代看上去是永恒的和颠扑不破的，而一遇暴风雨，便会在瞬息之间被冲垮，分崩离析。路德自己也很珍视它，而且他倾注自己的全部艺术底蕴，为的就是加固这道大坝。正因为此他才会如此不遗余力地宣扬修道院生活，亲自杜撰或是重复别人杜撰出来的宣扬禁欲生活的好话。因此我认为现在最好还是当僧侣，这比200年前当僧侣要好得多，这正是因为直到现在僧侣都背离了十字架，而且当僧侣会受到赞扬。可现在人们又开始不喜欢僧侣了，甚至那些真正品行端方的人也不招人喜欢，因为他们的服装被公认是小丑式的，当僧侣就意味着要遭到上流社会认识的仇恨，成为他们心目中的小丑。谁由于爱而遭此侮

---

① Com. ep. ad Rom. ,I,I;Luther,W 56,158;Ficker,2.

辱，谁就做得好。我无论如何也不害怕主教和神父的迫害，因为事情本来就应该是这样的。我不喜欢的是我们居然给这种迫害找了一些很恶劣的借口。但是，那些不找此类借口的人，也仇恨僧侣，不知道这是因为什么。他们是僧侣在世上最好的同谋犯，的确，修会会员应该高兴才是：他们似乎直到自己按照上帝的意愿承担了这一誓愿，而且也正因为这一誓愿，人们开始鄙视他们，侮辱他们时，他们才觉得自己是完全履行了自己的誓愿。也正是为此他们才会穿上这身小丑的服装，小丑的服装因为人们的歧视而吸引了他们。而现在他们的做法完全不同了，他们身上披着的只不过是修道院生活的外观罢了。可我知道，如果他们有爱情的话，他们肯定会成为最幸福的人，而如果他们成为荒漠中的隐士的话，或许会成为比幸福的人更加幸福的人，因为他们身上背着十字架，并且每日每时都遭受人们的谩骂。[1]

由此可见，路德肩上很少有通常压在僧侣肩头的那种日常生活的困难。他补充了新的困难。实际上早已不光是世俗人士，而且甚至就连神学界大腕、主教和神父，也都看不起僧侣，但这很好。事情本该如此。因此现在加入修会已经太晚了，这和200年以前不一样了，那时的僧侣多么荣耀呀。所受的屈辱越重，就越荣耀。侮辱僧侣的人——连行为者自己也未察觉的——其实是僧侣最好的庇护者。只有那些穿上袈裟只是为了装装样子的人，受到的鄙视最重。而那些心中有真爱的人则是最幸福最极乐的人，他们甚至比荒漠里的隐士更幸福，因为他们每日每时承受侮辱和诋毁。

---

[1] Com. ep. ad Rom., XIV, I; Luthers Werke, W 56, 497; Ficker, 318.

所有著作中都充斥着诸如此类紧张而又激烈的对于修道院生活的歌颂之辞。

路德把他灵魂的每根弦都绷紧到了极限——你会恐惧地期待着这一切会导致什么后果,是弦会断,还是你将听见新的、闻所未闻的、美轮美奂、强大无比的和弦。他会破坏和烧毁自己身上的一切,以此毁坏自己的事业。"上帝的正义是不可能渗透到那个浑身充满正义的人的身上的。上帝只会令饥饿者和饥渴者充满正义感。谁若是浑身充满了自己的真理和智慧,谁也就无法理解上帝的真理和智慧。因为它们只能在那些对于它们来说是空旷的地方才能被接受。你可以充满我们,我愿意是软弱的,以便让你的力量在我身上存活;我愿意是愚蠢的,为的是能让你成为我的智慧;巫婆愿意不公正,为的是你能成为我的公正。"[1]这发言的,已经不是路德身上那位恭顺的美德之人了。抑或,即便你执意保留恭顺这个词——搞不好这样反倒更好呢——,但在这里恭顺已经不再是一种美德了,不是一种值得夸耀的精神品质了。我们怎么可以因为一个人的品质而夸耀一个人呢,既然他全力以赴地追求的,是让自己的灵魂空虚?他想要成为弱者,罪人,不义之徒,无知的蒙昧者,愚蠢的家伙——他想摆脱所有来自美德的一切品质。难道可以因为这个原因而夸耀人吗?难道这样的恭顺会被什么人称为美德吗?更何况,他所追求的一切其实都已经实现了。他实际上也真的是虚弱,有罪,不公,愚蠢。他的恭顺仅仅表现在他公然承认自己的灵魂空虚。可这种坦白绝说不上是什么功勋。要知道这里

---

[1] Com. ep. ad Rom., III, 7; Luthers Werke, Weimar, 56, 219; Ficker, 59.

只有备受痛苦的灵魂的哭泣。他再也不可能假装公正，假装正义，假装智慧了——当他自己的罪孽已经在他面前如光天化日一般呈现出来时。和托尔斯泰笔下的谢尔盖神父以及托尔斯泰本人一样，路德义无反顾地逃避不配享有的荣誉，因为这些荣誉在烧灼他的心，在提醒他，它们只是在遮盖了他的羞耻罢了。路德不是由于恭顺才让自己灵魂空虚的——当他感觉到他的灵魂被烧灼时，恭顺自己来临了。

我要重复并坚持的是：杰尼夫勒和天主教徒准确地描绘了路德灵魂的内在状态。他是一个怪人，是一个失去了对于神圣的骄傲和荣誉权的人。而最重要的是：他对这一点心知肚明。清教徒无法忍受这种想法，正如天主教徒无法忍受这样一种想法，即按照陀思妥耶夫斯基的表述，天主教把自己放在上帝的位置上，也正如杰尼夫勒也无法忍受路德的谴责，上帝如你的誓约，等等。可是，事情并未因此而有所改变。路德对于天主教的谴责是对的，杰尼夫勒对路德的谴责也是对的。路德自己也承认：我们认为我们既然遭受了那么大的损失，所以我们也就可以在基督受难的地方把我们的事功放在上面。我是这样想的，可怜的蠢人。我让自己斋戒、清醒、冷静。抑或：我为什么要在修道院里让自己承受最严酷的惩罚呢？我为什么要让自己的身体受斋戒、清醒和清冷之苦呢？因为我相信凭着这样的事功我的罪孽可以被宽恕。[①] 当然，只要路德还是一个僧侣，他就不敢对自己说这样可怕的话。就不敢承认他想在基督受难的地方，把自己的事功放在上面。但这可不是

[①] Denifle, 1, 352.

说说而已——他可是连想一想也不敢,哪怕是自言自语,他也怕别人听见,他想在基督曾经待过的地方,放上自己的事功。

在他灵魂深处,只有一个隐秘的、无意识的、刚刚滋生出来的感觉在告诉他,他走的是一条虚假的路,而且他这是在直截了当地走向深渊。可他并未立刻搞清楚灵魂深处发生不满的原因何在。他似乎觉得他还不够卖力地履行了自己承担的责任。他成十倍地甚至成百倍地提高了自己的警惕性,但是他越是努力,不安的感觉就越是强烈。他看出他的努力只会把他越来越深地逼进密不透风的森林。他气喘吁吁,哭哭啼啼,他忏悔不已——用毫不间断的对于自己百无一用的怨言来折磨自己的忏悔神父。史陶皮茨搞不懂这个年轻僧侣的焦虑究竟从何而来。他劝导他,教导他,竭力将他安慰——可是,史陶皮茨作为一个经验老到的老人所说的所有善良的言语,却令路德反感,就好像这些话压根儿就不是为他说的似的。无论是自己的事业,也无论是别人的劝导,都不起什么作用。路德令人恐惧地日益确信一点,私欲无法遏制——虽然有一个直接戒律:不可起贪心。换言之,他想走向上帝,可是,一种不可思议的力量却裹挟了他,拖他离开上帝,勾引他走向自己罪恶的淫欲。杰尼夫勒又说对了:对于私欲无法遏制的意识,亦即不仅不可能完成自己身上所承担的修道院誓愿,就连通常的戒律也不可能完成时,这就成为路德叛教的伊始。这种认识当然很可怕:我并不比别人更好,把自己的全部生命都奉献给上帝的我,是那么可怜贫穷的一个和别人一模一样的罪人。不,我更坏,比世上所有人都坏:别人至少不曾把誓愿往自己的肩上担。而我不但担了,而且还担不动,我是一个说谎者,一个违背誓言犯——全世界都再找不出第二个像我这么堕落得这么深的人来了。而这就是修道院所能给予路德的,这绝非神圣的骄傲和伟大的权力。杰尼夫勒与路德开始了一场有关理论神学的论战。他向路德证明,剩下的只有私欲,这不是什么罪过。人的使命不是从自己身上把私欲撕掉,而是不顾它的干扰,不屈服于诱惑,一往直前地做戒律要求做的事情,完成自己肩头担负的誓愿。只管干你的,向上帝祈求帮助——其他一切自然会按部就班。于是你将认识到自己已经彻底完成了你所开创的事业——上帝从此绝不会背你而去。或许,在这场天主教与路德的论战中隐含着人类体验中最为隐秘的谜之一呢。

当我们了解识那些前辈——从苏格拉底、斯多葛派、昔尼克派开始一直到中世纪僧侣,他们践行了神圣的骄傲的信条,并且为了拥有神圣的骄傲权而一往直前,无所畏惧,有时候甚至做出疯狂的牺牲——的生平时,我们不能不对他们所建立的丰功伟绩发出惊羡和赞美。这样一来路德向他们说的那些话,在我们眼里就都变成渎神的了:上帝如你的誓约,等等。毫无疑问,无论杰尼夫勒说什么,他们都会觉得私欲无法遏制——他们自己的坦诚证实了这一点。

而如果说路德把我因为生活得很糟糕而损失了的时间算在濒死的圣伯纳德头上,从而真的犯了错,那么,在心理上他仍然是对的:正是圣伯纳德面对日益逼近的死神时,比其他任何人都更加深刻地感觉到自己那些丰功伟绩是多么的徒劳无益。

甚至就连像圣特蕾莎这样的非凡人物也承认,她感觉到自己是人们当中最末尾的、最糟糕的。因此她感觉到实际上他们的灵魂里包含着一种极端强烈的双重性。一方面,所有针对上帝的意念都在吸引着他们,另一方面,软弱的肉体以其庞大的重量在压迫着他们,不允许他们脱离地面而上升。怎么办?自己的本质何在——时刻准备上升到天上,还是不可能脱离地面?像苏格拉底、斯多葛派和昔尼克派这样真正的僧侣,其精神的全部力量都用来赋予自己的追求以特殊的价值,向上升腾。人们却觉得必须千方百计鼓励品行端方之士,夸耀他,歌颂他,以便赋予其以尽可能多的力量,更好地履行自己艰难的使命。在僧侣那里,品行端方之士已经不满足于通常的夸奖和通常的核准了——他们想要成为圣人。他们需要上帝本人也能看见他,从而能在天上也为他举办这样庄严的庆典,他们想望和地上一样隆重的庆典。他们同意将他们的胜利延期——但他们要求给它以胜利,因为不可能没有胜利。他们为之贡献了自己最好的力量的、如此信仰的、以如此痛苦和沉重的牺牲为代价的——却原来,甚至连说出这个词都令人感到害怕的事业,竟然是毫无必要的、不关痛痒的、不是在大地上毫无必要因而被他们所摒弃,而是在天上,在那里,对他们来说犹如所有幻想和希望所寄托的对象。

  天主教千方百计侮辱多神教,竭力和它划清界限,可是,它到底还是跟在苏格拉底后面,耻辱地承认上帝和人一样,也承认在其之上,有一个由理性和道德形成的最高标准。因此他们竭力刻意强调这一点,总是尽可能高度评价在人的生活和内心斗争中自觉追求对于私欲的胜利的开端的重要意义。就让性欲生活在我们身上好了,就让我们无力把自己身上罪恶的火引摆脱掉好了,这都无所谓。最重要的是我们不能让它执掌对于我们的行为的主导权。对于它的所有要求我们必须态度坚决地回答以"不",这样才能完成最重要的生命的任务,到那时我们才能把自己的命运委托给上帝——因为上帝一定会赐给那个尽其所能履行使命的人以神恩。上帝不会拒绝给予那个履行自己使命的人以神恩。天空和大地之间的关联世世代代保留至今。所有甚至就连当代天主教教条主义者也尤其关注这种关联。使用理性要先于信仰,并通过启示和神恩把人带到信仰面前。理性自信地证实着通过摩西向犹太人和通过耶稣基督向基督徒显示的启示的真实性。[1]

我不认为有谁在狠下功夫仔细而又富于同情心地钻研僧侣的生活之后,会断然否定他们的事业。而且,未必会有什么人居然会否定他们对于神圣的骄傲拥有的权力。如果有人能做得了僧侣所做的事情,有人能够在心中或是身体里尚有私欲时怀有神圣的骄傲,就意味着是上帝亲自吩咐他那么做的。因为,要做一个僧侣而又对神圣的骄傲一无所知,这显然是不可能的。基于这种骄傲,如同乘着一双翅膀,人可以腾飞在灰扑扑的、暗淡昏黄的、常常是令人厌恶和无以忍受的现实生活之上,到那个充满了奇思妙想的,对于许多人来说现在是将来也是终极目的所在的领域里翱翔。

但在此处切记不要以为这里就是人类所能达到的极限之地了,不要以为要从现实的噩梦中醒来是人所注定无法办到的。对于路德的考察使我们看到,与僧侣们所做及其一生所赖以为生的生活方式不同的另外一种生活方式,也是完全可能的。

---

[1] Denzinger, § 124,5 – 6 (1492—1493),442.

XV

与杰尼夫勒和他加以庇护的其他僧侣不同,当路德在内心斗争中,终于得以拥有私欲时,感觉到的与其说是胜利的骄傲,不如说是由于它的存在而产生的耻辱和屈辱。我不甘服从,我的外部行为方式并未破坏和违反誓愿,但在心里,在别人看不到的地方,对我来说十分痛苦的是,我完全被一种恶劣的情欲所俘虏。路德以其特有的真切感觉,讲述了自己那种可怕的状态,以此为其未来的谴责准备材料。他在写作《论修士的誓言》(*De votis monachorum*)时,从瓦特堡①写信给梅兰希顿②说:至于我,我在这里是不理智的和残忍的罪犯,是一个沉浸在放荡中的罪人,啊,多么悲伤!很少祈祷,也不为上帝的教会哀伤,也不为我放荡不羁的肉体的全部火焰而悲伤。一般说,本应让精神之火尽情燃烧的我,却让肉体、淫欲、懒惰、游手好闲、慵懒怠惰之火熊熊燃烧③。一个当代路德分子,一个习惯于把其信仰的奠基人视为无可指摘的、纯洁无瑕的,一个把目光总是瞄准先知的悲伤的路德分子,当然会感到很困难,对这段话,犹如陀思妥耶夫斯基的崇拜者很难阅读上文所引斯特拉霍夫的那封信④一样,抑或托尔斯泰的崇拜者把《狂人

---

① 瓦特堡,民主德国爱森纳赫市附近的一座城堡(11—14 世纪重建)。——译者注
② 梅兰希顿(1497—1560),德国新教神学家兼教育家,马丁·路德的战友,奥格斯堡信纲的起草者。——译者注
③ Denifle,1,79.
④ 参阅《在约伯的天平上》,第 98 页。

日记》的主人公认作自己的伟大导师一样。可是,无论你愿意与否,你都不得不再一次并且真切地看到"过去发生过的事情",而非本应发生的事情,如果世界是按照人类理性应有的样子安排的话。

路德本应感到精神悲伤,却被肉体及其淫欲、懒惰、放荡、怠惰彻底掌握。这对路德来说是一种可怕的意识,即使他有足够力量以极其严格的方式来直到自己生命的终点都严格履行修道院生活条例所规定的全部要求,这也不会给他以任何获得品行端方之人理应获得的那种荣誉,那种对于神圣的骄傲荣誉的希望,这种荣誉早在大地之上就已开始为禁欲主义者的事业而实施褒奖了。而那个常常充满肉体欲望、懒惰、无聊、嗜睡的人,是否能够体验到这种神圣的骄傲呢?……——他以此向自己发出了死刑判决书。因为如果只能通过美德获得拯救的话,路德是不可能获得拯救①的。当在路德那里,以及在路德曾经阅读过的那些神秘主义者那里,在托尔斯泰笔下那些我们已经在本书第一卷里谈到过的那些主人公②那里,最大的叛教行为开始显现时,他的确酷似一个瘫痪病患者,手脚冰凉。有一种未知的力量把他推进了伸手不见五指的黑暗。所有这一切都不是形象,而是比喻。所有这一切都是现实生活,而实际上发生过的一切,亦即不曾经过加工的、不曾被任何人人工打磨过的,是先验的,是没有逻辑也没有道德加工过的现实生活。

和托尔斯泰讲述伊万·伊里奇完全一样,"它就在这儿,我毫

---

① 当巫婆还是个僧侣时我常想我真该死去(Denifle,1,437)。
② 参阅《在约伯的天平上》,第94页。

无办法"。我既不敢稍微动弹一下,也不敢稍微活动一下四肢。只能在毫无意义和迟钝的恐惧中屏息静气,等待下去。等什么呢?等待奇迹。而对于路德来说,奇迹已然发生。他竟然敢于以一人之力反对世界曾创造出来的最伟大的力量——整个天主教教会。哈纳克说过,没有外部权威就不会有信仰。从路德的例子我们看得最清楚不过的是,信仰的意义和实质在于它不需要任何外在的支撑也可以成立。我们不妨回想一下伊格纳季·罗耀拉的话——即便圣经也反对他的话,他也敢于勇敢地向着那个未知的声音召唤他的方向前行。他亲自证实过这一点。路德援引了保罗书。[①]的确如此。但路德是把约各书当作伪经给否认了。尽管如此,路德仍然放任自己去阅读和阐释使徒保罗书,而且一旦他需要,正如我们所记得的那样,他也从不会止步于绝对忠实于原文的阐释。要知道,放任自己以自己特有的方式来阅读《圣经》,这是不是意味着篡夺人所能觊觎的最高权力呢?清教徒把路德的"经验"与使徒保罗的经验做了对比,还把路德的事业与使徒保罗的事业做了对比。就像那个从来没有见过也没听说过耶稣的萨夫尔,居然敢于脱离犹太传说的权威,大胆去向人民宣扬有关基督的消息。和他一样相信了自己的内心感觉的路德,他们说,也向天主教发出了挑战,向世界通报了有关真实上帝的新的真理。

可是要知道,哪怕这是大致不差,难道就可以说,在此之后,还可以谈论权威对于信仰的意义吗?难道还不明白,相反,信仰的全

[①] 我可不敢如此称呼法律——这会是最可怕的渎神行为——,如果使徒保罗在我之前都不曾这样做的话(Gala.,2,207)。

部意义及其全部实质在于，它不是与某种明确的权威决裂，而是与有关权威的理念本身决裂。而这一出乎意料的、很少被人算计和预期到的、突然在他身上发生的变化，与其说是出乎他意料，倒不如说简直就是直接违反其意志的变化，乃是信仰的一个奇迹，这种奇迹对于那些未曾经历过这种变化的人来说，是绝对不可能发生的。哪怕是某种支柱，某种权威或某种标准吧，也不可能一下子就彻底割断与其赖以生长并且在精神上与之藕断丝连的一切的联系。人会突然觉得任何支柱任何依靠都不必要。他最初的感觉是，从自己脚下流走了一般，那种疯狂地攫住了人的内心的恐惧感，也已经过去了。对于依靠的习惯似乎是我们的第二种，不不，不是第二种，而是第一种天性，我们与之相关联，就好像它仅仅是一种决定着我们存在的可能性本身的习惯似的。

在俄国，普通人都以为地球是靠三条鲸鱼支撑的。我从某本书里读到过，有一个民族同样也有关于三条鲸鱼的信念。可是，让我们的好奇心再扩展一点并且问一句，那这三条鲸鱼又靠什么支撑呢。回答是：靠蜗牛。这种答案似乎足以令人满意，而且也不会引起人们继续追问的热情。那这究竟是不是哈纳克所说过的那个权威，那只通常被放在鲸鱼下面的小小的蜗牛呢？

我们不妨假设一下，即轻重不是身体的属性这在亚里士多德看来是反自然的。而我们当代人似乎也这么看，认为道德上的轻重也是人所固有的，即有一种精神重量的原则，无论是在可见世界中还是在不可见世界中，它都同样占据主导地位，并且是一成不变的。康德以此为据假设了上帝的存在。而且，虽然康德是个清教徒，但还是非常清晰地通过这种方式表达了天主教的灵魂——总是如此害怕奋不顾身地、毫无标准地、没有任何条件地服从造物主的意愿。

而作为一个僧侣而非宗教改革家的路德，却不得不做相反的事情：摒弃任何权威。上帝不是凭我们自己的公正，而是凭我们自身之外的公正来拯救我们。也就是说，我们的公正和上帝的公正只不过是名称相同而已。现在就请你们自行选择吧——你们不是想要按照自己的公正原则来生活吗，这种公正不是许诺给你们以荣誉和神圣的骄傲了吗，不是许诺给你们以苏格拉底和斯多葛派就曾许诺给听众的最大的幸福了吗？要不然你们抛弃对于自己力量、自己理性、自己艺术的希望，闭着眼睛前往你们的理智要你们去的地方，那里或许什么都没有，因为那里的全部秩序和全部制度，都和我们已经习惯于在自己的生活里将其作为最高幸福加以评价的秩序和制度截然不同。在对罗马书的阐释中，路德对于这种追求还是比较胆怯的。他仅限于做一个善良的天主教徒，也就是说，他认为教皇的权威还在自己身后藏着呢。他还爱谴责歪门邪道之流，更多的是因为他们不愿意承认圣彼得训诫的权威性。他丝毫也不怀疑，在不远的将来，一种可怕的考验也将会降临在自己的头上，因而他将被迫在可见的权威和不可见的号召之间进行选择。他甚至猜想到这样的两难选择是可能会遇到的。如今他和哈纳克一样，觉得权威与信仰似乎不可分割地联系在一起。亦即权威维持着信仰，像小小的蜗牛支撑着鲸鱼一样。而且，如果说在1515—1516年间或许会有人对路德说，他的这根信仰的支柱已经被铲掉了，他也许根本就听不明白人们在说什么，因为和现在的哈纳克一样，尽管他对路德充满了无限敬仰的心情，却也无法理解那种没有受到任何防护和支持的信仰。

当然，作为宗教改革家的路德给予哈纳克如此想象自己提供了足够的口实。可是，我们应当在这里，尽可能详尽地考察一下正准备把一种新的宗教引入德国，并和强大的罗马展开一次决死斗争的路德。我们应当从他一生中选择一些特定的关头，正如我们迄今为止一直都做的那样，那时没有人会关注路德，那时他总是孑然一身，那时他平常想的也不是别人，而是自己那可怜、软弱而又无助的灵魂。在他的著作里可以明显看出所有此类特殊体验留下的痕迹。而且，如果有人问我，我们根据什么"标准"从路德著作中把信仰者所说的话和一个宗教改革家所说的话区分开来呢？而且如果我这次下定决心——无论去哪儿都是"一次就是从来没有"——迎合普通读者的要求，给出如此这般的标准，我兴许会说：这个标准就是所说判断的悖论性质。而在路德像大家一样说话的地方，你们安安静静地从旁边走开就是了。这时的路德不是在讲述，而是在劝说，是在把弟子和人群都引到自己这边来。他懂得没有信仰的人群，[①]因为人群只接受"业已证实的真理"。

可是，他刚一开始谈论关于他自己的真相，他的话语就变得如此不同寻常，如此难以理解。他在这方面最杰出的著作，除了我已经多次引用过的使徒保罗致罗马书的注释，就是他的《论修士的誓言》和《论意志的约束》保罗致提摩太后书注释。

在这些著作里，路德的演变历史在我们面前袒露无遗，纤毫具现。在上帝的事情上，我们不能遵循我们自己的判断，按照我们的

---

① 《斐多篇》，69。

理智，去决定什么硬什么软，什么难什么易，什么好什么坏，什么公正什么不公正……无论你做了多少好事，即使你流尽了自己的鲜血，你的良心依然会不安地激动，依然会说："谁知道这对上帝合适不合适呢。"①你们也看到了，路德把最珍贵的、现存唯一一架可以给人们指路的指南针扔出了船舷外。该往哪儿走呢？往哪儿去呢，既然怀疑是人永恒的宿命？而且即使是在生活最艰难的处境下，我们也没有任何可能来检验自身。那些我们以为好的、善良的、必要的、总是以之指导行动的东西，根本就不具有绝对无条件的意义。我们献出自己的生命，流尽自己的鲜血，为的是争取我们认为是真理的东西，可是，原来在上帝的审判面前，这压根就不是什么真理，而是谎言，不是善良，而是恶。一切正如天主教僧侣那里所发生的那样——他们发誓要理智、贫穷和节制，并且深信他们这么做会取悦上帝，可上帝从他们的誓愿里听到的只有亵渎神圣：上帝如你的誓约，等等。我们注定无法深入洞悉上帝意志的秘密：对于上帝的意志而言，人们附会在他身上的、作为规则和尺度的，无论原因还是根据，都是不存在的。因为没有什么和上帝同等或高于上帝，而上帝的意志就是万物的法则。因此，如果上帝的意志屈从于规则或律令，就会有规则和原因，那这也就不是上帝的意志了。也正因为此说上帝想要这样，上帝应该或是理应有这种愿望的说法是错误的，实际上正好相反，因为上帝想要这样，才会发生什么事，这么说就对了。人们给创世附会了根据和原因，但这并非

---

① Uber die Monchsgelubde, 241, 243.

造物主的意志,难道你更青睐另外一位造物主吗。① 愚蠢的路德就是如此这般回答文艺复兴时期那位精致细腻的哲学家鹿特丹的伊拉斯谟的。伊拉斯谟在旨在反对路德的抨击中,选择了意志自由学说作为自己反驳的主要论题。他似乎觉得以此为基础他就不会受到伤害,但实际相反,路德学说中最软弱的地方,是他有关自由意志的学说,在这个问题上,古典哲学轻易地战胜了这位无知而又野蛮的神学家。路德否认了意志自由——我们无法凭借自己的力量获得拯救,拯救和谴责我们的是上帝。需要指出的是,这或许是路德有关意志约束的学说中最醒目的地方——在路德那里,有关意志自由的问题本身,也与古代和近代哲学中有截然不同的提法。直到今天,我们普遍都认为我们应该在最一般的形式下提出这个问题——人或者永远和到处都是自由的,或是人的全部活动都会被纳入其他现象的永不间断的链条,受制于精确的原因的总和。康德对于这个问题却有与此不同的提法。人作为现象服从于统一的因果律,和物自体一样,而作为可以理喻的生物,人不受任何约束,他可以自由采取自己的决断。而自身不属于任何特定哲学流派的路德,因为没有义务看重几个世纪以来的传统,因而他以不同的方式提出了问题。他根本就不觉得自己必须承认,人或是自由的,或是非自由的生物。他很轻易地就提出了意志完全自由的命题——而且正是康德害怕把意志自由放进去的那个地方:即现象界。人在生活中所有普通场合下都是自由的,他可以自由结婚,可以获得财产,可以吵架,可以和解,也可以游戏,等等。可是,

---

① *De Servo Arbitrio*,390.

应该如何把这种自由与现象的一般规律调和起来呢？路德很少关心这个问题：就让规律性想怎么和自由吵就怎么吵好了。路德之所以不会哭，也不做出任何努力，为的是实际上或是在想象中，排除这样一些不和谐因素。人在被约束在规律性的世界上是自由的——这里没有任何侮辱人的意思在，更没有任何神秘的意味在，如果没有受过数学教育和自然科学教育，就根本不会懂得，究竟为了什么目的无论如何也要克服诸如此类的原则规律的多样性问题。如果在现实生活中有多样性这种东西，那么就让它有好了。接下来：从人在许多方面是自由的这个命题，对于路德来说，根本就不意味着可以顺理成章地推导出人是绝对自由的生物这个结论。在一定范围之前他享有自由，而在一定范围之外自由便会终结。这样一种间断丝毫也未能引起路德的不安，而且，他甚至不觉得这是对立的和侮辱性的。相反，他觉得关于不间断性的学说是野蛮的、不可思议的和渎神亵渎的，大地上人们所遵循的秩序，根本就不是自在的（an sich）秩序。他区分了定旨权能和绝对权能。

上帝以其决定在大地上确定了一定的制度。可是，从业已确定的定旨权能对于绝对权能生物本身这一点得出结论，正如人们从苏格拉底时代就力图从中得出哲学，我们对此却没有任何权力——只有那些以可怜贫乏的经验引起了对于具有局限性的、终结的、永远和到处都等同于自己的东西的信任而行事的人。康德把自由发配到了一个可以理喻的世界，而只是在将其钉牢在彼岸原则的可靠锁链上以后，亦即将其牢牢地事先与我们现象界的秩序约束在一起以后，才这样干的。伊拉斯谟也想这么办：钥匙的统治权也正因此可以而且能够被上帝传导给人，因为人可以理解上帝意志的终极含义。人都懂得什么是善什么是恶,人都有能力凭自己的意志来趋利避害。如若不然,那不成了上帝把我们往错路上引吗,随后又惩罚我们,因为我们走上了这么一条路。而实际上,按照路德的学说,结论也是如此。既然人不可能为自己的拯救做任何事,既然甚至凭借自己的力量来获得拯救这种追求都包含着亵渎神灵的意味,那么,我们又如何能够在为一些人准备好的奖赏和为另一些人准备好的可怕惩罚中找到公正呢?不但如此,伊拉斯谟继续推理道,《圣经》里有言:我断不喜悦恶人死亡。① 伊拉斯谟觉得任何东西都无法抵挡这个观点。"这是什么",他问路德,"上帝在为自己的子民的死亡而哀伤吗——难道这死亡不是他送给子民的吗?如果上帝不喜欢死亡,那也就是说,得把我们的死亡归咎于我们意志的错误了。可是,我们又如何能把过失归咎于那样一个既无法行善也无法做恶的人呢?"

伊拉斯谟的这番议论可以说代表着人类智慧和深度所能达到的最高峰。而且,这番议论也的确是颠扑不破的。迄今为止,只要我们还站在人类思维的立场上,这番议论就始终是颠扑不破的,由一个点引出的一条线只能是直线,只要我们不背离具有两个维度的平面几何上的特定位置。可是,路德早就被人们抬举到日常思维层面以上去了。我们都还记得,在他看来,神祇的本质恰好就在于神祇是所有规律的来源,而神祇本身相互之间并无任何关联。上帝是不可能服从于必然性的。我们应该换一种方式来讨论被人到处宣传、到处公认的,并且在公众场合受到尊重的上帝意志和有

---

① 《以西结书》,第33章,第11节。

关上帝的问题,而关于上帝的问题却没有到处宣传,没人到处去揭示和认同,在公众场合也不受人的尊重。① 这种隐藏的上帝(Deus absconditus)和启示的上帝(Deo revelato)的对立,就构成了路德全部布道词的神经。

他感到有一个空前巨大的、隐秘的谜,知道这个谜是无解的,知道这个谜处于我们所有最珍贵的愿望和希望的矛盾之中——尽管如此,我们仍然以全部心力和全部灵魂的权力在追求这个谜。如今的清教徒是绝对无法忍受信仰有如此巨大的张力的。我们都还记得,阿尔伯特·里特什利就曾否认路德的《论意志的约束》。在我所引用过的路德著作的同一版中,著名神学家谢尔②则援引了比他更有名的神学家卡腾布什的话,千方百计想要减弱路德的话所引起的印象。他觉得"上帝可以摆脱任何标准而自由"是不可思议的。他发现路德所宣扬的,是一个受制于伦理法则的、我们自身局限性能够理解的、诸多法则的上帝。

德国神学家对于不受任何我们已知的规范,甚至不受一般说任何规范约束的隐藏的上帝的恐惧和厌恶,是可以理解的和合理的。我们还都记得,甚至就连耶稣会士格利纳尔也和所有天主教徒一样,时刻愿意把一切强加在路德头上,却不敢向他公开出示从通常观点看如此可怕的起诉书。我认为在读了上述引文以后,任何人都不会再提出异议,即路德的学说可以被归结为尼采的这样一个公式——"在善恶的彼岸"。路德的信仰,也许任何真正的勇

---

① *De Servo Arbitrio*, 343.
② 这里说的谢尔,见《论意志的约束》第 343 页的注释。

敢的信仰,都是只有当人敢于跨越我们的理性和善良为我们划定的那条致命的线时,才会开始萌芽。拒绝前提——什么要求也不提,也不提出任何条件——只是接受而已。正如当我们从非存在向生命过渡时,我们也不知道命运会把我们带到何方,而在从理智和自觉的生活转向信仰时,我们也不知道前路何在(试比较《哥林多前书》第 2 章第 9 节)①——我们一切从头开始,而且完全不知道自己如何才能为自己的新的存在提供"保障"。信仰的事业不在于更正罪人和弱者。我们的罪孽和我们的弱点是如此巨大,以至我们根本无法凭借任何努力达到任何结果,犹如从非生命到有生命也不由我们掌握一样。信仰就其实质而言,无论是与我们的知识,还是与我们的道德情感,都没有任何共同之处。

为了能达到信仰,就必须摆脱,只是摆脱道德理想。可人无法做到这一点。

这一点路德是知道的,他是通过修道院生活的经验知道这一点的,同时也是从使徒保罗书和福音书那些先知那里读来的,总之一句话,它们包含在最伟大也最不可思议的《圣经》这部书里。

XVI

我们从上文看出,路德曾被带到人类生活的边缘地带,在那里,就连最光辉的理性之光也无法多少清晰地照亮新现实的轮廓。

---

① 按《哥林多前书》第 2 章第 9 节内容是:如经上所记:神为爱他的人所预备的,是眼睛未曾看见,耳朵未曾听见,人心也未曾想到的。——译者注

在那里你别无选择——必须或是接受黑暗,把它当作存在的自然条件,或是接受生活本身。这不是路德的杜撰——路德讲述的不过是在他身上发生过的事情而已,正如托尔斯泰借他笔下伊万·伊里奇、勃列胡诺夫、谢尔盖神父及其他晚期作品中的人物之口,讲述在自己身上所发生的故事。

正因为此,路德才会如此贪婪地扑向使徒保罗学说中的那样一些地方,这是一些被天主教教会用从雅典智慧传承下来的矫揉造作的阐释,千方百计并且现在也千方百计努力回避或弱化的地方。理性对于这些地方感到莫名其妙,它们是对于理性的一种挑战,该如何接受它们呢?

理性很清楚,人只有有计划地、自觉地追求特定目标,才可能有所得。因此,天主教永远把圣经当作一种"学说",亦即一系列指示,指导人应当如何思考和生活,才能得到天国。伊拉斯谟及其他路德的对手都愿意引用现存的戒律,引用基督对一个富家少年说过的话:如果你想成完人,就卖掉自己的财产,把它们分给穷人。的确,圣经里充满了诸如此类的文字,可以被人们当作如何过正当生活的教导,或是可以被当作拯救之路。伊拉斯谟为了证实自己的正确性,引用了许多这样的文字,它们证实,要想获得拯救只能有一条路,那就是履行规律的戒律。而由此可以得出一个与理性一致的结论,即如果存在着法则,如果《圣经》中已经有所指示,那么,就应该履行法则,也就是说,法则的命令是给那些有可能执行或是不执行命令的人的。因为从人们的日常思维来看,难道说还有什么比向一个生物下令,要它执行命令,可这个生物根本无力执行命令,或执行命令会危及其生命,导致它永恒的死亡更荒唐的吗？伊拉斯谟也和现在所有天主教徒一样觉得，这种反驳在如此高程度上是自明的，以致任何人都不敢起来反驳它。极乐的奥古斯丁已经写过：上帝不要求不可能做到的事，但吩咐做你能做到的事，同时还会请求你做你做不到的事……我们清楚地看出公正和善良的上帝不可能设想一些不可能做到的事，因此他教导我们做我们力所能及的事，并且教导我们应该如何来请求不可能做到的事。①

的确，无论从哪里来——我们如何可以假设，善良和公正的上帝怎么可以要求人做不可能做到的事呢？

要知道这样的假设真的就相当于彻底摒弃理性呀。这难道是人可以接受的吗？显然，一般说来，这是绝对不可以接受的。可是，路德不得不接受它。

天主教徒对于适可的功劳(merita de congruo)和应得的功劳(merita de condigno)的通常的、弱化了的、人们一般用它在人类的理性和神祇的理性之间架设一道桥梁的那种阐释，对于路德来说，却是明显的自我欺骗。既然我们注定无法在上帝面前赢得拯救，那么，由于你把自己的业绩称为配享，而适可亦即你承认它们为业绩，你也就无法为其补充任何新的意义。我们的业绩在神祇创造经济学里正所谓一钱不值，对此应当公然予以承认，而这样的认可等于从经历过路德经验的人们那里挖掘出现实生活来。而既然如此，谜就依然还是个谜，应当不是把它从视野里排除，而是放在最醒目的位置。也就是说，这里根本就谈不到同一化问题。

---

① *De nat. et gratia*, Denifle, 1, 705.

这里的一切并非归结为应有,而是归结为既有。谁能用有关适可的功劳和配享的功劳的议论将自己从伟大的秘密眼前遮蔽住,谁就不会急急忙忙地与闻这一秘密。可是究竟什么时候以及在何种条件下我们才无法断定,对人来说这个时机是否来了,而且对此人也不可能看不到呢?路德承认:"我们这些拥有最基本的理性前提的人,对于这些事物都既不可能理解,也不可能完全相信,因为它们与人类的理性处于最强烈的矛盾之中。"① 不可能完全理解,也不可能完全相信,可毕竟还是得接受。这一不可思议的悖论,这一与绝对者交往之谜——我在此强调绝对者这个词,意在表明它不是一种未知的,亦即不是一种康德在描述自在之物(Ding an sich)时曾经说到过的,在其领域里依然是人类所能理解的道德法则所统治的非理性的东西,而是一种未知,这种未知可以允许这样一种情况,即上帝可以向人提出一些不可能做到的要求。也就是说,在这个未知领域里,不仅没有道德法则的位置,一般来说也没有任何法则的位置。这一显然并不取决于路德的独立领域,是尼采发现的——这个领域处于善与恶的彼岸,并且永远都和牢固的真理等等量齐观。这是一个托尔斯泰和他的主人公们栖居的地方,是陀思妥耶夫斯基和他那位栖居地下的绅士的领域,也是莎士比亚笔下时代的联系中断了的领域。"说正义和善良的上帝居然会向自由意志提出一些不可能的要求,这和理性不符,尽管自由意志不会期望善,同时根据必然性也不会为恶服务,但人们还是把这当作它的罪过……这一切如果按照理性来说,并非是对上帝善良

---

① Gala.,2,34;Denifle,1,702.

和仁慈的证明……可人们对于信仰和圣灵的评价却截然不同。人们深信上帝是善良的,即使上帝杀死了所有的人,也是善良的。"①

事情变得越来越难了。一个不知情的人想必会觉得路德是故意精选论点,这些论点足以向人类理性提出挑战。我们怎么可以设想上帝会向人提出一些不可能做到的要求呢? 人只要他能够进行推理,只要他的论断是建基在自明真理之上的——没有自明真理不光科学就连天主教神学也都是绝无可能的——,他就绝不会摒弃这样一个信念,即上帝不要求不可能做到的事。在这种场合下,就连权威也无法克服一个人身上的自然信念,即人竭力想要从上帝的正义中察觉的,是人类自身的正义理念的完全合乎逻辑的演变。

而只有到那个时候,即只有当现实以无以言喻的信念呈现在路德眼前时,他才得以从自身的经验中感受到,尽管有这样的训诫:不可起贪心,但毕竟私欲是无法遏制的,只有到那个时候,他才能知道,一切所谓的自明真理都只对那些尚未与现实发生任何冲突、在现实生活中无法安顿自己的人才是存在的。上帝通过其使徒威胁人们履行他的训诫,可向之出示这些要求的人的天性,却由于恐惧可怕而又残忍的复仇而拒绝履行这些要求——而且人类这么做不是因为他不愿意,人本来是愿意的,而是因为他无法做。我说过并且还要重申,忠实地描绘了路德之体验的人,不是清教徒,而是天主教徒。

路德压根就不是一个纯粹的义人,他是一个可怕而又伟大的

---

① *De Servo Arbitrio*, 382.

罪人。而且,或许他的进入修道院——如他以及一切进入修道院的人们所想望的那样——在其完善自我的事业上帮助了他。要知道就连天主教徒也像杰尼夫勒一样否认,说什么在对修道院生活的接受中,就已然包含着功劳,他们假设,修道院生活是完满状态(status perfectionis),会减轻完善之路上的困难。因此,或许也正是由于这个原因,对于路德来说,接受修道院生活所加于人身上必须履行的职责,除了通常的训诫、要求和贫穷、节制和驯顺的责任之外的誓言,都极其鲜明地表明了神衹的意愿和力求履行其意愿的人的可怜无助之间的对立和矛盾。

对于僧侣来说,履行责任是如此之必要,如同其他基督徒必须履行日常生活中的十诫。或许也正因为此,它们远远超出了人的能力范围。可实际上它们只是超出了路德的能力范围而已。路德还可以从外在方面来履行自己的职责,但他的内在天性并不倾听神衹的声音,不但如此,比这更糟的是,显然,他的天性敢于嘲笑甚至诅咒来自上天的盼咐。早在《罗马书》的注释里,我们就可以看到下述供白:我们的上帝不是一个毫无耐心的残忍的上帝,甚至就连在对待毫无神衹信仰的人也是如此。我说这话是为了安慰那些人,他们经常在为亵渎神圣的思想而受到折磨,而且他们还非常胆怯,虽然诸如此类的亵渎神圣是魔鬼在违反人的意愿的情况下强行加在人身上的,尽管诸如此类的亵渎神圣有时对于神衹的听力来说甚至比哈利路亚抑或某种庄严的赞美都愉悦得多呢。[1] 早在1515年,亦即在他与罗马发生冲突的前几年,路德就已经熟悉这

---

[1] Rom.,9,19;W 56,401;Ficker,227.

些可怕的体验了,这种体验只有当一个人违反自己的意愿,违反了最伟大的训诫,并且开始亵渎神圣时才会有。那时的他甚至敢于断言,这样一些不由自主的亵渎的声音在耳边比哈利路亚更加赏心悦目。如果你想清晰地想象一下这些话究竟意味着什么的话,就请回想一下陀思妥耶夫斯基的《地下室手记》,地下室人恐惧而又令人不可思议地、庄严地——而这是以众暴寡的极端的恐惧,无论这有多么奇怪,这种恐惧总是伴随着哪怕是庄严庆典的开端——说道:不是世界毁灭,就是让我有一杯茶。只要我有一杯茶,哪怕让世界毁灭都值。

这的的确确就是路德所说过的话,而且路德还会补充一句,说什么与哈利路亚比,上帝会更情愿接受他亵渎神圣的话。无论我们对于边缘人的荒谬悖论多么习以为常,对其体验的匪夷所思多么习之若素,我们都会觉得,一切都有个限度。可是,这样的限度却原来根本就没有。最匪夷所思、最荒诞不经的变化就发生在我们眼前——我们向着黑暗迈出的每个新的步伐,都意味着新而又新的、任何人都不曾预料的、无从数计的意外。天主教神学对于掌握和记录灵魂体验的无穷世界的尝试,对于试图猜详信仰之谜的尝试,看上去是如此软弱无力和天真幼稚。它同样也想掌握真理的标准,也想和科学人一样,能毫无差错地从这一永恒的黑暗里,对应有和既有、真实和虚假加以分辨。它把伟大的亚里士多德当作自己最可靠的传播者和基督在自然中真正的先驱,而且为了不致迷路,它也同意为其在超自然意义上提供指导。

每当路德不得不讲述在那个自然的世界里闻所未闻的和非同寻常的、曾经被哲学家娴熟地加以描述的事物时,天主教徒便会掀起一阵喧嚷——这是不可能的,这是假的,这令人愤怒填膺。也的确,当天主教教条主义者读到路德的著作时,他们头顶的头发会直立起来。路德直截了当地说:没有一个人可以守法。而且法律压根就不是为了让人执行才制定的。那么法律究竟是为什么制定的呢?路德试图用保罗的话回答道——Lex propter transgressionem apposite est①——他就是如此这般翻译 των πσυρσβσαεων χαριν προστεθην,不是 transfressionem gratia,也不是由于有罪恶才制定了法律,而是由于制定了法律因而才使得罪恶有可能滋生。您又会说这种观点十分荒谬。毫无疑问,人身上一切理性的东西都会起而反抗这种论点。这几乎是理所必至的。在路德走上的这条路上,你们所能遇见的,除了奇迹不会是别的。所有温柔的、软绵绵的、轻飘飘的和习之若素的东西,都被他丢诸脑后了。我们必须关注他,必须集聚起自己全部精神的力量以便尽可能保持心灵的安宁。如果说此时此刻我油然回想起天主教徒阵营里腾起的一片喧闹声,那也仅仅是为了强调和呈现路德生命观的特征,正是这些特征把他与中等人士分割开来。在这种情况下,天主教承担起了这样一种角色——按照一般人们的意见这个角色与其本人并不符合——,那就是普通的、健全的常识的捍卫者,和试图反对疯子攫夺衡量真理之御座之企图的捍卫者角色。

无论初看上去这会有多么奇特,天主教在此都表现为科学哲学的同盟者。天主教要求提供真理的标准,并且不允许居然会有

---

① 《提摩太后书》,第 4 章 17 节:"惟有主站在我旁边,加给我力量。使福音被我尽都传明,叫外邦人都听见。我也从狮子口里被救出来。"——译者注

一种没有标准和最高审级的真理这样一种概念。而科学所做的也恰好是这些。科学的终极目标是提供客观检验真理的可能性。只有那样一些判断才能称为真理，这些判断受到了特定规范的保护。"我也从狮子口里被救出来"的论点本身就不能被认为是对保罗名言的一种准确的翻译，因为它和我们有关真理和正义的标准不符。诚如我们所记得的，说这话的有来自爱克拉乌特的贝拉基主义者尤瑞安。但在5世纪人们根本对他的话听而不闻。圣奥古斯丁也正是在这个时代得以把天主教会吸引到自己这边来。而在6世纪我们已经可以读到教会的决议，是经过卜尼法斯二世教皇首肯的。① 天主教徒当然不会背弃这一观点。而且此刻他们已经做好了准备，准备跟在先知伊萨和使徒保罗之后重申：谁并未寻我，我才向谁显现，谁并未去找我，我才能被谁找到。在天主教文献宝藏里当然珍藏着好多来自圣经的财富——但它们全都默默无闻地躺在秘密储藏室里。人们并不敢于将其向人展示。人们自己也不敢瞧它们一眼。每次，当上帝的呼吸声传到人耳朵里时，人总是竭力捂住眼睛捂住耳朵——犹太人在西奈山的故事依然在重复上演。在恐惧和颤栗中他们吁告着，希望摩西能够亲自和上帝交谈，以便后者能用自己的语言把上帝吩咐他的话转达给他们。

现在摩西在天主教中的地位被教皇取代了——可正如陀思妥耶夫斯基在《宗教大法官》里所正确地指出的那样，就连教皇也不敢走近上帝，好用自己的狡计来取代永恒的智慧。

承认这一点对于路德来说无论有多么困难，他还是反对天主

---

① Denz. XXII, 3, 146, 52.

教和其心爱的导师奥古斯丁不管不顾地确信上帝不要求不可能做到的事，而是确信上帝只会对人提出不可能做到的要求。且看路德是如何描述法律的使命和意义的吧：就这样，在最后审判的日子里，世界应当充满一片令人恐惧而又可怕的黑暗和迷误。因此，谁如果能，就不妨让他明白，按照基督教神学，法律并非是在根据正义来辩护，而是在制造与之相反的东西：它打开我们的双眼并且向我们展示，我们究竟是什么人，它不仅让我们看罪恶和上帝的愤怒，并且以此来恐吓我们，而且还加重罪恶的程度：从前本来很轻的小小不言的罪恶，一旦用法律来说明，就会变得很重很大。于是人开始仇恨法律，逃避法律，并且开始仇恨制定了法律的上帝本身。这意味着人不是通过法律才成为义人的，理性自身应当承认这一点，这意味着两次犯了违反法律罪：第一，一个人如果对法律充满厌恶，做事违反法律的话，就不可能接受法律；第二，此人以此会成为法律最大的敌人和仇恨者，所以，他会有这样一个愿望，即根本没有什么法律和上帝。因为是上帝给予我们法律，而且上帝还是最大的福祉。① 在整个哲学和神学文献里，我不曾见过有比这更加可怕更加震撼人心的供白。甚至就连陀思妥耶夫斯基与之同一题目的《地下室手记》，在以上援引的路德的话面前，也会变得黯然失色。可陀思妥耶夫斯基毕竟不敢直截了当地以自己的名义来说话。除此之外，他还认为自己有必要用无花果树的树枝，即对《地下室手记》所做的注释来加以遮蔽。

兴许只有托尔斯泰在某些短篇小说中，使得对于法律和上帝

---

① *Gala.*, 2, 88.

的仇恨激情达到了紧张激烈到绝望和毫无出路地步的极致。如果人都走到这一步了,那么,还有什么是不敢超越的呢?你就是把全世界所有的智者都招来,请问谁敢于设想,处在这样的境地里究竟还有什么出路可言?人被变成了虚无,变成了人从中演变而来的一抔黄土。

是的,路德说道,可就连这也没必要了。人的确理应只剩下一无所有——只要他身上哪怕有一件东西,走向上帝之路对他来说就是封闭的(《加拉太书》,11,70)。[①] 路德在不寐的夜晚和与不洁力量的斗争中,浮现在他脑际的就是这些思想。并非是在他与僧侣生活一刀两断时,他才对那些没有紧跟他走的人感慨道:上帝如你的誓约。他对自己自言自语时,说的也是这类话,那时他本人也是个僧侣,以为准确履行所有承担的誓言就是拯救自己的条件。当这一可怕的意识平生头一次如一道黑光照亮他疲惫的心灵时,他和所有天主教徒一起,从上帝身上看到了一种服从全人类规范的本质。他认为上帝是一个严格严厉但也分明公正的生物,对他来说也和对人一样,存在着一些决定其行为的规范。上帝不可能要求不可能的东西,对于那些为了自己力所能及的一切而不遗余力的人,上帝绝不会拒绝给予其神赐的——这样的上帝俨然就是一个大地上在法庭执法的睿智的帝王。因此,路德理应对僧侣有特殊好感,因为僧侣将自己的一生自愿地奉献给了神圣的祷告和

[①] 因此上帝是屈辱的、不幸的、受压迫的、绝望的人的上帝。上帝的本质是要让受屈辱的人挺起腰杆,让饥饿的人吃饱肚子,让盲眼人重见光明,让不幸者和绝望者得到安慰,让罪人得到辩护,让死者复活,让失去希望的人和被诅咒的人得到拯救。要知道上帝是一个全能的造物主,他是从虚无中创造了一切万物。

礼拜。僧侣对于神祇的恩典,可以有所指望,有所期冀,可以从自己身上汲取上文说过的神圣的骄傲。所有人都由于其所作所为而应受责备或应受赞扬。路德是这样想的,僧侣界的所有人也都是这样想的,或几乎所有人也都这样想。或许支配所有初进僧侣界的人也都是如此这般地描述其动机的吧。

当然,《雅歌》之所以能吸引欧洲僧侣界最大的代表人物的关注,绝非偶然。当然,赞美诗能给那些被强加在自己头上的誓言搞得疲惫不堪的隐士如许多的欢乐,这也绝非偶然。可所有这一切,按照路德的经验,却还不是什么信仰。无怪乎他会把这样一段话——我因为生活得很糟糕而损失了时间(perdidi tempus meum, quia perdite vixi)——说成是圣贝纳德。路德教导我们,任何功勋的结果,是这样一种意识,即人所做的一切,都是徒劳的。我们在此又一次不能不为与托尔斯泰在《谢尔盖神父》中所做的坦白之间的惊人的相似而惊奇。谢尔盖神父在回顾过去时,不无恐惧地承认他的事业在世人的眼里的确是好的,可在上帝面前,此类事业非但没有什么价值,反而对于取得某种崇高的、无以企及的目标来说,形成某种障碍。于是谢尔盖神父每次都不无恐惧地发现,自己身上有一种神圣的骄傲,这种东西平常时乃是使人坚强和精神饱满的源泉,我们人类中,具有此种品质的人和普通标本的人之间,区别是如此之大,以至在最后审判中,在经历最后的考验时,此类东西的存在本身看上去甚至都不值得当代实证科学讨论研究,仅此而言,这种东西不是神圣的,而是魔鬼般的。这是为什么呢?路德的回答是这样的:上帝是一个伟大的创造者,他从虚无中创造了一切。而后,它以最后的审级的面目出现,近代以来成为康德有关善和真理的学说的理论基础(而这也就正是利阔里[Liquori]所说过的神圣的骄傲)。可是,在从事如此重要的事业以前,一个狰狞可恶的怪物不允许他前进——这个怪物就是对于虔诚的自我评价,这就是不愿意做一个罪人、不洁者、可怜人,也不愿意在虔诚和神圣的信仰事业中受到指责。正因为此,上帝应该诉诸榔头,也就是说诉诸法律,这种法律足以把这个怪物及其自信、智慧与虔诚之心和权力都打碎、敲烂、粉碎,变成虚无,以便让它懂得,由于它身上所包含的恶,它已经死掉了,并且受到了诅咒。① 整个提莫太后书都渗透着这种思想。上帝从虚无中创造,人只有那时才能接受上帝,即当他已经在可怕而又痛苦的内心禁欲的过程中,对于自己的创造丧失了一切希望之时。而向人提出不可能实现的要求的法律,会引导我们走向上帝。法律就是上帝用来把人类的骄傲击打得粉碎的那把锤子。在我们的意识中,法律会绞杀我们对于自己和我们所创造的一切的信任。

信仰上帝的僧侣路德的法律,引导我们得出这样一个认识,即法律在把最困难的誓言肩负在自己身上的同时,事实上也在服侍上帝:上帝如你的誓约,等等。路德撕裂了所有在他之前把宗教生活与日常的、尽管在道德方面是崇高的生活联系起来的线索。如果说除了上文所引的来自当代体验的例证外,还需要别的例证,那么我可以以契诃夫和易卜生为例。我曾经谈到过契诃夫,那时我不得不谈论"从虚无中创造"。② 而且,如果契诃夫没有当过医生,

---

① *Gala.*, 11, 70.
② 列夫·舍斯托夫:《开端与终结》。

而且习惯于用19世纪的学术语言来表述自己的思想,如果契诃夫曾经像生活在16世纪的路德那样,受过那个时代哲学和神学理念的熏陶的话,毫无疑问,他无疑会采用路德的语言来讲述自己和自己的思想。那时他兴许会承认,只要人一天具有想要通过自己的力量来建设自己生活的希望,上帝就一天无法抵达人的灵魂——"如果你不仇恨父亲母亲等"的话。易卜生兴许也会说同样的话,在他生命的最后岁月里,对他来说,无可企及成为他追求的唯一目标。或许我还可以以莎士比亚为例——他的悲剧《裘利斯·恺撒》和《哈姆雷特》,非常充分地反映了一个从人类以现成材料为依据的创作到从虚无中创造的过渡,对此,路德曾经不知疲倦地谈论过。勃鲁托斯尚且指望实现善的理念并在善的理念中寻求人类的终极目标。莎士比亚在其坟墓前发表了庄严的演讲词,它为人在大地的崇高使命进行了应有的论证。哈姆雷特已然知道,对他来说,拯救是没有了,命运的铁锤已经把他和他的理念都击打得粉碎了。他无法观望地球——于是他就不观望地球。他的所有才华——所有将他与众人突出地区别开来的才华,在以其自身的存在和事业而如此加重其命运的近人眼里,并非如此——,对他而言,成为恐惧和厌恶的对象。而且我们也没必要为他辩护:他也并不祈求你们的辩护,因为这是他在这个世界上最害怕的东西。他必须做一个罪人,他必须摒弃自己的才华和善行。他自己也糊里糊涂的——况且处在哈姆雷特的位置上谁能对自己所做的事情清清楚楚明明白白的呢?——正如路德所说,他在奔向深渊,奔向毁灭。这不是为了"改过自新",开始过一种全新的生活,而且,在精细地履行法则的同时,要用新的善事改正旧的错误、行为和罪行。

而人却趋向于这样的观点。他说:"我想,如果上帝愿意给我时间来改正自己的一生,我想做许多许多事情:我想进修道院,即使以面包和水为食,收入微薄,破衣烂衫,打着赤脚,我也愿意。如果你不能做相反的事,也就是说,你不能摒弃就是为了性格坚定的人和为了使你对自己增强信心而创造的摩西和他的十诫,也无法认识到被钉在十字架上的基督,将要为自己的罪恶而死掉的基督是多么痛苦、恐惧和害怕,那么,你永远也无法得到拯救。"①

XVII

你们已经看见,路德关于人类灵魂的使命和任务的思考已经走了多远。一个遵循正常哲学家之遗训的正常的神学家,这样写道:"全部神学都在利用人类的理性。启示的真理当然不可能被理性所证实(如果是这样就不会有任何功勋了),可是,理性只能说明教义中的某些方面。因为上帝的神赐是不会和人类的天性矛盾的,而只会进一步发展人类的天性,所以,理性的职责就是为信仰服务,而信仰是伴随爱的意志的一种自然而然的趋向。"②至于对人而言,托马斯·阿奎那的议论又多么富于诱惑力,那就不消说了吧。上帝的神赐并不与人类的天性矛盾,并不取消人的天性,而只会发展它和完善它。由此可见,理性不仅不和信仰斗争,而且还为信仰服务,帮助信仰。的确,就连托马斯·阿奎那也假设,启示真

---

① *Gala.*, 2, 71.
② S. Thomae Aquinatis, *Sum. Theol.*, la, Qu. I, art. VIII.

理既不可能被理性所获取,也不可能被理性所证实——如若不然,在信仰身上不会有任何功勋。这一观点对我们来说是非常重要的,我们还会回到这个问题上来,并且我们还会发现,就连路德离开理性也寸步难行。但暂时还是让我们关注一下路德和托马斯·阿奎那思维进程中的一种对立性质,这从上文所引的引文中就可以看出。对于路德来说,上帝是虚无的——上帝永远并且持续在虚无中进行创造,而对于托马斯·阿奎那和天主教来说,上帝仅仅帮助人的自我完善,帮助人达到精神发展的最高阶段。人类精神两种倾向永恒的和不可调和的仇恨就最为鲜明地体现在这一对立性质中。在本书的开头我们已经看到,这两种趋向甚至并不要求什么载体。同一个曾经激烈地否认发了疯的昔尼克派狄奥根涅斯·拉埃梯乌斯①、称他为发了疯的苏格拉底的柏拉图,自己心灵里也包含着最极端最狂暴的犬儒主义的萌芽。就是他教导我们说——正如我们仍然记得的那样——哲学不是什么别的,就是准备死亡和死亡本身。可以理解的是,濒临死亡者和准备死亡者心灵是安宁的,他甚至会兴高采烈地接受在一个活着并且准备长久地活下去的人身上,只能引起痛苦的郁闷和惊心动魄的恐惧。

我们还记得,柏拉图还补充过这样一句话,他说哲学的任务从前是并且永远是人的一个最大的谜。无论这看上去有多么奇特,这个谜实际上即使被揭穿时也依然如故。而且,应当认为,这个谜即使是到世界的尽头也依然会是谜,甚至即使人们同意将其用一

---

① 狄奥根涅斯·拉埃涅乌斯(3世纪上半叶),古希腊哲学家,曾编辑过一部希腊哲学史。——译者注

俄丈大的字体书写在一切最醒目的地方，或是从所有的房顶上大声呼喊它也罢。

路德宗就是对此最好的证据。路德直到今天最忠实、最诚恳、最真挚的信徒和学生，对于路德学说的仇恨也不亚于天主教的捍卫者。恩典不会取消自然（Gratia non tollit naturam）——他们当然不会重复这句话的，可是，他们对于路德的全部忠诚都始于这样一个关头，即路德抛弃其独居之地，开始采用一种通俗易懂、人人都可以理解的语言和人民讲话之时。

路德自己也知道，人的天性是不可以完善的，他知道，上帝的神赐不仅在于把人从罪恶中解放出来。人从出生到死始终是个罪人。成义（Justificatio）仅仅在于上帝并不把人的罪孽算作他的过失。正因为此，上帝也才有必要把自己的儿子打发到大地上来。基督承担了人类的全部罪孽——并且以自己的痛苦赎买了亚当及其子孙的过错。可人们并未因此而变得好一些：他们和从前一样依然是罪人。他们的全部希望都寄托于违背最严厉的判决向他们发出的自己良心的声音，出于其永恒的仁慈之心，上帝以其力量和智慧，以其无人能猜测的决断，动手拯救那些被他列入优选者行列的人。毋庸置疑，这样一种学说也足以令路德的敌人和朋友都感到恐惧。人们绝对无法与这样一种思想妥协，即在最高的审判面前，所有人无论其为义人还是罪人，都是同等的。所有人都必须摒弃自己的事业和功勋，所能期待的，就只有人类灵魂的万能的造物主上帝，以便它来重新史无前例地创造出什么来。路德写道："喏，且看圣贝纳德——如此虔诚、神圣而又睿智的男子汉——是怎么做的吧，我认为他兴许可以是所有僧侣中最正直的一位呢。有一次他病得很厉害,对自己的生命感到绝望了,以致连对自己一直以最严格的方式予以坚守的理智,以及他所做的无数善事也不再信任了,可是,他排除了所有这些障碍,始终坚持了对于基督的信仰。他说:'我是一个可怜的罪人,我的一生过得很不好,可是,你,耶稣基督,我要以天国的名义向你祈求。第一,因为你是上帝之子;第二,你以自己的受难和死亡值得他对你的眷爱'……他没有起而反抗神祇的愤怒和僧侣生活和天使生活的正直性,他明白,只有一点是必要的,于是,他得到了拯救。"[①]这样一个无可挑剔的圣人,一旦到了最后审判的法庭,一如圣贝纳德在最后关头,也没有拿自己的僧侣和功勋,拿自己天使般的生活与上帝的愤怒和法庭作对。所有这一些对于圣贝纳德是如此之无益,犹如对于过着最下流无耻生活的人那样。

不光多神教中的义人,就连基督教里的善人,实质上也都只是触目惊心的罪恶罢了,一旦到了可怕的最后的法庭上,不会给人带来任何益处和任何希望的。欲要和上帝的唯一需要结合,有一条是必需的,那就是信仰,亦即从通常人在其中生活的所有理念的圈子里挣脱出来的决心和勇气。抑或,更确切地说,它和信仰和拯救是同义词。谁有信仰,谁就能得到拯救。谁得到拯救,谁就有信仰,亦即谁就能感觉得到,人赖以生存的一切限制性的法则,所有制度和所有支柱,都被打破、打乱,都被消灭,所有灯光都被熄灭,人只好安于生活在黑暗里。(《天国》,第3册第8章第12节)。这也就是说,天主说过,他最亲爱的自然力就是人在这个世上最害怕

---

① *Gala.*, 11, 284.

的黑暗。他要求我们自觉自愿地走入这片可怕的黑暗吗？绝非如此。上帝并没有向我们提出任何要求。"谁没有去寻找我，我将向谁显现。"——先知如是说(《忏悔录》，第 65 章第 1 节)。

而人们却在提要求。上帝只是在引导而已。他引的是一条对于软弱的凡人来说不可理喻的、无法理解的、可怕的道路，对这条道路，他的那些优选者——路德、柏拉图、奥古斯丁、托尔斯泰、陀思妥耶夫斯基、尼采、契诃夫以及其他许多人，他们的名字在此无法一一列举，原因仅仅在于我们不可能说尽天下所有与闻了最大之谜的人。我的任务仅仅在于一点，就是以一系列例子，来表明现实生活是如何无法被纳入那样一些先验的框架的，这个框架是人类的理性自己创造出来的，为了洞悉存在的终极之谜。

我们存在中所有最重大最重要的事件，都是在我们的一般原则之外，在我们认识的理性之外进行的。我们甚至可以更加坚定地说，在我们的理性试图以其自己的标准衡量我们所体验的现实生活的任何企图中，任何体验自身在瞬息之间就会变为虚无，就如同它们从来就不曾有过一样。这个问题是无法加以检验的，也是无法加以记录的。在这个问题上，也不需要任何审级，而且也不可能有任何权威。在这个问题上，也没有真与假，没有善与恶的斗争，没有错误，没有迷误，也没有真理的胜利或非真理的失败。这里只有真实的生活，新的、不同于以前的、在更大程度上与成年人的生活与吃奶的婴儿的生活相比一样毫无共同之处的生活。这里没有法则，没有否定法则的复仇和执行法则的奖赏。路德写道，当托马斯和其他经院哲学家说，法则应当取消，说世俗法则(judicialia)和礼仪法则(ceremonialia)应当在基督降临之后取消；

说十诫不应当取消时,他们自己也没有搞明白他们说的是什么,提议的又是什么。当你想要说取消法则时,你肯定说的是将世俗法则、礼仪法则以及十诫不加区别地含纳的所有法则。因此,当保罗说,我们是被基督从对法则的诅咒中拯救出来的,他说的是所有法则,尤其说的是十诫,这些戒律使不止一个人感到害怕。①

我知道,要一个人继路德和使徒保罗之后承认,戒律被取消了,说赞扬与责备在最初和最后之间的界限被抹平了,是很困难的。我曾经不得不就尼采的体验来发言,人是经由怎样的途径得出此类内心供白的,抑或更确切地说,人的命运如何、通过怎样的途径引导他走向禁欲的最高极致。这里需要的是这把可怕的上帝之锤,关于这把锤子,路德已经说过许多话,关于它,尼采同样也采用几乎完全是路德的说法说了好多话。我们与世俗有关真理和正义的理念缠绕生长得太久了,任何人甚至就连最强大的人,也没有足够力量以自己的双手把自己弄到疼到极点,疼到无法忍受的地步,我们始终想要割断把我们与习以为常的存在联系起来的那些活生生的线索。我们自己是不会去做这些事的,也不可能去做这些事。最极端的禁欲主义,最极端的自我戕害会在这一边界上止步的。这就像我们无法凭借自己的意志跨越那条把非存在和存在分割开来的边界一样,与此相似,神秘莫测的领域,其全部劝诫能力的全部力量,其全部的"证明",反而都指向一点,即制止人迈出最致命的一步。在理性眼里,如果由理性来审判和评价的话,则飞跃善与真理的边界就意味着不再存在。天空对于我们的堕落和罪

---

① *Gala.*, 11, 265.

孽,如同对于我们的功勋一样,都无动于衷。

路德早在青年时期就感觉到:"当一个人做他力所能及的事情时,是在犯罪,因为他无法自主地想望或是思考。"在罗马书注释中,他以一种近于疯狂的笔调写道:"因此在争论从哲学中导出'善'的问题时,这是一种非常胆大妄为的做法,因为上帝把这种善转化为了恶。甚至当一切都好时,对我们来说,也仍然还是没有什么好,而且,即便有些东西,从某种角度看没有什么不好,但对我们来说,毕竟还是不好。而这一切全都是因为我们是罪人的缘故。因此,我们应当避免善而接受恶。而这不仅要体现在话语里,说起来心灵不无虚伪,而且还要充满内心真诚地承认和希望我们能被无法挽回地受到谴责和诅咒。我们应当在对待我们的态度方面,像那个仇恨他人的那个人一样行事。谁有仇恨心,谁也就不会仅仅为了做样子而去真正地杀人,扼杀或是诅咒他所仇恨的那个人的。如果我们将发自内心地迫害或是扼杀自己,如果我们为了上帝和他的正义的缘故而把自己送入地狱,那么,我们就真的会令上帝的正义得到满足,于是,上帝就会可怜并且解放我们的。"[①]我知道得很清楚,即在路德的这番话里,也和上文所引的其他许多话里一样,我们绝对无法捕捉到任何足以指导人之行为的一般理念或是原则。可这样一来也就剥夺了路德这段供白的意义了。他毕竟讲述了他自己从前的经历而无论我们愿意与否,我们都应当接受他的讲述,尽管我们甚至从上文所引的片段中也可以看出,路德本人也堕入了其非同寻常的经历体验的约束。必须避免善并且寻找

[①] *Rom.*, 9, 3; Denifle, 1, 505; W 56, 393; Ficker, 220.

恶，必须愿意自己被谴责并且永远死掉，而且不光要停留在话语中，还要体现在行动上。必须像你对待你所仇恨的敌人那样来对待自己——无所不用其极，扼杀他，他如是说。并且他紧接着补充道，只有那时上帝才会怜悯并拯救你。这就是说我们知道该如何拯救自己了？在最黑的黑暗中，这么说终于有一线光明透露出来了吗？路德受到了业已达到目的的雅典智慧的诱惑。

路德非常愿意回忆圣人的不完善性："是的，圣人堕入罪恶，堕入肉体的诱惑，这是很有可能的事情。正如成为婚姻的诋毁者的大卫所做的可怕的事情，导致了许多人的被杀……拒绝了基督的彼得同样也深深地堕落了。"[1] 而路德还说，所有圣人，都只是在人们的想象中才是无辜的。神圣的诡辩学家，亦即天主教徒，和那些斯多葛智者一样：斯多葛派议论那个最睿智的人，和此人相像的人世上还没有过。这种从保罗学说的无知而产生的愚蠢而又虚伪的论断，诡辩派把自己和许多其他人都弄得发疯了。[2] 路德继续讲述道，说他本人在当僧侣时，曾经幻想看见和听见那位圣人。我曾经幻想当这样一个圣人，他住在荒漠里，吃草根，喝冷水，关于这位千奇百怪的圣者的这样一种看法，我不光是从诡辩论者的著作中，也是从教会教父的著作中汲取来的。关于生活在荒漠中的长老们，圣耶罗宁在一处文字中写道："关于饮食和吃饭我有意没说，这是因为喝水和吃熬煮的食物，即使是在我们十分虚弱的时候，也是一种罪过。"[3] 指望以严格的节制、自我鞭挞及其他功勋来获得拯

---

[1] Ad Gab,3,31.
[2] *Gala.*,3,33.
[3] *Gala.*,3,34.

救的圣者,在路德眼里都是些怪人。他们自己也必然有一天会走向绝望,并且也把他人引向绝望。他们并没有对上帝的信仰,他们和斯多葛派一样,只信仰自己的力量——而这种信仰迟早总会由于事实上总归一事无成而撞碎在不可能性这块岩石上的。总之,圣人的圣洁一直是消极被动的。换言之,只有当上帝为人提供帮助,只有当人最终走向绝望,只有当人最终垂下了双手,只有当他的眼前除了黑暗和恐惧外一无所见时,才有可能。这就是路德的经验。在他在为获得神圣而履行法则时,他一直都是在越来越深地堕落下去。只有当他感觉到自己已经丧失了最后一线希望,当他确信他不是最好的,而是最坏的,不是强者,而是弱者——即一个完全软弱无力、孤独无依的人时,只有在那时,他才会确信,惟有上帝才能给予他在长期的隐居生活中徒劳地想要获得的那种东西。首先他幻想哪怕只用一只眼看见那位圣人——可是他看到的却只有弱者和毫无自尊的人。而现在,他却讲述着:我要欢天喜地地感谢上帝,感谢他给予了我曾经请求过的一切:不是亲眼看见一个圣人,而是无以数计的、的的确确、实实在在的圣人……感谢上帝,我也忝列其列。这几句话值得仔细推敲,因为路德有关唯凭信仰拯救的学说即来源于此。迄今为止,我从路德的各类著作中仅只专门摘取那样一些文字,即描述其皈依抑或随便哪次叛教的过程的段落。如今路德开始着手解决新的任务了。他想把自己的经验变为学说。这也就是说,他想在自己独一无二的经验体验中找到一些足以使他在社会上成为值得关注和比较重要的人物的因素。路德本人不止一次重复道,上帝是通过不可理喻的途径引导人们的。而使他本人奇迹般地从一个最大的罪人转变成为义人的那条道路，同样也是非同寻常的和充满奇迹的，对于人类的理性而言，则更完全是不可思议的。看起来对于自己皈依过程的简单描述，路德本人是很满意的。或许如果他注定只能做一个谦虚的僧侣的话，他也就仅限于此了。可是，命运却做出了另外的决断。命运要他出面去引导人们，出面去创造历史。路德不得不卷入与无比强大的罗马的不对称的斗争。不可动摇的教皇和整个天主教会，都对他提出了可怕的指责，指责他是异端邪说。人们告诉他，如果他不摒弃自己的信念的话，他将被逐出教会，革出教门。于是路德捡起了抛给他的手套，连一秒钟也没有怀疑如果真理就是他关于自己的所见和启示所说出的一切，那么，他最伟大最重大的任务就是把罗马开始的这场争论给引开。始终忠实于自己的罗马，有权传路德到庭受审，因为合法也罢不合法也罢，它始终在觊觎获得完整的钥匙的统治权。罗马认为自己是钥匙的统治权的唯一传人，因此它有权捆人和判决——路德也在觊觎这样一种权力吗？

我们还记得有关钥匙的统治权的想法本身，最初是在苏格拉底头脑里产生的，从他开始，经过斯多葛派，路德又费了九牛二虎之力，才从斯多葛派的约束中解放了出来，转向天主教。要知道钥匙的统治要求以人神之间的不间断性和继往开来的联系为前提——而路德恰好也正是以这样一种壮丽雄伟的灵感和激情起而造反的。天主教徒可以从雅典哲学中寻求论据，对于天主教堂来说，理性是最高的审级。他们只知道启示的上帝——路德从自己身上感觉到隐藏的上帝的权力。我们是否可以对居住在黑暗中的上帝的神秘意志和意图，如此这般地进行一番逻辑的检验呢，正如天主教对于启示它的上帝的意志所做的那样？

可即刻就又产生了新的问题。路德是否可以为了那一神秘而又不可以话语传达的、他只在最优秀的著作中才予以讲述的启示的缘故,而和天主教进行一番斗争呢?要想克服天主教,他就应该在学说上除旧立新。他是提出了新学说——这一点原则上路德宗一直保留到了今天——,认为圣经是宗教认识的唯一来源。可是,任何人,只要他多多少少了解一点圣经,都清清楚楚地知道,路德是不会就此止步的。圣经在不同人那里引起了各种不同的观念。只要天主教掌握了阐释圣经的唯一权力,只要天主教在教导人类以真理,谈论统一性就是可能的。

可是,在路德起而反对罗马的特殊权力以后,已经不复有任何手段可以把人们统一在同一个真理身上了。路德于是就不得不从二中选一——或是拒绝自己的奢望,或是和天主教一起承认,上帝的的确确没有把教导的权力分配给所有人,而只分配给了部分优选者。只有在这个条件下,才有可能爆发那场争论,才有可能产生当然是与成功和失败之偶然性产生的那场斗争。而我要说的是,路德决定接受挑战扭过头了——随它去好了。

和所有时候一样,真理的胜利往往取决于争论双方的才华、精力、能量和顽强。而这在同等程度上,既很少使路德也很少使天主教徒感到惊奇。斗争的结局我们是知道的:相互仇恨的任何一方都未能获得完全的胜利。路德和路德宗使得数千万人脱离了天主教。可是,天主教却保留了人数更多的忠诚的儿女。这场斗争并未导致"真理"的彻底胜利,甚至也未导致对真理的判明。对手们至今仍然站在相互对立的立场上,个个从头武装到了脚。双方都深信永恒真理已经一劳永逸地被揭示出来了,而且也以话语的方式予以表达了。梅兰希顿在一封信中如此这般表述了路德的"学说":"当上帝想要为人辩护时,他会以法则来恐吓他并引导他承认罪恶,在此之后人就会陷于绝望,心灵从此失去安宁。难道上帝可以通过辩护,通过福音书,能够对其罪孽实施宽恕吗。"[①]从这段话里你们也不难发觉,这种味道和我们以前从路德那里听来的一切非常相似,梅兰希顿自己没有发觉,或许连路德本人也未曾发觉的新因素的存在,就是力求确定和把握其导师散在各处的言论。梅兰希顿已经以准确而又明确的语言表述和描述了人类拯救进程的机制。

上帝为了拯救人,首先必须震撼他的灵魂,将其打得粉碎。上帝无法以别的方式来拯救人吗?梅兰希顿是否知道这一点?梅兰希顿知道得还要比这多,也就是说,他还勇敢地为上帝的无所不能划定了边界。在人们最初试图以之取代罗马教义问答的《教义要点》(*Loci Communes*)里,他写道:"对于神祇来说基督之来是为了我的许诺的接受抑或信任,说基督从我身上解除了罪恶,基督给了我新生命——这种信仰,是福音书的信仰,仅此一点,就是在辩护,也就是说,上帝关注的论证也仅此一点而已。我们的事业无论看上去如何好,却不会受到关注。"在此也和前此所引述的片段里一样,一切都和路德所讲述的非常相像,以致我们一点儿也不觉得惊奇,即路德居然把梅兰希顿当作自己的另一个我(alter ego),他甚至断言,梅兰希顿对于他思想的表达,甚至比他本人都好。而且实际上,梅兰希顿和路德比,也的确拥有一个巨大的优点。路德是从

[①] Denifle,1,730.

其自身体验的深处汲取材料的,这是些粗陋的材料,没有经过抛光,和它在灵魂的深处自发产生时一模一样。他自己也能看见和听到自己所说的话。

而到了梅兰希顿这里,尽管材料不够好,但毕竟是经过加工的。无论路德有多么真挚求实——所有那些初学者,所有剧中人,都不得不按照自身原因来行动,因而各自都是各有其实——可毕竟他无法在讲述自己的时候,也能做到实事求是。因为即使他为自己提出了如此这般的目标,任何人也不会去听他的。于是路德对其体验进行了打磨和抛光。梅兰希顿则认为自己生命的任务恰恰在于把蒙在路德著作中的足以侮辱人类意识的飞尘都清除出去。而且,首先是要清除足以恐吓人们的模糊性和任意性。

必须把罗马严格而又准确的学说与严格准确不亚于其的学说做一番对比。对此,正如我已经指出过的,路德心里很清楚。可是,路德在内心深处也懂得另外一种东西,即因为他所经历过的内心事件,丝毫也无法与有关在宇宙之间存在着一定机制的观念相吻合协调。路德可以这样写:"人凭借对上帝的信仰来证实自己,甚至即使是被他人凌辱或是自己凌辱自己也罢。总在不断歌颂其圣人的上帝之谜就在于此,这是一个不仅不名誉的人不可能理解的谜,而且,对于那些声名卓著的人来说,这个谜同样也是令人惊奇的和很难理解的。"[①]对此路德知道得很清楚——上帝拯救的是那些不仅在自己看来,而且按照邻人的看法也很少有拯救之希望的那类人。上帝之谜不仅对于不名誉者,而且即使是对于义人,也

---

① Ritsehl,1,99.

同样是奇迹般的和很难理解的。如果事情的确如此,那么,显而易见,除了用自己的理性取代上帝智慧的人们所创造出来的玩意儿外,路德拿不出任何东西来与罗马的教义问答相对立。关于基督,路德也不惮于这样说:"的确,他为了我们而把自己献给了上帝我们的父,以做永恒的诅咒。他的人类天性和任何人一般无二,也被判决永远蹲在地狱里。"[①]你们当然也能理解,敢于写出这段文字的那个人该会体验到多么巨大的心灵震撼啊。此时此刻您或许也就明白了,梅兰希顿想要在公认前提的帮助下从逻辑上修订路德演讲的企图,必然会导致用僵死的、稍被修订了的天主教传说的语言,来取代活生生的、永恒的和奇迹般的秘密的结果。

和所有嗣后出现的清教徒一样,梅兰希顿贪婪地从路德的话语里寻找着明确性和清晰性,换言之,即寻找新的法则。他们不愿意到路德去过的地方,抑或他们不想去,这就和路德被迫从雷声隆隆中倾听,在闪电的电光石火中倾听上帝的声音一样——这乃是他们在这个世界里最害怕的事情了。他们需要有一个人能"用自己的语言"向他们讲述路德所见所闻的事情。

人要想获得拯救究竟需要怎么做呢?他们问他道。你否定了天主教法则——就得给我们一个新的法则来。而且,当路德说:"必须深信你已经得到证实,而且要对神赐即将降临在自己头上深信不疑,一旦有所怀疑或信心不坚定,你就无法获得证实,从而会否认神赐。"[②]而当路德开始下命令时,教民们开始"理解"他了。

[①] *Rom.*,9,3;Denifle,1,506;W 56,392;Ficker,218.
[②] Loofs,722.

当人们要求他同意——他十分情愿地同意了提供自己的认可,而他那些忠实的宣扬者,也和那位梅兰希顿一样,在为路德的命令寻找着最通俗易懂的表达方式。

梅兰希顿写道:"一个显而易见而又可怕的不名誉的说法是,所有人都难免沾染罪恶,甚至就连那些没有信仰的人也不例外。"① 梅兰希顿早就知道,不光知道谁会得到拯救,还知道谁注定永远死亡。当需要反击天主教的进攻时,梅兰希顿没有丝毫犹豫,他开始着手修订路德的经验。对人来说,"经验"本身并不包含任何兴趣和任何意义。今天是一种体验,明天又是另一种。剩下的只有"一个不名誉的人不可能理解的谜"——按照人们的普遍观点,也就意味着剩下一无所有。必须寻找到一种精确而又明确的秩序,永远都无可置疑,对所有人都一视同仁,必须遵守。换言之,必须把生活变成"真理"——或是在生活中寻找这样一些因素,这些因素足以为明天提供足够的保障。无怪乎路德从认识的第一天起就感觉到梅兰希顿最终将能为他提供那些帮助,因而全力以赴地想要把这个前途无量的少年留在自己身边。如众所周知,梅兰希顿并非一位神学家,他的名字和路德的事业联系起来这完全是一次偶然。梅兰希顿是一个受过教育的人文主义者,是在雅典文学和哲学中培养起来的。而正是由于他,被路德从门上赶跑的亚里士多德,又从窗户跑了进来,从而使得这次伟大改革的领导者全都臣服于其巨大的影响力下。没有梅兰希顿,或更加确切地说,没有梅兰希顿的精神,改革是绝对不可能实现的。人们的生活中不

---

① P.R.E.,16,507.

可能没有权威——必须把某个新的统治者捧上被推翻的教皇的宝座上去。这一点路德早在他与宗教狂分子发生冲突以前就已经感觉到了。他刚一按照新的方式发出声音,人们就全都涌到他身边,不容推却地要求他提出一种新的、像真理一样统一的、不容许有任何矛盾的学说。

路德说道:"人应当全身心地献给上帝,并将全部拯救自己的希望寄托在至高无上者身上。"可是上帝实在是太高了——上帝距离我们无限遥远:谁能把路德的这些话语当作是指示呢?要知道,一切正好相反:他的话语里包含着对于一切指示的摒弃。

人靠信仰拯救,这就是说:不必到什么地方去寻找了,哪里也没有任何道路的痕迹,因为不管怎么说,你的寻找反正都会一无所得。你可以在圣经里发现这样一条法则,可是,实际上法则并不是在支配你,而是在粉碎你。你越是凝神倾听法则和应用法则,你就越会确信法则不可能为你提供任何好的结果。你就像一个失去了手脚的瘫痪病人。在你的周围,笼罩着一片可怕而又望不穿的黑暗,而在这片黑暗中,你得生活许多年,就像路德本人那样。你还得去寻找绝望和死亡。要知道就连基督也不是因其行为,而是因其痴信而获救,路德的经验便系如此,路德也是通过这样的路径得出他的唯凭信仰——且问,信仰究竟能否成为对于许诺的同意,像梅兰希顿后来竭力想要配合天主教和托马斯·阿奎那时所教导的那样?路德究竟是否有权利声称,作为结论性的对于许诺的同意,在脱离此前所有体验的情况下,究竟还有没有意义?而且更别说是统一而又永恒的真理的意义了。受过雅典哲学教育的梅兰希顿,当然不可能采用另外一种方式来思考。对他来说,唯凭信仰——或是真理，或是谎言。也就是说，如果路德是对的，那么所有对许诺予以同意的人，都会得到拯救，而那些拒绝这一同意的人，则会死掉。对于梅兰希顿来说，信仰对于托马斯一样，是一种智力活动。而他也继托马斯之后，可以问一句"信仰是否值得赞许？"，当然，他对这一问题的回答是肯定的。

而这里面也包含着信仰如何转变为学说的问题——路德身上的一切，都经受了专门的加工，通过业已采用的一般性前提而转变成为普遍必然性真理：谁有信仰谁将得到拯救，谁无信仰谁将得不到拯救。是否愿意信仰显然完全取决于人的意志。由于意志约束连一点痕迹也没有留下，所以，人可以自由地提供其同意。而且，当人同意交出其同意时，他会尽其所能地做好一切的：谁做其力所能及的事情，谁就必定会得到上帝的奖赏。从前说过的一切都被忘掉了，从世界的开端起，上帝就以其智慧和不可思议的决断预先决定了哪些人可以获得拯救，那些人必须去死。和天主教徒一样，梅兰希顿不同意让自己的命运取决于上帝。他们想知道等待着他们的，究竟是什么——如若不然，他们就无法有所信仰。他们想要知道信仰提供拯救，因此才会欢天喜地、庄严肃穆地接受梅兰希顿的论点，即最可怕的不名誉的说法：罪恶只会由那些无信仰者承担。你们也看到当人们想把信仰转变成为"真理"时，他身上究竟发生了怎样的变化。

理性感知信仰的每一次触角的接触，信仰都会死掉。信仰只能在疯狂的氛围里生存。它不会与任何人分享自己的权力。于是，问题自然也就提出来了——或是理性，或是信仰。

梅兰希顿断言，最大的渎神行为就是以为无信仰者也可以分享罪孽。而上帝通过先知的口告诉我们：谁不去寻我，我向谁显现。梅兰希顿从雅典哲学里拿来的哲学标准是否会允许以撒的话语过关呢？当然不会的。而只要标准存在一天，上帝的话语就不会达到人类的灵魂。

XVIII

现在我们也已经看到了，那条怎么也死不掉的老蛇如何凶险异常地悄悄爬到路德的经验身边，这条蛇还在天堂时，就曾以其知识的许诺勾引了我们的始祖。它绕过了路德——这一点它总算履行了自己的诺言。路德将依然故我，如同上帝一样，即使不是为了自己，那也是为了自己的弟子和学生。他达到了自己的目的，并从教皇的手中夺下了钥匙的统治权——捆人和判决的权力。此刻的路德已经不再是一个走向永远的死亡的叛教者——路德自己就是个圣人，拥有使别人成为圣者的权力。得胜的、得到公认的叛教者成为永恒的先知。

托马斯砍掉了闵采尔的脑袋，卡尔斯塔特[①]死于贫穷和默默无闻——那些知道感恩的后代却给路德树立了一座永恒不朽的纪念碑。而且，可以理解的是，树碑不是因为他的预见，得以与闻永恒之谜。他本人赖以为生的一切，都被历史给否定了。换言之，从生活将路德从他在修道院隐修室的独居中吸引出来的那一时刻

---

① 卡尔斯塔特（约1480—1541），自称安德雷阿斯·博登斯泰恩。德国市民宗教改革的激进活动家。1521—1522年在维腾贝格实行自己的改革（撤去圣像，废除禁婚等）。——译者注

起，时代就要求他为社会服务，于是，愿意也罢不愿意也罢，他不得不以明确而又清晰的表述法来记录自己的启示，将其转变为普遍必然真理。我们都还记得路德如何不止一次地说过，任何人都无权反驳他的这一论断。

不但如此，任何人，只要他读过路德的著作，都不可能不产生这样一种印象，即路德已经触及一泓绝大多数人眼里见无所见的活水的源泉。可是路德却觉得仅有这些还不够。对亚里士多德和周围的人们深信不疑的他，以为认识就是认识一般，以为信仰就是对于外界的认识，他认为有可能像所有人一样，把自己的经验像通常经验主义的经验一般来充分加以利用。一个生物学家仅仅根据发掘的遗留物就可以判断史前时期的生物群落。要知道诸如此类的偶然发现之所以珍贵，就因为它们使我们有根据做出概括性结论。无论路德如何仇视亚里士多德和荡妇即理性也罢，要他摒弃从事概括的权力他是坚决不肯干的。是的，我要补充一句，人们也不会允许他这样做。人们之所以赋予他以指导历史进程的权力，并非仅仅是因为人们把他看作是上帝神赐施恩的偶然现象，而仅仅是因为，根据人们所特有的思维习惯，人们习惯于从个别现象中看出一般来。如果路德就是这样并且通过这样的路径走到源泉边的话，那么，由此可见，任何人随着路德足迹，通过这同一条路，都可以抵达那里。

人们是这样想的，渐渐地就连路德本人也开始这样想了。不用说，对于任何曾经仔细关注过哪怕只是上文所引述的路德供白的片段的人，也能完全看得清楚，那就是这个结论完全是虚假的。

恰好相反，路德的经验倒不如说证明了，有一个完整的人类体验领域是绝对无法采用逻辑分析的方法加工的,而我们却如此成功地将这种加工方法应用于日常生活经验主义的经验。如果采用经院哲学的语言来表述,则我们在此所接触的,不是业已确定的定旨权能,而是绝对权能。

而也正是在这里需要回想一下奥卡姆的原则:上帝是不能强迫的——从人与上帝的呼吸最初接触的那一时刻起,一切普遍性原则的末日就来临了。如果你们一定想要讨论规则,就不得不首先确定,即从这一刻起,不受任何东西限制的可能性的领域开始了。而且,路德曾经多少次谈论过这种毫无限制的、排除了一切人类预见的可能性问题呀!要知道他之所以会谈及唯凭信仰,是因为与理性对立的信仰,完全不允许有任何预见。路德曾经多么激烈地起而反对天主教的伴随着爱的信仰呀——亦即起而反对仅有信仰是不够的,还需要让信仰能有爱伴随着才行的学说。而且,要知道,他起而反对爱的信仰并捍卫理智的信仰,不是因为他需要与之格格不入,或是仇恨十诫之第一戒呀。他仅仅只是确信,只有乘着信仰的翅膀,人才可以上升到上帝身边,也就是说,不是在人本身下定决心要走向上帝的时候,而是当上帝将其召唤到自己身边的时候。我要重申一句,路德的经验向他表明,信仰在其心灵中的出现,对他而言是如此之出乎意料,就像一个正在诞生中的人对于诞生感到新奇一样。人在从非存在过渡到存在时,或许也和从认识到信仰过渡时一样痛苦吧。我们都还记得,走向信仰,按照路德的观点,就意味着走进黑暗与毁灭——走进黑暗与毁灭,即人变成虚无和犹如一个手脚都瘫痪了的病人,投入上帝的意志。至于必须摒弃道德摒弃提供预见的知识——使人眼瞎、失声,等等。甚至就连在西奈山上启示的十诫,也并非用于指导人如何拯救自己。十诫如我们所记得的那样,是为了增加罪孽的。

总之,路德向我们讲述的一切都可以归结为一点,即不是他如何得以自我拯救,只是上帝如何拯救了他。每次当路德本人想要拯救自己时,他总是会更深地陷入罪孽的深渊。

其拯救之谜曾经并且始终都是个只有上帝知道的谜。路德所能从自身体验中得出的唯一的"结论",只能归结为一个论点,即上帝是万能的造物主,他从虚无中从事创造。人的任何一种想要猜测如何把他尽快带到上帝跟前的道路的企图,仅仅只是一种自我欺骗,是对信仰的一种否定,是对上帝的一种背离。自我欺骗或许不无负面用处,因为它能引导人走向新的罪孽,使人逼近最后的绝望,却不具有任何正面意义。

而实话说,路德能够而且也应该说,如果他下决心仅限于得出他的经验使其有权得出这样的论断。他甚至都没有权力全副武装地对待天主教。因为,仅从路德竟然无法凭借自己的力量使自己得到拯救这一点,决不能得出结论说,任何人都无法凭借自己的力量来得到拯救。

如果我们无法在任何方面约束上帝,如果正如路德本人所教导的那样,我们的功勋在上帝的眼里给出的评价与其所愿正好相当,那么,谁敢于告诉造物主,说他从来就不肯俯就人的努力,从而接受人的努力,将其当作功勋,而且不仅当作适可的功劳,甚至当作应得的功劳?当路德仅仅只是一个普通僧侣时,还不敢于放任自己觊觎阐释天主意志之权力。那时的他就已经感觉到自己所接触的是另外一个世界,自己所知道的,乃是别的许多人连做梦都想不到的。可是,他却根本没有认为自己的知识是穷根究底的和终极的。上帝向他启示的一切,仅仅只是一个部分,是一些个别的启示,因而那时的路德就已经善于因这些恩赐而感戴上帝。可是,什么才能满足一个僧侣呢?这对于一个改革家来说是远远不够的呀。梅兰希顿以及所有那些正在成长中的路德的听众,不明白什么是有限真理。他们要求拥有完整的、彻底的、具有支配力的、专制的真理,他们想要——我重申一句——那个教导他们的人,自己也能像上帝一样无所不知无所不能。

而他们居然如愿以偿了。路德在1535年就已经写道:我什么也不听,这与我的理论不符:我以基督的精神完全确信,我有关基督正义的学说是完全正确的和准确的。[①] 于是路德也就开始采用几个世纪以来人们公认的唯一具有尊严的终极真理的语言来发言。圣灵的神赐不仅给他以启示,不,绝非如此,他是直接从上帝那里获得了一种学说——事情完全就像上帝本就是一个哲学教授,一个向勤奋的学生授业解惑的教授。可是,实际上,根本就不是这么回事。实情是路德被上帝的铁锤折磨到了发疯的地步。实情是,路德居然走到了渎神的地步,走到了鄙视自己的地步,等等。而路德自己所创造的学说,是按照他永恒的敌人亚里士多德研制的规则创造。这样一来便发生了一件令尘世间的、软弱的僧侣欢天喜地的事——他和亚里士多德结合为一体,从而获得了一种使他有能力与天主教斗争下去的力量。一个权威产生了,人们就此可以以其为支柱;一个岩石诞生了,他的所有学生和门徒纷纷爬到

---

① *Gala.*,1,288,Loofs,744.

岩石顶上——甚至就连当代自由主义神学家也不例外,他们通过阿道尔夫·哈纳克的嘴里发出公告,说没有权威的信仰是不存在的。从路德所讲述的一切当中,人们所能掌握的,只有这样一个信念,即旧的天主教权威应当被推翻——国王死了,国王万岁——,而在它那被空出来的位置上,应当放上一个新的权威。路德本人在听到茨温利[①]——他与其在某些教条问题(在变化问题)上意见不一致——的死讯时,敢于声明,即使茨温利将来获得拯救,那也是对于规则的一种例外。也就是说,对于路德来说,天主之路是那么清晰明确,就好像他已经代替教皇获得了圣彼得的遗产似的。

在此我们所看到的,是人类的幻觉和启示转化成为学说或"真理"的最著名事例之一。与此同时,我们通过路德的例子也可以极其鲜明地确信一点,即人们是如何并不十分重视对于永恒之谜的理解。人们并不需要永恒和无穷——人们所寻求的,就只是局限性罢了。康德在其纯粹理性批判里曾经多次谈到把经验加工成科学那一过程,可以归结为一点,即把现实生活中所有的复杂性和所有的多样性都纳入一些原则的模式,不允许任何背离,而这一过程也在路德身上有所反映。路德青睐的就只有这样一些论点,这些论点排除任何矛盾的可能:我什么也不听,这与我的理论不符。和苏格拉底以及柏拉图一样,宗教改革家路德也觉得来自上帝的一切,在人类的意义上都应当带有"真理"的性质,亦即普遍必然判断的性质。而且相反,他深信缺乏普遍必然判断性质会使任何判断

[①] 茨温利(1481—1531),瑞士宗教改革运动活动家。茨温利主义的创始人,16世纪20年代在苏黎世对教会和政治制度进行改革(主张共和制),主张教会服从城市政权,禁止军队雇佣制,在天主教各州与新教各州之间的战争中阵亡。——译者注

的威信减弱。所有落在路德头上的震撼,所有非同寻常的体验,如我们所见,都不可能截断从苏格拉底到近代人们历来所选择的那条路,都不可能哪怕只是在自己的想象中想象一下与资本家有关安宁和不变的理想适相符合的现实生活。柏拉图曾经歌颂过厄洛斯①——这是一个最任性最不稳重的神祇,可到底还是结束于"理念"——,从厄洛斯里,挤不出任何一丁点普遍必然的原则。相反,厄洛斯的特点恰好在于他的论点根本就不需要普遍承认和认可。谁如果爱上了,谁就知道,爱不可能从外界找到支撑点,与此同时,爱不仅不需要这类支撑点,甚至还会回避这类的支撑点。恋人的观点和判断与清醒者和日常生活中平常人的观点和判断截然不同——但即使全世界都谴责他们,他们也丝毫不怕。苏格拉底,苏格拉底之后还有康德及几乎整个哲学界,都竭力想要从事综合,亦即竭力想要把五色斑斓、多彩多姿、丰富多样的世界,纳入一个统一的、理性能够理解的原则,通常他会竭力向把那个不肯驯服的渺小的神祇从其视野里驱逐出去——同时以更加严肃的态度去追求纯粹的信仰。哲学追问到底应该信仰谁,哲学想要使人甚至在稀有的、精神昂奋的最高时刻,也都服从自己的监管,那时人已经忘记了我们这种徒有其表的生存的所有的威胁和危险,奋不顾身地奔向永恒之谜和未知。哲学甚至连一刻也不敢允许人进入无穷的可能性的世界,就好像它相信,没有它的关照和庇护,人就连一刻也无法生存似的。让我们仔细考察一下始终都愿意追求奇迹、追

---

① 厄洛斯:(1)希腊神话中的爱神;(2)爱——早期柏拉图和柏拉图主义那里指精神上的推动力,美感的喜悦和对于真、善、美的理想的狂热追求。——译者注

逐那样一种注定真的会与千奇百怪、非同寻常的事物交合的魔力的天主教会。我们已经习惯于认为天主教会欢天喜地地鼓励诸如此类的体验。但这是一种误解。天主教和世俗哲学一样，披挂了全副完整而又复杂的范畴体系，这使得它有可能毫不犹豫地认识人的体验中的真的和假的东西。而这些范畴，就其逻辑架构而言，与其世俗兄弟没有任何差别。但在这里被置于前景中的，是普遍必然性原则。如果有人不得不体验什么与业已确定的天主教原则不相符合的东西，则无论他的体验如何非同寻常，天主教都不会否定。

要想使神学和世俗标准之间的相似性变得更加清晰，不妨举几个例子。学者毫不犹豫地否定了任何关于一种现象的信息，即认为此类现象破坏了因果关联的不可间断性。一个天主教徒也以同样的信心知道，如果在上帝的幻觉里并未遵循天主教关于圣三位一体的学说，亦即如果没有来自圣父和圣子的圣灵，那么，故事讲述人的话也就不值得一听了——他或是自己杜撰的，或是在心甘情愿地自我欺骗。神秘主义的天主教研究者查恩（Zahn）教授直截了当地说（见第69页），没有一种异端邪说不是站在比天主教会和基督教更加尖锐激烈的对立立场上的，他们往往比摒弃自身的历史客观基础，亦即摒弃其天主教的经院哲学性质的神秘主义，还要激烈尖锐。

与此相仿，正如学者们所证实的那样，整个人类经验都应当被纳入到这样一种判断，这种判断被康德归入一种特殊的范畴，叫作先天先验的综合判断，同样，一个天主教学者则向人的内心生活事件出示一种精确和明确的标准，借助于此类标准，他可以信心满怀地分辨出真假来。有志者或是一旦读过查恩教授的著作或是读过耶稣会会员普朗的论文,或是哪怕只读过不久前刚刚去世的红衣主教贝纳里(Penari)的那本小册子,肯定能确信这一点:神秘体验的虚假性。上文所述这些著作以及其他许多著作,都不仅力求描写神秘论者的体验,还力求检验此类体验。尤其是查恩教授更是为其天主教关于异常现象研究专著在方法论上的谨慎小心而沾沾自喜,每每自夸。他断言天主教对于自己所研究的现象,要比那些学究气十足的学者还要严格苛刻。而他的说法,从他那方面看来,的确不无道理。天主教警觉而又不知疲倦地紧盯着自己研究的学术边界。而陀思妥耶夫斯基说,天主教甚至会否认基督本人有权进入某个由不可颠扑的大祭司占据统治地位的领域,这话绝非一种夸张。而这于他来说,就像必要条件一样不可缺少,就像前提和有关先验综合判断对于科学一样必要。天主教的逻辑观念和人们有关真理的基本性质和特征的观念相互之间并无什么不同。真理提供给我们以论证我什么也不听,这与我的理论不符的权力。也就是说,人只有确信自己有权什么也不必顾及时,才敢于下定决心说出自己的判断,即与他的话语不相吻合。我们还可以说得更加激烈一点——而这将更加准确地表达人类认识的"真理"本质——,说出某种将其当作真理的判断的表述者一般都认为,自己以此表述剥夺了所有人以及所有理性生物以别的方式发言的权力。如果我们断言光线是沿着直线运行的,那么,任何断言光线沿着曲线运行的人,都已经处于非真之中,也就是说是假的。

这就是说,真理的拥有者都懂得,他的判断是受到某种最高统治权的关照的,这种权力是如此之强大,可以说世上任何东西都无法与之抗衡。这赋予他以对于那一神圣的骄傲的权力,关于这种权力,最后一位教会博士已经说得够多的了。李古奥利(Лигуори)和正如我们上文所见,在苏格拉底那里滋生出来,却在斯多葛派学说中达到了繁盛期。极乐的奥古斯丁和路德本人都痛恨斯多葛派。可是,要摒弃最后的审级,抑或甚至把对这最后审级的权力与别人分割,他们是不会这么做的。

要想在未来时代里成为人类的导师,就必须要所有人都确信你拥有非凡的权力。当路德说:我以基督的精神完全确信,我有关基督正义的学说是完全正确的和准确的,他和所有其他导师一样,不仅传达了他在事物和非凡的体验中所发现的东西,而且阐释了自己内心生活中的重大事件。而且,他借助前提对所有从雅典哲学传统中继承来的东西都进行了阐释。曾经长期与理性为敌的他,有这样一个出发点,即上帝也和人一样,必须服从于一定的一般的规范,因而,人从上帝那里听来的一切,根据事实本身,就其起源来说,都可以很容易地变成所有人都必须遵守的一般性论断。也就是说,上帝的话语所抵达其视听的那个人,所听到的,不光是人们对他说的话,还有某种附加的话语,而这些附加的话语,这些向他呈现的附加的话语,不是什么别的,其实就是真理。例子有:路德听说他在修道院里的服务遭到了上天的否定,这是他该受的,因为他发誓言时,他说:上帝如你的誓约,等等。路德不满足于把这个声音看作是上天对他的警告。他从中得出的"结论"是,所有僧侣都会发一些不虔诚的誓言。在得出这个结论的同时,他在连自己也浑无所知的情况下,堕入了自己也十分仇恨的亚里士多德的彀中。他看重于启示的,已经不是启示本身,而是法则、规则、一般判断、规范,亦即恰恰是他曾经一直激情洋溢、挥斥方遒地抨击的东西。他和当代那些认识论者一样,认为理性之光无法对付现实生活的多样性,所以只好借助于一般和必然判断来处理它们。而且,在超越认识论者时,他把这一推理从人扩展到了造物主身上。不光人,就连上帝本身也消失于存在着的多样性中,或许只有借助于一般判断才能在其中有所定位和定向。路德把启示变成了真理,而且渐渐地,随着他越来越经常地不得不以人群的导师的面目出现,他也开始习惯于以为,他从上天那里获得的一切,已经都被他作为真理接受下来了。也就是说,每一个启示对他来说不光是启示,也是所有人的一般规则。这还是我们在柏拉图那里所观察到的那一过程的重演。要知道就连厄洛斯也同样变成了真理,从而产生了一个凝然不动、永恒凝定的理念的完整集成。

路德的信仰如此这般地经受了一些变化,被演变为学说,和精确的、把神圣的骄傲当作终极根据的定义。路德的教义问答就是由此而来,他本人以及他的那些追随者,一直到阿多尔夫·哈纳克,则更是将其当作骄傲的资本。这些教义问答也的确是某种典范,而且这没有什么奇怪之处,在四个世纪中被这些教义问答培养起来的清教徒,在整个欧洲各个民族中,以其杰出的道德品质而显得鹤立鸡群。可是,要想写作教义问答,路德就不得不摒弃自己所有那些特殊的体验。路德在此说道,对于他自己在《论修士的誓言》和《论意志的约束》及其注释,还有其他著作中所说的话,他似乎从未有过任何怀疑。摩西所确定的十诫是教义问答的基础,路德不时重申:你不应该,你不应该——他完全忘记了自己曾经在别的场合下,只要一想到摩西和他的十诫就愤怒填膺、怒不可遏的事情了。

喏,且看在简明教义问答中,他是如何教导人们理解十诫的吧:"上帝恐吓要惩罚那些违反十诫的人,因此我们应当在他的愤怒面前战栗发抖,并且绝不从十诫退后一步。说到答应要给予那些履行十诫者以恩赐和幸福,以此我们要爱上帝,信任上帝,并且要心甘情愿地按照十诫来生活。"你们大约还记得,路德曾经以怎样的激情讲述,人不应该履行十诫,凭借法则任何人也无法得到拯救。而在《教义问答》里,关于这个问题却只字未提。书中甚至完全像托马斯·阿奎那一样直截了当地说,信仰被指责成了功勋——在上帝面前,信仰使人成为圣者,自觉自愿地执行十诫被称为功勋:"你知道吗,天主是怎么对你说的吗,"路德感慨道,"天主要求你服从他,你一旦服从,你就会成为天主的宠儿,你一旦鄙视天主,耻辱、哀伤和痛苦便会伴随你一生。"祝贺就是教益问答的基本原理。"我"是天主,是你的上帝,上帝好记仇,为了仇恨我的人,父辈的仇恨,我会让他们的儿孙都接受我的惩罚,直到第三代第四代,而爱我的人和遵守十诫的人,我会给予他们恩赐,直到千年。[①]

他解释道,这些威胁的话语不仅涉及十诫的第一条,而且包括所有十条戒律。他说,这段话语,融合了"愤怒的威胁、友好的许诺,善意的警告和轻微的恐吓,而且多多少少还有些勾引的意图……我们应该不折不扣地全盘接受他的话及其所包含的伟大庄

[①] 《圣经·出埃及记》,第20章第5、6节:"不可跪拜那些像;也不可侍奉它,因为我耶和华你的神,是忌邪的神。恨我的,我必追讨他的罪,自父及子,直到三四代;爱我、守我诫命的,我必向他们发慈悲,直到千代。"

严和肃穆,因为他亲口说,他赋予十诫以何等重要的意义,他将会如何密切地关注人们是如何执行十诫的,以及他将会如何可怕而又无情地惩罚那些违反十诫或鄙视十诫的人,而又将如何慷慨地奖赏那些规规矩矩执行十诫的人,让他们和他一起分享所有的幸福,并且和他生活在一起"。

路德在成为改革家以后,不得不对所有他在灵感勃发状态下激情洋溢时刻的感觉三缄其口。雅各夫·伯麦说,当上帝把右手从他身上拿开时,他自己并不能透彻理解自己的著作。而路德本应说这番话的。可是,伯麦仅仅只是一个信徒而已——路德却是一个宗教改革家呀。信徒可以把自己的一切都交给上帝的意志来处置。历史活动家则认为自己应为自己说过的话、做过的事担负责任。路德必须靠自己的力量摒弃自己的学说——他怎么可以像我们从伯麦嘴里听到的那些人那样开诚布公呢。

信徒竭力追求严格遵守可见世界与不可见世界之间的边界。路德在隐修室里曾经为自己的软弱和造物主无穷的伟力而祝福。当着人群,他本人也理应以无所不知全知全能的形象出现。首先他并不害怕可见的现在和神秘的未来之间的分裂——相反,他认为未来的神秘中包含着最好的保障。如今令他感到害怕的是秘密,他逃避分裂,他力求像天主教徒一样,把宇宙的生活看作是一个统一有机的整体,以便从已知出发满怀信心地与未知签署协议。他想要在此,在地球上听到为自己辩护的话语,在此,在地球上即拥有引导身边的人走向拯救的权力。

当然,仅凭这个是无法获得唯凭信仰的。信仰既不能提供安宁,信心,也无法提供牢固。信仰也并非以所有人的协议(consensua omnium)为依据,信仰不懂得何谓边界何谓终结。与知识相反,信仰从来都无法获得自我满足的胜利。信仰是战栗,是期待,是郁闷,是恐惧,是希望,是对伟大的意外的常常挥之不去的预感,是对现在的郁闷和不满,是奔向未来的一种可能性。路德所为自己接受的,就是这样一种信仰——可对别人来说,这信仰却成了不可接受的了。人们要求生活中要有最后的核准。路德是否能够告诉他们,生活中并没有什么最后的核准。也就是说,他是说过类似的话,但在他的学说体系中,在被梅兰希顿如此富于技巧地编撰的、令他惊奇的《教义要点》中,这一切都统统无法纳入进去。在路德那里,其结果和柏拉图一模一样。显然,谜依然是一个永远的谜,而信仰也如柏拉图的哲学一样,仅仅只是准备死亡和死亡本身。和苏格拉底和柏拉图一样,他们虽然理解了对人来说的这一"终极"真理,却无法在人们身上培育这一真理,同样,路德也不得不把他的唯凭信仰留在自己身边。关于它,他说了很多,说得激情洋溢,激情澎湃,远比柏拉图关于自己的"秘密"说得还多。可是,真理即便是已经被说出来了,也依然如故,仍然还是一个谜。按照柏拉图的定义,哲学家并不懂得何谓真理,而按照路德的唯凭信仰,清教徒也不懂得真理。他们重新回到了天主教的基本基础——权威和范畴。如今清教徒仅仅只是被简化了的天主教,正如所有天主教神学家完全正确地指出的那样。在这里也和历史上永远都有的情形那样,得胜的不是疯子,而是思维正常的苏格拉底,终极之谜已经从没有信仰的人群脚下流走,回到永恒的独居——没有信仰的人群(《斐多篇》,第69)。

XIX

我觉得本书以上篇幅所罗列的材料,已经足以说明,一个人要想从日常生活中对于自己理性和自己力量的信赖状态转变到对于上帝全知全能的信仰状态,是何等艰难,我甚至可以说,这简直是不可思议的。无论我们的良心还是我们的理性都是那样建构起来的,以致对于我们来说,最可怕最不可思议的不幸,是我们被迫投身于未知。对我们来说,未知就是死亡的同义词。我们总是想要以自己业已见过和体验过的东西为依据,为支点,我们甚至还会要求上天为我们提供保障,而所有不曾见过和未曾体验过的东西,都会强力地排斥我们,其排斥力甚至会大于已知的困难。只有在非常罕见的时刻,在精神高涨情绪飞扬的时刻,人身上所蕴藏着的朦胧模糊的意识才会苏醒过来,而人凭借自己的力量所取得的牢固性和严谨的构造,仅仅指示我们的局限性和软弱性的结果罢了。哥特式教堂和托马斯·阿奎那的《神学大全》,同样也难以与时间和永恒的破坏力影响相抗衡,犹如原始人可怜巴巴的小茅屋,亦即兽穴和鸟巢。只有那些巧夺天工的、非人工所建造的,才能抵御亚当的子孙在大地上所经受的所有考验和摧残。

圣经关于世界是从虚无中创造出来的,以及关于原罪的深刻而又神秘的传说,对于在现代以表达必然真理为宗旨的书籍教育下培养起来的理性而言,很少能令人理解,于是就开始更多地用信赖感动,而非用科学哲学的体系来"证明"了。脱离了习惯了的轨道的人开始看见并感觉到事物,而在此之前,他们眼里的事物似乎是千奇百怪的,与有关真理本质的理念根本无法协调和吻合。完整的、有时甚至是长久的一生的经验,甚至是人类数千年历史所积累的经验,转眼之间,就被当作一无所用的废弃物给抛弃了。所有带有光荣的"权威"称号的一切,所有保证人能利用真理的标准,瞬间失去了意义和价值。要想成其为真理,真理根本就不需要普遍认可,更无须对之进行某种检验。雅各夫·伯麦在某一次这样的意识清明的关头,竟然敢于说,关于神,人什么话也无法说出来。也就是说,神性就其实质而言是这样一种性质,它无法在理念中,在原则里,在观点中,获得对于自己的表达,也就是说,无法被纳入人应当使其体验所披挂的任何一种形式,从而可以允许人们将它们像真理一样与邻人相互交流。

上帝是造物主,而来自上帝的一切,都是一种共造体。至高无上者的创造与凡人的创造是相互对立的,其区别也正在于此,那就是这种创造不可以被纳入某种规范和限制。大地和天空之间是深深的深渊,是鸿沟,因此这里根本谈不到什么逐渐上升的问题。这里只有入迷(raptum)是可能的,那就是赞美,和突然的、无法用任何东西予以说明的从一种状态向另外一种状态的急遽过度和转变。在此之外,自己准备或是要他人对于信仰做好先期准备的任何尝试,都是徒劳无功的。

难怪德尔图良会说:基督徒不是天生的,而是后天培养的。造物主用来让人们对于新生活做好准备的那些东西,从我们的观点看来,是十分可怕和不可思议的。路德所讲述过的上帝的铁锤,托尔斯泰在短篇小说中所描述过的被抛弃和孤独的疯狂,犬儒学派和圣奥古斯丁的经验,尼采的"在善恶的彼岸",等等,用我们人的标尺来衡量,包含着如许多的残酷、疯狂和粗野,以致假如我们有权进行判决的话,我们就会毫不犹豫地判决那个给生活带来如许多痛苦的家伙。正因为此,天主教和清教都同样对下列一点感兴趣,那就是喜欢对人论证其学说,储备上文已经说过的"一些柔性的教条"。它们首先坚持认为我们有可能寻找到通向真理之路。可是,无论是罗耀拉的直截了当、严峻到近于天性之残忍刻薄的《修灵篇》,还是阿多尔夫·哈纳克的戒律,都希望以人道的和理性信念的方法引导人们走向他自认为是"真理之信仰"的所在——但都无力把人的沉迷守旧的灵魂撼动丝毫。信仰之谜数千年以来依旧是个谜,理性想要寻找到使人发生转变的方法的所有企图,都未能得出任何结果,一无所获。因此,我们可以认为,理性方法的实质本身,寻找走向问题和未知领域的可靠道路的愿望本身,就排除了实现所提任务的任何可能性。

以上所述都应能说明此处所说的论点,但也只是说明而已,说证明还谈不到。因为我们过去不得不,现在也被迫去触摸的那一永恒主题领域,始终在缺乏任何指示的情况下在运行,因此,也就有一些黑暗的领域,里面什么都无从分辨。黑暗领域里没有任何常在的东西,明确的东西,可以事先预计的东西。里面的一切都是出乎意料的、千奇百怪的、偶然飘忽的,实质上也就是无从索解的。或许,有关终极真理的永恒争论,其原因之所以根深蒂固,就在于此,人群也和所有生物一样,成了无法定义和无法限制的终极之谜,要求具有准确的判断。因此,应当认为,大多数具有信仰的人都不得不做叛教者和被排斥的人。天主教教会给予路德以革出教门的处分。得胜的路德从而提出了对自己绝对服从的要求,却从未在迫害面前止步不前。而幸运地逃避了天主教审判的加尔文，烧死了米哈伊尔·塞尔维特①。亚里士多德的忠实弟子全都确信，真理需要人去捍卫。如果他们未能用他们那软弱的手臂支持真理，他们就会黯然死去！而他们当然是对的：他们预言并加以捍卫的那种真理，如果不采取强制手段加以捍卫的话，毫无疑问会死掉。天主教会的宗教审判庭对于天主教是如此之必需，一如亚里士多德需要理由和证据来捍卫的哲学公式一样。可是，人们用理性和利剑的证据所捍卫的东西，已然不是他们以前生活过的那种东西了。这也就是我为什么始终在这本书中，竭力想要把人们的内心生活与他们所宣告的真理分别开来的缘故。他们全都从内心上与任何规范和任何一般性论点格格不入——可当他们出现在人们面前时，他们披挂上了普遍必然论点的现成的模式。而这也就是为什么在大地之下和海底之下不可能有比它更加深邃的孤独，是逼近终极之谜的开端和条件的缘故。

任何人都不会为你提供支撑，所有人都起而反对你，所有人都起而谴责你——也就是说，你将被抛弃在所有法则的庇护之外，你会在自己身上变成一个无法无天者——正如托尔斯泰、路德和尼采等人所讲述的那样，到那时你才能明白，赞美诗歌手唱的是什么：如果上帝与我同在——那我就谁都不需要。我甚至都不需要人们承认上帝与我同在。我也不需要让上帝对那些反对我的人耿耿于怀。我也不需要让所有人都跟我一样，手里握有引导人群的

---

① 塞尔维特(1509/11—1553)，西班牙思想家、医生。认为存在血液小循环并预测了它的生理学意义。因批判基督教义而受到天主教徒和加尔文教徒的迫害。根据加尔文的命令被控为异端，处以火刑。——译者注

手段。人只有为了人类的事业才可以引导人群并把人们团结起来。只有当上帝发出召唤时，人才可以走到他身边，上帝自己会把人带到自己身边的。终极真理是在最深邃的谜和孤独中产生的。终极真理非但不要求，它还允许无关者的在场。因为它无法忍受证明，最害怕通常经验主义真理、人类的最终审级的特征所赖以为生的那种东西。

我很明白，如果从真理身上剥夺其基本的、迄今为止不可分割的专属特权，以及其对于最高审级的权力，对于普遍认同的权力的话，我就会在众人眼里贬低它的声望和威信的。于是我几乎深信不疑，对于绝大多数人来说，失去了普遍认可权的真理，就好像一个失去了王位的国王，失去了盐性的盐。而我毕竟无法以另外的方式思考和发言。而我要补充的是，上文中说到的所有人，在与真理接触的那个关头，都会感觉到，与业已形成的意见相反，其意义和价值压根不在于它想要或是能够成为唯一和永远对所有人都毫无例外的真理。正如对于一个恋人来说，所有人是否看见了他所热爱的优秀女性这一点无关紧要，所以，对于那个寻求真理的人来说，普遍认同失去了任何意义。就让人们回避他好了，就让人们放肆地嘲笑和威胁他好了——只要上帝和他同在，所有这一切又算得了什么呢。他也不寻求支持，而且他懂得，人们也不寻求他的支持，在从无信仰转向信仰的可怕的最后的关头，人们也很少需要他的支持，一如这种支持曾经并未为他所需。我认为除了我不得不谈到的那些人以外——这总归不无益处——，在本书的结尾部分，我还要指出一个如今很少有人知道但也正因为此而更加值得关注的人的一个故事，他就是米哈伊尔·德·莫林诺撒。他的"学说"

在历史上并未留下显著痕迹——况且未必会有人会产生一个愿望,希望人类能接受这笔遗产。我觉得就连他本人也知道得很清楚,他所知道的那些东西,对于指导人群来说是远远不够的。虽然他也写过能使灵魂减轻负担的精神指导,能通过内部途径引导灵魂步入对于内心世界奇珍异宝的完美观察。也就是说,这本书的标题本身就似乎已经许诺,通过内在途径把人类的灵魂引导到对于内心世界奇珍异宝的完美观察——可是,这一许诺,正如任何人只要读过他那本书的内容就可以轻易确信的那样,它之所以被赋予,仅仅是因为按照通行的习俗,每个精神导师都应该做出某种许诺。而莫里诺斯本人知道得很清楚,他的导师在这方面丝毫无效。唯有上帝能够引导人离开思维走向观察,如果天主不会以自身的神赐在祈祷时令其眼睛被晃瞎的话,任何指导者以其所有的指示和学问对他都无济于事。[1] 只有上帝才能引导人从思维走向观察,而如果天主没有召唤人,那么任何指导者以其所有的指示和学问都于他无济于事。

你们会问,既然如此,那为什么还要那么多指导者呢,为什么还要写那么多的书呢?而这本书的内容本身也会给你们提供对于这个问题的答案。写这种书不是为了向人表明他应当怎样以及往哪儿走,应当寻找什么,获得什么——就连最睿智的智者也无法做到这一点。精神指导的任务仅仅在于帮助邻人摆脱日常的、似乎业已成为人类第二天性的智慧。人或许只有在这里才有可能有益于他人。那个事先已经知道人类的智慧总归徒劳的人,知道人类

---

[1] *Molinos Libros*, 1, 16, 119.

走向真理的道路也总归徒劳的人，可以在困难时刻支持和安慰刚开始寻路的人。莫里诺斯的整部书犹如路德著作中最优秀最辉煌的篇章，说的是人必须往前走，不要害怕威胁，也不要指望智慧的许诺。归根结底，最大的诱惑是没有诱惑的状态，因此当有诱惑时你得高兴才是。① 他说，最大的诱惑，是在已经不复有任何诱惑的时候，因此我们应当为有诱惑而高兴才是。它在召唤人走向最终的隐居独处——走向如我们依然记得的，走向托尔斯泰笔下的主人公和托尔斯泰本人怀着恐惧，违逆自己的意愿走向的地方。——只有在那里，在这个神圣的孤独(divine solitudine)中，人才能找到他所需要的东西。呵，呵，可爱的隐居独处，你是永恒幸福的来源！呵，镜子呀，永恒的父永远在其中得到反映的镜子呀！你被叫作隐居独处是多么的公正呀，因为你如此荒凉，以致很难寻找到一个在寻找你，并热爱你知道你的心灵。②

你们一下子就可以根据上文所引的片段看出，莫里诺斯是如何远离日常人类生活的理想和有关善的理性思考的。他歌颂这种可怕的孤独，任何一个灵魂都不会跟随我们前往那里，那里没有任何人会爱我们，也没有任何人知道我们。他把那些公认为是最可怕最无法忍受的惩罚……

---

① *Molinos Libros*, 1, 10, 63.
② *Molinos Libros*, 3, 12, 119.

参 考 文 献 *

一、路德著作

1. *Commentarium in Epistolam S. Pauli ad Galatas*(《使徒保罗致加拉太书注释》)

引文来自埃尔兰根(Erlangae)版，1843，1844。这些书籍同样也收入埃尔兰根版（这一版本由拉丁文 35 卷和德文 67 卷组成）。① 在该版本中注释被置于第 40 卷（第 1 部分和第 2 部分）。我们没有提供后两个版本的引文出处。

这本书已经有了德文译本：*Dr. Martin Luthers Ausführliche Erklärung der Epistel an die Galater*, Berlin, Verlag von Gustav Schlawitz, 1856。

2. *Epistola beati Pauli apostoli ad Romanos*(1515—1516)(《使徒保罗致罗马人书注释》(1515—1516))

引文出自下述版本的第 2 卷，该版本又由两部分组成：*Luthers Vorlesung über den Römerbrief*, Ausgegeben von Ficker, (Dieterich Verlag, Leipzig, 1908) (Erster Teil: Die Glossen; Zweiter Teil: Die Scholien)。

在 Веймар 版中这部著作被纳入出版于 1938 年的第 56 卷，标题是：Der Brief an die Rörmer。出自该版本的引文我们已经提供了出处。

这本书同样也有德文译本。此书被收入：Martin Luther. Ausgewählte Werke. Ausg. Borchard und Mertz. Kaiser Verlag, München—(*Münchner Lutherausgabe*). Die Ausgabe enthält 7 Hauptbände und 3 Ergänzungsbände. Der Ergänzungsband II enthält die Römerbrief vorlesung (2-e Auflage

---

* 舍斯托夫的引文出自不同著作，我们均按照舍斯托夫的手稿呈现。我们尽可能根据图书馆藏书对手稿进行了校订。在校订中发现，手稿中的某些拉丁文引文与原书写法不同。我们大都根据原书对手稿进行了校订。只是在一些特殊的情况下（例如引自路德《使徒保罗致罗马人书注释》中的引文），我们保留了舍斯托夫修改后的拼写。

舍斯托夫去世后，他的藏书被交给索邦大学。参考文献中所提到的多数书籍都存放在索邦大学图书馆。

① Dr. Martin Luthers Werke, Kritische Gesamtausgabe(《马丁·路德作品：批判版全集》), Hermann Böhlaus, Weimar. 该书初版于 1883 年，到现在尚未全部编纂完成。全部完成后应该有 80 卷，著作按时间顺序编排。

1937). Dieser Band enthält nur die Scholien; er ist durch Ed. ELLWEIN übersätzt und erschien früher (1927) in dem selben Verlag. Eine neuere Münchnere Lutherausgabe enthält 7 Bänder und 4 Ergänzungsbänder.

3. *De Servo Arbitrio*(《论意志的约束》)(1525)

出自拉丁文文本的引文来自下列书籍：3-er Band von Luthers Werke in Auswahl(马丁·路德著作选)—in 8 Bändenher ausgegeben von Otto Clemen, Verlag Gruyter, Berlin (1930—1934), und 18-er Band der Weimarausgabe.

来自德文文本(从拉丁文转译)的引文出自：Ergänzungs band 2 von Luthers Werke für das Christliche Haus (Vom Verknechteten Willen)(马丁·路德为基督之家撰写的著作). Diese Ausgabe enthält 8 Bänder (Ausgabe Buchwald, Köstlin, Kawerau, etc.) und zwei Ergängzungs-bänder (马丁·路德论选举)(Ausgabe Otto Scheel, Verlag Heinsius, Leipzig, ohne Jahresangabe).

此外还有出版于 1926 年的现代德语译本。刊载于：*Ergänzungs* band I *Münchner Lutherausgabe*，关于此书上文谈到过。来自此书的引文我们为标明出处。还需要指出的是，这本书已经译成法文（*Le Serf Arbitre*, Editions Je Sers, Paris 1936, Traduction Denis de Rougemont)。

4. *De votis monasticis indicium*(《论修士的誓言》)(1521)

拉丁文本来自：Band 2 (S 188—298) *Luthers Werke in Auswahl*(马丁·路德著作选集)—herausgegeben von Otto Clemen, Verl. W. de Gruyter, Berlin 1934, und Band 8 der Weimarsausgabe (S 573—669).

来自德文文本(从拉丁文译出)的引文来自：Martin Luthers Urteil über die Mönchsgelübde(马丁·路德论基督之家的著作). Ergängzungsband I von Luthers Werke für das Christliche Haus (S 209—376).

二、其他作者的著作

Anselme de Canterbury, *Proslogion*.（安瑟尔谟:《论道篇》）

Aristote, *Ethique de Nicomaque*（亚里士多德:《尼各马可伦理学》), Texte grec et traduction française. Ed. Garnier, Paris 1950.

Athanase (Saint), De incarnatione Dei Verbi et Contra Arianos(圣亚塔纳修:《道成肉身及驳阿里乌派》), Patrologie grecque de MIGNE, t. 26, colonne 996.

Aquin (Saint Thomasd'), *Somme Théologique*（托马斯·阿奎那:《神学大全》), Texte latin et traduction. Traité de Dieu(论上帝), (la, Q. 1—

11) Desclée, Paris, 1947. La Grace(论恩典), la—2ae, Q. 109—114, Desclée, Paris, 1948. Traité de la Vie Humaine(论人), (2a—2ae, Q. 179—189) Desclée, Paris, 1926.

Augustin (Saint), *La Cité de Dieu* ((圣)奥古斯丁:论上帝之城)(3 vol.), traduit par L. MOREATJ, 4° éd. avec le texte latin, Paris, Garnier Frères, 1899.

Augustin (Saint), *Confessions* (2 vol.)(圣奥古斯丁:《忏悔录》), texte latin et traduction par P. de Labriolle, Ed. *Les Belles Lettres*(《通信集》), Paris, 1925 et 1926.

Bougaud (Mgr.), *Le Christianisme et les temps présents*, tome Ⅲ, Les dogmes du Credo,(勃加尔德:《今日基督教》), 1 vol. 290 pp, 1907. Poussielgue(《信仰的教条》), 1907; t. IV, *L'Eglise*, 1vol., 612 pp. Poussielgue, 1907.

Denifle, *Luther und Luthertum*(德尼夫:《路德与路德主义者》), 3 Bände von 400 Seiten: Erster Band (I Abteilung), Erster Band (Schluss Abt.), Zweiter Band (Denifle und Weiss), 2° Auflage, Franz Kirchheim, Mainz, 1904 und 1907.

L. Duchesne, *Histoire ancienne de l'Eglise* (3 vol.)(秋申:《古代教会史》,三卷), Paris, Fontemoine, vol. I, 1906; vol. II, 3-me éd., 1908; vol. Ⅲ, 4-ème éd., 1911.

Denzinger, *Enchiridion symbolorom et definitionum*(邓津格尔:《大公教会论信仰与伦理文献选集》), Wirceburgi, 1865.

Grisar (Hartmann), *Luther*. Drei Bände von 600 Seiten. (哈特曼·冯·格里扎尔:《路德》,三卷本):
Band 1: Luthers Werden. Grundlegung der Spaltung bis 1513; Band 2: Auf der Höhe des Lebens; Band 3: Am Ende der Bahn, Freiburg in Breisgau, Herdersche; Verlagshandlung, 1911.

Harnack (Adolf von), *Lehrbuch der Dogmengeschichte* (Samml. der theologischen Lehrbücher), 3 Bände(哈纳克:《教义史教科书》,三卷本):Band 1, *Die Entstehung des kirchlichen Dogmas*, 820 S. Band 2, *Die Entwicklung des kirchlichen Dogmas*, I, 538 S. Band 3, *Die Entwicklung des kirchlichen Dogmas*, Ⅱ-Ⅲ, 959 S. Verlag J. C. B. Mohr (P. Siebeck), Tubingen 1909—1910.

Harnack (Adolf von), Das Wesen des Christentums(哈纳克:《基督教的本质》), 1 Band, 189 S. Verl. J. C. Hinrichssche Buchhandl. 1906.

Liguori (St Alphonse-Marie de), *La vera sposa di Gesu Cristo*（里古奥利：《耶稣基督真正的新娘》）(по- итальянски). Дватома, 350 и 400 стр. Marietti—Torino—Roma—1904. *La vraie épouse de Jésus-Christ*, traduit en français par le P. F. Delerue, 2 vol. in—16°(Castermann, Paris, 1936).

Loofs (Friedrich), *Leitfaden zum Studium der Dogmengeschichte*（鲁夫斯：《教义史研究入门》）, 1 Band, Niemeyer, Halle a/S., 1906.

Loyola (S. Ignatii de), *Exercitiorum Spiritualium*（罗耀拉：《精神的修炼》）, Edition princeps qualis in lucem prodiit Romae 1548. 1 vol, Herder, 1910.

LOYOLA (St Ignace de), *Exercices spirituels*, traduits par le P. Jennesseaux, annotés par le P. Roothaan. 1 vol., de Gigord, Paris, 1913.

Molinos (Miguel de), *Guida Spirituale*（马里诺斯：《精神指南》）.

NATORP (Paul), *Piatos Ideenlehre*.—Leipzig 1903.

Pohle (Joseph), *Lehrbuch der Dogmatik in sieben Büchern*（波里：《柏拉图主义阐释》）, 3 Bände：590, 635, 824 Seiten. Verlag Ferdinand Schöningh, Paderborn 1911/12.

Plotin, *Ennéades*（普拉提诺：《九章集》）, Précédé de la vie de Plotin par Porphyre (p. 1 à 39 du vol. 1). Textes grecque et français, Volume I (1924); vol. VI (1938) Ed. Les Belles Lettres, Paris.

Poulain (R. P. Aug.), Des grâces d'oraison (Traité de théologie mystique)（普兰：《论神秘主义神学》）, 2-e éd. Ed. Beauchesne, Paris, 1922.

Ranke (Leopold von), Die Römischen Päpste in den letzten vier Jahrhunderten（兰克：《近四个世纪以来的罗马教皇制》）, Verlag, Duncker & Humblot, 1907, Leipzig.

Reuter (Herrmann), *Augustintsche Studien*（路特：《奥古斯丁研究》）, 1 Band, 516 S., Verl. Perthes, Gotha, 1887.

Ritschl (Otto) *Dogmengeschichte des Protestantismus*（里奇尔：《天主教教义》）, 4 Bände, Leipzig, 1908：I. *Biblizismus und Traditionalizmus*（《圣经主义与传统主义》）, Leipzig, 1908; II. *Die Theologie her Deutschen Reformation*（《新教教义》）, 1912; Die reformierte Theologie des 16 und 17 Jhrh（《16—17 世纪的神学改革》）, 1926; Das orthodoxe Luthertum（《正统路德主义》）.

Rupprecht (Ed.), *Das Christentum von Ad. Harnack*（鲁普列赫特主编：哈纳克的基督教）, 1 Band, 278 Seiten, Verl. Carl Bertelsmann, Gütersloh, 1901.

Seeberg (R), *Die Theologie des Johannes Duns Scotus*（西贝尔格：《约翰·邓

斯・司各特的神学》);*Dogmengeschichte*(《教义史》), 5 Bände: I, II, III^1, III^2, IV.

Spinoza, *Ethique*(斯宾诺莎:《伦理学》), texte latin et traduction, 2 vol., Ed. Garnier, Paris, 1953.

Spinoza, *Traité de la Réforme de l'Entendement*(斯宾诺莎:《知性改进论》), texte latin et traduction, Ed. Vrin, Paris, 1951.

Spinoza, *Cogitata Metaphysica* (斯宾诺莎:《形而上学思维》), (Ben. de Spinoza Opera, Band III), M. Nijhoff, Hagae, 1895.

Spinoza, *Tract. Theol. Pol.* (斯宾诺莎:《神学政治论》)(Ben. de Spinoza Opera, Band II), Verlag M. Nijhoff, Hagae, 1895.

Tertullien, *De carne Christi*(德尔图良:《论基督的肉身》);

Tixeront, *Histoire des Dogmes* (基克谢伦:《教义史》), 3 vol., Paris, Lecoffre, 1905 et 1909, et Gabalda, 1931.

Walter (Dr. Wilh.), Ad. Harnack's Wesen des Christentums(瓦尔特:《论哈纳克的〈基督教的本质〉》), 1 Band, 168 Seiten, Verl. A. Deihart (Georg Böhme), Leipzig, 1901.

Werner (Dr. Karl), *Die Scholastik des späteren Mittelalters*: I. *Johannes Duns Scotus*(卡尔・沃纳:《中世纪经院哲学中的奥古斯丁主义:I. 约翰・邓斯・司各特》), 1881, 571 Seiten. II. *Die Nachscotistische Scholastik*, 1883, 575 S. (II.《司各特之后的经院哲学》); III. *Der Augustinismus in der Scholastik des späteren Mittelalters*, 1883, 309 S. (III.《中世纪经院哲学之中的奥古斯丁遗产》); IV (1 Abt.) *Der Endausgang der Mittelalt. Scholastik*(《IV. 中世纪经院哲学总结》), 1887, Verlag Wilhelm Braumüller, Wien.

Zahn (J.), *Einführung in die Christliche Mystik*(扎恩:《基督教神秘主义导论》), Verlag Ferd. Schöningh, Paderborn, 1908.

Zeller (Dr. Ed.), *Die Philosophie der Griechen*(策勒尔:《古希腊哲学》), 3-eAuflage, 3 Teile in 5 Bänden, Fuch's Verlag, Leipzig:

I. *Allgemeine Einleitung. Vorsokratische Philosophie*, 1876 (4-e Auflage).

II^1. *Sokrates und die Sokratiker; Plato und die alte Akademie*, 1875, (3-e Auflage). II^2. *Aristoteles und die alten Peripatetiker*, 1879 (3-e Auflage). III^1. *Die Nacharistotelische Philosophie*, 1-er Teil, 1880 (3-e Auflage); III^2. *Die Nacharistotelische Philosophie*, 2-er Teil, 1881 (3-e Auflage).

图书在版编目(CIP)数据

舍斯托夫文集.第 12 卷,唯凭信仰/(俄罗斯)列夫·舍斯托夫著;张冰译.—北京:商务印书馆,2021(2022.9 重印)
ISBN 978-7-100-16620-1

Ⅰ.①舍… Ⅱ.①列…②张… Ⅲ.①舍斯托夫—文集②哲学思想—俄罗斯—现代 Ⅳ.①B512.59-53

中国版本图书馆 CIP 数据核字(2018)第 215216 号

权利保留,侵权必究。

舍斯托夫文集
第 12 卷
唯凭信仰
——古希腊及中世纪哲学·路德与教会
张　冰　译

商　务　印　书　馆　出　版
(北京王府井大街 36 号　邮政编码 100710)
商　务　印　书　馆　发　行
北京通州皇家印刷厂印刷
ISBN 978-7-100-16620-1

2021 年 3 月第 1 版　　开本 850×1168 1/32
2022 年 9 月北京第 2 次印刷　印张 11⅝
定价:76.00 元